MARTYROLOGE

DE

LA PRESSE

1789-1861

PAR A. GERMAIN.

PARIS

H. DUMINERAY, ÉDITEUR,

78, Rue Richelieu,

Et chez les principaux Libraires de Paris, de la France
et de l'Etranger.

—

1861

MARTYROLOGE

DE

LA PRESSE

Pour paraître prochainement,

DU MÊME AUTEUR :

PROMENADE

A TRAVERS LES RAYONS D'UNE BIBLIOTHÈQUE

Souvenirs politiques contemporains.

———

LETTRES FAMILIÈRES

AU SUFFRAGE UNIVERSEL

SUR

LE BUDGET DE L'ÉTAT.

DE L'IMPRIMERIE DE BEAU, A SAINT-GERMAIN-EN-LAYE.

UNE EXPLICATION.

————

« ..... Que faire en un gîte, à moins que l'on n'y songe? » dit le fabuliste. Hé bien ! arrivé à cette automne de la vie voisine de l'hiver et retiré au gîte solitaire et domestique, quoi de mieux à faire, comme le lièvre de la fable, que de songer ? Je me suis donc pris, loin du bruit et du bouillonnement des passions humaines, à songer et à rassembler quelques souvenirs du passé pour les offrir aux hommes du présent, ils se rattachent à une partie intéressante de la grande histoire de notre pays : elle a sa noblesse et sa grandeur en ce qu'elle touche à l'honneur et à la moralité de la conscience, au développement de l'intelligence, à la liberté de la pensée. L'histoire de la liberté de la presse, ce serait l'histoire des faits politiques, elle exigerait des proportions d'une grande étendue ; j'ai resserré le cadre et choisi le coin du tableau le plus triste, le plus douloureux, le récit des luttes, des combats, des misères, des infortunes des œuvres et des franchises de l'esprit.

C'est une simple étude, une simple monographie que j'ai esquissée au courant de la plume, sans prétention, avec beaucoup d'incorrections peut-être, je ne suis pas un académicien ; ce sont quelques traits saillants de nature à faire connaître les pénibles tribulations de la liberté de la presse. Si quelque défaut d'ordre ou de méthode, quelque confusion, se sont glissés dans le livre, le fond des choses, l'exactitude comme la vérité des faits n'en seront pas diminués et resteront avec toute l'autorité de leur caractère ; j'ai été sérieux dans le récit des choses historiques, je n'ai pas fui le trait mordant ou satirique quand il s'est offert sous ma plume ; j'ai été effrontément et largement plagiaire ; ceux à qui j'ai pris ou emprunté me le pardonneront, je n'aurais dit ni mieux ni aussi bien qu'eux. Quelque froide et monotone qu'en soit la matière, j'ai dû parler de législation et de jurisprudence, c'est que là est la pensée des gouvernements ; je n'ai pas voilé messentiments personnels ; si je l'osais, je m'approprierais ces paroles d'un grand écrivain : « Désormais, hors du monde, entre les deux pénates de la France, l'honneur et la liberté, je le prie d'épargner pour toujours à notre pays la honte même avec le repos, le despotisme même avec la gloire..... Si je jugeais de mes années par la haine toujours croissante que m'inspirent l'oppression et la bassesse, je croirais avoir rajeuni. »

Dans un moment où il est tant question de la liberté de la presse, où de tous les côtés et dans toutes les sphères de la société on en revendique chaleureusement la consécration et l'affranchissement, il peut y avoir un service rendu au pays dans la publication d'un livre qui, par le tableau saisissant du passé, peut faire apprécier les grands avantages d'une liberté sans laquelle la libre pensée, le travail de l'intelligence, les progrès des lumières ne peuvent se faire jour. J'ai cru, après vingt années passées dans les hautes régions de l'administration publique, ne pouvoir mieux employer les loisirs d'un repos auquel les événements m'ont condamné, qu'à rappeler des souvenirs sur un intérêt social pour lequel toute ma vie j'ai eu un culte de prédilection : si mon livre est instructif et peut devenir un enseignement pour l'avenir, mon but sera atteint ; si l'on me juge sévèrement mais impartialement, je ne me plaindrai pas, je demanderai au moins justice pour la loyauté des intentions et la franchise des convictions. Cela dit, je rentre sous mon toit me confiner dans ma bibliothèque, je retourne aux travaux de mon verger et aux soins de ma basse-cour, je reviens avec bonheur savourer la fraîcheur odorante des bois pour y saisir au passage, à l'heure où l'on va aux Italiens, le chant de ces oiseaux qui m'envoient à pleins poumons leur *ut* de poitrine.

Cissey, août 1860.

MARTYROLOGE DE LA PRESSE

> Chaque citoyen doit porter écrit sur son front
> ce qu'il pense de la chose publique.
>
> *Sit denique scriptum in fronte uniuscujus-*
> *que civis quid de republicâ sentiat.*
>
> CICÉRON.

Il y a, dans les temps d'abaissement et de défaillance intellectuels, utilité à rappeler aux oublieux ou aux indifférents les événements qui ont notablement marqué dans l'histoire du progrès ou de la décadence des forces de l'activité morale, ils renferment de précieux enseignements. Chaque époque a son caractère dominant ou exclusif, tantôt l'engouement de la gloire militaire, tantôt le sentiment démocratique, tantôt l'esprit d'industrie et de négoce, tantôt le culte des intérêts ; presque toujours les exagérations de ces entrainements sont en guerre avec les lois de la morale et sont un

obstacle au développement de l'intelligence; quels efforts,
quel travail persévérant ne faut-il pas pour faire rentrer
dans le droit chemin un peuple jeté dans tous les écarts de
ces déviations funestes? l'histoire en a noté les phases et les
vicissitudes. On a défini une autre époque, *une époque sans
nom*, je laisse à chacun le soin de définir la nôtre, après avoir
sérieusement médité sur sa physionomie.

L'intelligence, la libre pensée, ces nobles filles du Ciel et de
la Création, ont eu des temps de prospérité fort courts ; leurs
éphémérides présentent le triste catalogue d'une suite non
interrompue de malheurs, d'infortunes, de mauvais jours et
de douloureuses épreuves. Dès le siècle d'Auguste, siècle des
grands écrivains, des grands poëtes, des grands orateurs,
les muses de Virgile et d'Horace se prosternaient devant le
maître qu'ils entouraient de leurs adulations ; sous les Césars,
époque de sang et de délation, les persécutions frappèrent
la pensée et la parole; la touche mâle et énergique de
Tacite, qui, né sous Néron, mais écrivant sous Trajan, a eu
le bonheur si rare de pouvoir penser ce qu'on veut, et dire ce
qu'on pense, et la plume de Suétone ont buriné en traits de
feu les sombres figures de Tibère, de Caligula, de Néron, par
le récit sanglant de leurs crimes, de leurs désordres et des
supplices infligés à la pensée écrite ou intime. Depuis, les
cachots se sont ouverts, les bûchers se sont dressés pour
l'intelligence; son existence tourmentée s'est péniblement
traînée jusqu'à un autre grand siècle qui a pris le nom de son
chef, quoiqu'il sût à peine écrire et que, dans son orgueil, il
se comparât au soleil, *nec pluribus impar*; ce siècle a produit
de grands génies, les écrivains comme ceux de la Rome an-
tique ont mis aux pieds du maître, que l'histoire mensongère
a appelé le grand Roi, leurs adulations et leurs flatteries ; le
génie viril de Corneille, la grâce touchante de Racine, la
verve comique de Molière se sont faits courtisans ; mais ce

siècle a légué au siècle suivant des penseurs et des philosophes dont les grands et immortels travaux ont préparé la grande régénération politique et intellectuelle du pays.

Dans un pays voisin de la France, sous le règne brillant d'un roi philosophe, en Prusse, la liberté de la presse fut illimitée; Frédéric, écrivain lui-même, fonda une sorte de république des lettres en appelant à lui toutes les grandes célébrités littéraires; il eut le bon esprit de ne faire sentir son autorité ou sa sévérité à aucun écrit; la tranquillité de son règne ne fut point troublée, quoiqu'il fût aux prises avec une ligue européenne; après lui, on parla d'établir une censure sur les écrits; l'opinion publique se révolta, et cette odieuse mesure croula à sa naissance. Dans l'Etat de Brunswick, les gouverneurs proposent l'établissement de la Censure, le souverain la rejette, il ne veut ni arrêter les progrès de l'esprit humain, ni blesser les instincts libéraux de l'Allemagne. En Angleterre, si des restrictions ont été imposées à la manifestation de la pensée, ce fut l'œuvre de la chambre Etoilée, du long Parlement, de Cromwell, de Charles Ier. Le retour à la liberté date de 1694, elle s'est constituée fortement et n'a depuis lors éprouvé aucune entrave. Montesquieu qui avait passé deux années en Angleterre raconte qu'il fut frappé d'un grand spectacle en voyant un pays où un couvreur se faisait apporter la gazette pour la lire (1).

La liberté de la pensée après avoir traversé les tortures sanglantes de l'aveuglement, de la barbarie et du despotisme, a fini par enseigner les grandes vérités qui ont appris aux faibles et aux malheureux ce juste équilibre de force et de sensibilité qui forme la sagesse et la science de la vie, ces affections et ces dévouements qui fondent les idées de vertu

____

(1) Ce n'est pas ce que M. de Persigny a exposé dans sa circulaire sur la presse du mois de décembre 1860.

et de gloire. Du jour où le règne des idées à prévalu, la liberté d'écrire devint un besoin social et la propagation quotidienne de la pensée prit possession du public par le journal. Le journaliste, ce premier-né de la lumière, avait le choix ou de rester indépendant ou de devenir un instrument pensant mécaniquement, par ordre et sous la dictée du pouvoir ; s'il en est qui ont accepté ce rôle mercenaire, d'autres ont préféré le silence à l'ignominie : le talent meurt quand il s'avilit. Les gouvernements sont bien aveugles s'ils se croient plus forts quand ils n'ont que des défenseurs à gages, un publiciste leur crie : « J'ai entendu dire plus d'une fois que les gouvernements avaient le droit de tout faire pour se conserver. Maxime atroce et impie qui donne aux ennemis du gouvernement le droit de tout faire pour les attaquer (1). » Les restrictions apportées aux œuvres de l'esprit, conduisent les gouvernements sur une mer de défiance et d'hostilité fertile en naufrages.

Alors, au lieu d'une littérature élevée, d'une philosophie éclairant les grands problèmes sociaux, les esprits s'adonnent aux œuvres légères, aux œuvres de surface sans profondeur ; on a dit de nous que nous étions les adolescents de l'Europe ayant de l'esprit comme des Athéniens et du courage comme des Romains, sans la sagesse et la haute raison des premiers et la profondeur du jugement des seconds. Nous sommes un peuple vif, brillant, rieur, moqueur, prêt à tout entreprendre ; mais peu persistant dans les entreprises sérieuses et de longue haleine, nous sommes pressés de jouir. Chez le colon américain ou anglais, les premiers établissements sont l'église, l'école, le journal ; au colon français, il faut le café, le théâtre, la maison de...... La contrainte enfante l'opposition d'allusion, la récrimination déguisée, la

(1) Des Conspirations et de la Justice politique, 1821. M. Guizot.

louange ironique, l'injure cachée, l'allégorie malicieuse, l'imitation bouffonne, la caricature, l'épigramme, la satire, le bon mot, le pamphlet, tous expédients de l'esprit d'invention française brevetés sans autorisation du gouvernement. Après tout, ces badinages, ressources des opprimés et des mécontents, quoique légers dans la forme ont un bon côté : attaquer les hommes, c'est essayer de les rendre plus sages, critiquer les institutions c'est tenter de les avoir meilleures. Dans le retour si fréquent des choses humaines, les hommes et les flots sont si changeants ; telle situation morale n'est que de transition ; sous les ruines de la décadence ou sous les décombres de la défaite, le feu de la régénération bouillonne sans cesse jusqu'au moment où il éclate au grand jour, hélas ! souvent au milieu des éclairs, des orages et des tempêtes. Si les hommes de la pensée, ces vaincus et ces échoués du moment, qui, aux yeux de certains hommes, ont le tort de ne pas saluer la déification du succès, s'étudient à la réserve, à la prudence, s'ils vivent de la vie de tristesse, de silence, de mort intérieure, il faut admirer leur résignation ; il n'y a pas de mort pour les idées, la défaite les épure et les soutient, les souffrances attachent plus que les succès. « Plus le flot est menaçant, plus le navire est battu et plus nous sommes assurés que nous approchons du port (Eœtvœs). » Tôt ou tard le progrès, le désintéressement, la puissance de la vérité, la foi dans les convictions reprennent leur impérissable empire.

Aujourd'hui les efforts de l'esprit et de l'intelligence sont étouffés par ce qu'on appelle les intérêts, ces ennemis du progrès et de la grandeur de l'humanité : succès et profit, telle est la morale du jour. « Faire dominer les idées par les faits, c'est soumettre l'intelligence à la brutalité, la puissance humaine à une fatalité grossière, la suprématie à la force aveugle sur les actes libres de la volonté ; dominer les consciences par les

intérêts, c'est l'égoïsme en honneur, c'est soumettre les plus
nobles facultés de l'homme à la partie la plus vile, c'est par-
quer la nature humaine dans les appétits, les instincts matériels, les jouissances sensuelles, c'est corrompre, c'est abrutir;
corruption de l'honneur privé par le développement immodéré de la personnalité; corruption des peuples par les institutions politiques placées sur cette base... La société rendue
aux seuls intérêts matériels n'a plus ni croyances, ni pensées communes, l'anarchie morale est dans son dernier
terme et la nation française si généreuse, si expansive, si
dévouée par la nature même de sa fonction en Europe, n'ap-
paraît plus à travers cette indigne représentation que mesquine, étroite, corrompue, égoïste, accroupie aux inquiétudes du comptoir et des échéances; mettant son honneur dans
la filouterie patentée de .a bourse, sa grandeur et sa force
dans la paix du pot-au-feu. »

Quoi qu'on dise, les intérêts ne cherchent pas à s'éclairer,
ils n'acceptent que ce qui peut les servir; les progrès dans
les sociétés sont l'œuvre de la conscience humaine et de l'intelligence. Si les intérêts ont droit au respect, c'est quand
ils travaillent au bien-être matériel des hommes, et con-
courent à la prospérité et à la grandeur des Etats. Qu'y a-t-il
de commun entre les hommes aux grandes et généreuses
pensées, les hommes de désintéressement voués à l'esprit
de sacrifice et ce monde de trafiquants, d'agioteurs, d'aven-
turiers, flot montant qui finit presque toujours par l'ignominie.

Si la doctrine des intérêts restait enfermée dans le milieu
où s'agitent ses apôtres, le mal ne serait pas grand; mais
son influence s'étend, s'élargit et envahit toutes les classes
de la société; après s'être emparé des hommes mûrs, elle
s'attaque à la jeunesse pour imposer silence à ses instincts
généreux et lui montrer la route facile et rapide qui conduit

à la prompte satisfaction des jouissances matérielles dans les carrières aventureuses du lucre et de la finance. Jeunes gens! la génération à laquelle appartiennent vos pères a fait de grandes choses; ils ont conquis la civilisation, beaucoup d'entre eux n'ont pas reculé devant l'héroïsme des grands sacrifices, ils ont été la gloire et l'orgueil de leur pays; dans leur jeunesse, ils prenaient part au mouvement et à la vie de la chose publique; si le Gouvernement cherchait à la fausser ou à la mettre en péril, ils descendaient courageusement dans l'arène pour la défendre; dans ces luttes où les hommes de l'ancien régime et les fils de la révolution croisaient le fer, ils venaient au secours de ces derniers, sachant bien qu'un jour ils seraient appelés à jouir des droits politiques qu'on cherchait à enlever au pays; ils acclamaient les triomphes de l'éloquence qui se produisaient à la tribune et au barreau, ils applaudissaient chaleureusement la parole élevée de leurs professeurs; au théâtre, le récit des grandes choses, l'expression des sentiments élevés les passionnaient et leur arrachaient des trépignements de sympathie et d'admiration, voilà ce qu'ils ont fait; ce langage n'est pas d'un vieillard louangeur du temps passé, morose ou chagrin.

Un éminent professeur caractérise ainsi la jeunesse : « La jeunesse d'aujourd'hui fait fi des idées libérales qui nous passionnaient; à quoi bon la discussion ? à quoi bon la tribune ? à quoi bon la liberté de la presse ? Tout cela n'a rien produit. Cette liberté qui vous était si chère vous l'avez perdue et par votre faute... Il ne faut pas discuter avec les sages et les désabusés de vingt ans. Seulement, si les générations qui vivent sur la terre de France doivent se partager entre le scepticisme et le regret, j'aime mieux être dans la génération qui regrette que dans celle qui doute ou qui dédaigne. Le regret encore mêlé d'espoir est pour l'âme une meilleure nourriture que le dédain et l'insouciance (M. St-Marc-Girardin). »

J'ai une moins triste opinion de la jeunesse actuelle, je ne désespère pas de ses sentiments libéraux; elle a dernièrement, dans une solennelle circonstance, donné une haute leçon d'honneur, d'indépendance et de bon goût au pouvoir universitaire qui, dans une pensée de flatterie officielle, demandait aux jeunes rhétoriciens du grand concours leurs inspirations poétiques pour un panégyrique qu'ils ont eu le juvénile courage de transformer en une sanglante satire (1).

Récemment le même écrivain a constaté : « Si la presse, en ce moment, était passionnée, elle rencontrerait non-seulement les punitions de la loi, elle rencontrerait l'indifférence publique, elle serait martyre dans le vide, ou même on s'amuserait de ses doléances. Nous nous garderons donc bien de parler de nos souffrances ou de nos gênes. Il n'y a qu'entre malades, aux eaux, qu'on parle volontiers de ses maladies et que nous écoutons celles du prochain pour avoir le droit de lui raconter les nôtres. Comme le public ne souffre pas, il ne comprendrait pas que nous lui dissions que nous ne sommes pas sur des roses (2). »

Je n'accepte pas ces expressions de découragement; je viens, mon livre à la main, dire aux insouciants et aux découragés : Recueillons-nous, travaillons; si, comme Pascal, nous écrivons sur les bords d'un abîme, ayons le courage de l'éviter ou de le franchir. Les dangers ! tant mieux, ils

____

(1) Depuis que cela est écrit, de jeunes étudiants se sont réunis pour se consacrer à la publication d'une feuille qui apprécie les œuvres d'esprit, *la Jeune France*; il faut les féliciter de ce réveil et les encourager dans cette mission d'intelligence qui les éloigne de cette vie matérielle de sensualité qui ne pouvait que les conduire à un détestable avenir.

(2) M. Saint-Marc Girardin. *Revue des Deux Mondes*, 15 juillet 1860.

doublent les forces, la victoire s'obtient-elle sans dangers ? J'ai connu, j'ai aimé la liberté, cette liberté d'une si heureuse influence sur les arts, la littérature, aussi bien que sur la vie et les mœurs d'un peuple, j'ai foi dans son retour pour l'honneur de mon pays, les choses saintes ne peuvent pas périr. Soldat obscur, je viens combattre pour la liberté de l'intelligence et de la pensée par un exposé de ses malheurs et de ses infortunes. Elle eût mérité un plus habile historien, mais elle n'aurait pas trouvé un narrateur plus impartial et plus vrai ; les circonstances exigent des ménagements, de la réserve, j'obéirai à ces exigences, sans crainte d'être envoyé briser des cailloux à Lambessa ou coloniser à Cayenne.

« La discussion est permise, dit-on, pourvu qu'elle soit modérée, soit ; mais qu'est-ce qui constitue la modération (Ed. Laboulaye) ? »

La monarchie française offre neuf cent cinquante années de temps barbares jusqu'à la découverte de l'imprimerie, cette artillerie de la pensée, et, depuis cette découverte trois cent cinquante ans d'un régime d'oppression et de censure ; deux siècles après, depuis la naissance de la presse périodique, on compte douze années de liberté, tel est le bilan affligeant de quatorze siècles.

Sous François Ier, la Faculté de théologie jugeait les livres nouveaux sous le rapport de l'orthodoxie ; en 1544, la liste des livres dont la circulation est interdite est publiée. L'Angleterre et Venise avaient devancé la France, elles avaient une *Gazette*, un *Mercure*. Le médecin Renaudot publie *les Nouvelles à la main*, puis une *Gazette* (1631) ; Richelieu, pour aider au succès de sa grande politique européenne, se fit journaliste ; Anne d'Autriche, à la mort de Louis XIII qui avait ordonné l'examen des ouvrages avant de leur accorder privilége, persécute Renaudot, Mazarin le protége. Il y eut une *Gazette en vers*, une *Gazette burlesque*, inspirée et subventionnée par Mlle de Longueville ; le succès en fut

grand pendant une quinzaine d'années. Un *Mercure galant*
paraît en 1672, une charmante comédie de Boursault en a
perpétué le souvenir; il prend le nom de *Mercure de France*;
ce titre a traversé la Révolution. Sa rédaction politique eut
de l'influence sur l'opinion publique; quelques célébrités
littéraires, Marmontel, Laharpe, Geoffroy, Champfort, Fontanes, Morellet, Châteaubriant, Fiévée, ont coopéré à sa rédaction; il vécut jusqu'en 1815, après s'être servilement
conformé à l'esprit des circonstances. En 1819, on essaye de
le ressusciter; en 1821 et 1822, des écrivains libéraux fondent le *Mercure du* XIXe *siécle*, il vécut très-peu de temps.
Le *Journal de Paris*, dont le titre a été d'une si longue durée,
remonte à 1777.

La *Gazette* paraît plus fréquemment et dans de plus larges
dimensions sous Louis XIV et Louis XV. Au dix-huitième
siècle, la presse commence à avoir des lecteurs, son langage
modéré eut cependant les honneurs de la persécution; on se
réfugie alors dans des recueils manuscrits, *les Nouvelles à la
'main*; leur succès provenait moins de la politique, dont il
était peu question, que de la chronique scandaleuse du jour
racontée par Piron, Voisenon, Falconnet et d'autres; elles
ont fourni de nombreux matériaux aux mémoires secrets
de Bachaumont, et donné une idée de la vie privée de l'é-
poque. C'est de la littérature que viennent les premiers coups
portés au pouvoir et aux institutions publiques; l'Encyclo-
pédie, la correspondance de Voltaire, les écrits de Rousseau,
de Diderot, préparent la grande époque de 1789.

« Un homme né chrétien et Français est fort embarrassé
pour écrire, les grands sujets lui étant interdits (Labruyère).»
Montesquieu publie son *Esprit des Lois* à Genève; les premiers livres du *Télémaque* paraissent avec privilége du roi
sans avoir été examinés par la censure, elle ne permet pas
l'impression de la *Henriade*. L'intelligence déborde de toutes

parts l'esprit humain est en marche; aux xiiie et xviie siècles la pensée se produit dans les chansons, les ballades, les satires; au xviiie siècle dans des pamphlets sceptiques et licencieux; puis apparaissent des ouvrages sérieux de politique et de philosophie; la liberté d'écrire est fondée, elle entre enfin dans les mœurs, elle brave les foudres et les bûchers des parlements; brûler n'est pas répondre, leur disait-on; elle se moque des censeurs royaux. Voltaire, Rousseau et d'autres écrivains, font imprimer leurs ouvrages en Suisse, en Hollande, en Angleterre; ils reviennent en France, après avoir reçu le baptême de l'exil, se placer dans toutes les mains avec l'attrait du fruit défendu. Malesherbes, quoique censeur, était complice de ces fraudes, il tolérait, il fermait les yeux; il a transmis à ses successeurs de nobles exemples; il écrivit des mémoires sur la librairie en faveur de la liberté de la presse; il ne se crut pas assez homme de bien pour exercer sans contrôle un pouvoir aussi exorbitant; il voulait que sa conduite fût censurée par ceux-mêmes dont il censurait les écrits. Dans un démêlé qu'il eut avec les encyclopédistes à l'occasion de ses fonctions, il déclare que chacun peut librement critiquer les actes de son administration, qu'il ne gênera en rien la publication des plaintes. Quelle loyauté !

C'est par la Révolution et avec les Etats généraux, ces grandes assises nationales qui ont fondé la liberté en France, que le journal a conquis une position forte et réelle. Les cahiers, expression des vœux du pays, réclamaient la liberté de la presse; l'assemblée constituante formule ce grand principe : « La libre communication des pensées et des opinions est un des droits le plus précieux de l'homme : tout citoyen peut donc parler, écrire, imprimer librement, sauf à répondre de l'abus de cette liberté dans les cas prévus par la loi. »

La *Gazette Nationale* devenue le *Moniteur Universel*, paraît au mois de novembre 1789. Les hommes les plus importants de l'Assemblée sont ou deviennent journalistes. Mirabeau en est le premier pionnier par son *Courrier de Provence* et ses *Lettres à mes commettants*; Barrère, Rabaut Saint-Etienne, Louvet, Condorcet, Dupont de Nemours, Brissot, Ducos, Gorsas, Robespierre, Marat, Camille Desmoulins, etc., etc. Maret (depuis duc de Bassano), Dulaure, André Chénier, Fréron, Fontanes, créent et rédigent de nombreux journaux; les uns défendaient et louaient la Révolution, les autres l'attaquaient violemment. De vingt-cinq journaux au début. on était arrivé à cent quarante en 1790. La guerre de plume fut rude, elle fourbissait ses armes dans le laboratoire des brochures, des libelles, des pamphlets. Des intérêts nouveaux remplacent les intérêts anciens, ces vaincus faisaient entendre dans les journaux les menaces, les injures, le langage de la violence tous les jours, à toutes les heures; de nombreux libelles attaquent la Révolution, la dignité des représentants, leurs personnes et leurs discours. L'Assemblée s'émeut d'une licence aussi désordonnée, elle est saisie de nombreuses propositions ayant pour but d'arrêter ces désordres; l'unes d'elle demandait « la nomination d'un comité de quatre personnes chargées d'examiner tous les journaux et de faire à l'assemblée un rapport de ces écrits qui serait renvoyé au procureur du roi du Châtelet, et de défendre à tout membre de l'assemblée de faire un journal. » De toutes parts on s'écrie : L'auteur, l'auteur... qu'on lui fasse lire la déclaration des droits (12 janvier 1790)! après s'être nommé, il veut retirer sa motion, l'Assemblée s'y oppose par respect pour la liberté de la presse, elle déclare qu'il n'y a pas lieu à délibérer.

Dans la même séance, le comité de constitution est chargé de rédiger un projet de loi sur la presse; l'abbé Syeyes,

qui *depuis mais alors*... nous retrouverons plus tard ce sen-
tentieux publiciste dans les rangs des ennemis de la liberté
de la presse, présente le rapport avec des phrases pompeuse-
ment libérales ; le projet s'appliquait plutôt à la propriété
littéraire, aux livres et imprimés qu'aux journaux ; les
délits seraient appréciés par des notables jurés pris parmi
les auteurs ou personnes versées dans l'étude des sciences
et des lettres; les accusés choisiraient leurs juges parmi
eux au nombre de dix ; il fallait sept voix contre trois pour la
culpabilité. L'assemblée approuve le travail, mais en ajourne
la discussion. Le nombre des pamphlets augmentait et la
licence est arrivée au dernier terme ; un décret avait déféré
aux tribunaux un écrit coupable, mais la force du respect
pour la liberté de la presse l'emporte encore, un second
décret révoque le premier.

La législation de la presse en 179J se borne à cette déclaration : « La libre communication des pensées et des opinions est un des droits les plus précieux de l'homme, tout
citoyen peut parler, écrire, imprimer librement, sauf à répondre de l'abus de cette liberté dans les cas déterminés par
la loi. — La censure sur les actes des pouvoirs constitués est
permise. — La constitution garantit comme droit naturel et
civil la liberté à tout homme de parler, d'écrire, d'imprimer,
de publier sa pensée, sans que les écrits puissent être soumis à aucune censure ni inspection avant leur publication.
— Jugement par jurés. » Les gouvernants ou les faiseurs de
discours officiels, les écrivains, les journalistes ne devraient
pas oublier cette noble manifestation.

La presse a subi les oscillations de la politique de la Révolution ; en 1791 on publie quatre-vingt-cinq feuilles nouvelles,
en 1792 soixante seulement. Si d'un côté une portion de la
presse, dans cette grande arène d'agitations où tout ce qui
se passe et se dit est écrit, s'associait avec grandeur, avec

calme à la discussion des grands intérêts qui se débattaient dans l'assemblée, d'un autre côté des écrivains exagéraient les principes révolutionnaires ou les combattaient avec un cynisme grossier et ordurier de langage, une brutalité burlesque et fangeuse d'expression dont notre vieille verve gauloise, au renom d'atticisme, se montrait justement offensée. L'*Ami du peuple* de Marat, et l'*Ami du Roi* de Royou sont dénoncés à l'assemblée législative ; cette dénonciation soulève des accusations contre la liberté de la presse ; il est répondu : « Ce n'est pas contre elle qu'il faut sévir, mais contre l'écrivain, non pas comme écrivain, mais comme insensé, furieux, forcené ; un décret d'accusation contre des écrivains anéantirait le droit imprescriptible et sacré de la liberté de la presse. »

A la Convention (mars 1793), les députés journalistes sont menacés d'expulsion, on désignait directement Robespierre, Marat, Brissot, Gorsas et d'autres qui publiaient des journaux ou des lettres à leurs commettants, l'ordre du jour est prononcé. L'imprimerie de la Convention confiée à Baudouin est abandonnée de ses ouvriers et celles de Gorsas et de Royou sont brisées ; de cette agitation sort ce décret : « Les membres de la Convention qui rédigent des journaux seront tenus d'opter entre les fonctions de député et celles de rédacteur de journal. » Il ne reçut aucune exécution. Cinquante nouveaux journaux paraissent. Il en naissait, il en mourait chaque jour ; les pamphlets royalistes et contre-révolutionnaires, à mesure que les événements s'aggravaient, se montrant plus menaçants, motivent ce sanguinaire décret : « Quiconque sera convaincu d'avoir composé ou imprimé des ouvrages ou écrits provoquant la dissolution de la représentation nationale, le rétablissement de la royauté... *sera puni de mort.* »

Le tribunal criminel donne l'exemple de la première con-

damnation à mort contre le journaliste de Rozoy, rédacteur
tour à tour de l'*Ami du Roi* et de la *Gazette de Paris*. L'auteur
du *Diable amoureux*, Cazotte qui avait collaboré *aux Folies du
mois, journal à deux liards*, fut une première fois acquitté par
le tribunal; sur de nouvelles dénonciations, il est condamné
à mort et exécuté, malgré le sublime dévoûment de sa fille
qui rappelle celui de mademoiselle de Sombreuil.

La Convention consacre ce principe : « La liberté de la
presse ou tout autre moyen de publier ses pensées ne peut
être interdite, suspendue ou limitée. — Le droit de manifester sa pensée et ses opinions soit par la voie de la presse soit
de toute autre manière ne peut être interdit. — La constitution garantit à tous les Français la liberté indéfinie de la
presse. » L'acte constitutionnel (24 juin 1793) et le principe
lui-même restent à état de lettre morte.

Sous la Convention et le régime désigné par l'histoire sous
le nom de Terreur, on se p'aignait beaucoup de la liberté de
la presse, de sa licence, de son *libertinage;* Robespierre qui
l'avait pratiquée et chaudement défendue dans d'autres temps
s'élève fortement contre elle; il fait arrêter les journaux à la
poste, il s'attaque surtout aux *Vieux Cordelier* de Camille
Desmoulins, il veut qu'on le brûle; Desmoulins lui répond,
comme aux anciens parlements : Brûler n'est pas répondre.
Une nouvelle forme de gouvernement succède à la Convention, un Directoire, un Conseil des Anciens et des Cinq-Cents
sont chargés de gouverner la France : La nouvelle constitution (22 août 1795 ou 5 fructidor an III) porte : « Nul ne peut
être empêché de dire, écrire ou publier sa pensée, les écrits
ne peuvent être soumis à aucune censure avant leur publication, nul ne peut être responsable de ce qu'il a écrit ou
publié que dans les cas prévus par la loi. » Les journaux, les
pamphlets reflétant les divisions et les luttes qui dévoraient
et déchiraient les pouvoirs constitués, redoublent d'audace,

de sarcasmes et d'ironies cruelles ; de toutes parts on demande une loi sur la presse, le Directoire veut des mesures repressives; une discussion de plus de trois mois n'aboutit à rien. La guerre entre le Directoire et les Conseils est à son paroxysme, ils s'accusent et se dénoncent réciproquement; des journalistes soudoyés par les uns et les autres entretiennent ces hostilités, précurseurs de la guerre civile; le coup d'Etat du 18 fructidor (5 septembre 1797) suspend et supprime la liberté de la presse. Le conseil des Cinq-Cents prend cette résolution : « Les journaux, les autres feuilles périodiques et les presses qui les impriment sont mis pendant un an sous l'inspection de la police qui pourra les prohiber aux termes de l'article 355 de l'acte constitutionnel (1). » Un rapport présente les journalistes comme complices de la conspiration royale, comme auteurs de tous les crimes possibles contre la société et les institutions, en recevant des articles à insérer et de l'argent des conspirateurs et des contre-révolutionnaires; il faut un châtiment sévère et prompt; des visites domiciliaires sont ordonnées. La commission frappe de la déportation les propriétaires, entrepreneurs, auteurs, rédacteurs et collaborateurs de soixante-sept journaux tant à Paris que dans les départements, on avait proposé de les déporter en masse. Lors du vote, quarante-cinq sont déportés, cinq sont rayés, dix-sept renvoyés à nouvel examen; parmi eux se trouvait ce vénérable vieillard ami de Turgot, Dupont de Nemours, philosophe économiste et rédacteur de l'*Historien*, membre de l'Assemblée Constituante et du Conseil des Anciens; en se voyant ainsi discuté et son imprimerie détruite, il donne sa démission des *Anciens*, et s'exporte volontairement aux Etats-Unis. Le Conseil des Anciens approuve ces

(1) Une loi du 9 fructidor an VI proroge cette résolution jusqu'à la publication de celle qui sera portée sur les délits de la presse.

mesures de rigueur, elles sont exécutées violemment par des visites domiciliaires, des bris de presses qui entraînèrent la ruine des propriétaires, imprimeurs et chefs d'ateliers.

Barbé Marbois, qui avait donné quelques articles au journal de Dupont de Nemours, est avec Sicard, Laharpe, Fontanes et d'autres déporté. Le Journal des hommes libres (surnommé des *hommes tigres*), qui s'était permis de critiquer un discours de Sieyes prononcé au champ de Mars, est renvoyé devant l'accusateur public du département de la Seine. *Le Directoire* sur la provocation insistante de Sieyes, cet homme aux belles phrases en faveur de la liberté de la presse devant la Constituante, *expose* : que la presse était occupée à saper le gouvernement républicain, ses institutions, prêchait son renversement — qu'une vaste conjuration existe — elle est l'œuvre des feuilles périodiques et des pamphlets — divisions entre les citoyens — haine contre le corps législatif et le Directoire, injures, outrages. « Convaincu de la réalité de la conspiration, le Directoire a décerné des mandats d'arrêt contre les auteurs du *Bulletin des armées coalisées*, la *Parisienne*, la *Quotidienne* (1), le *Courrier de Paris*, le *Miroir*, le *Grondeur*, le *Démocrate*, les *Hommes libres*, le *Défenseur des principes*, la *Feuille du jour*, le *Nécessaire*, le *Défenseur de la Patrie* (en vertu de l'article 145 de la constitution). — Les scellés seront apposés sur leurs presses. — Le Directoire demande une loi repressive des abus de la presse. » Ce rapport et ce message sont traités d'actes de tyrannie — leur impression est ordonnée et la commission de la liberté de la presse est invitée à faire un rapport dans les trois jours.

(1) Elle parut pour la première fois le 22 septembre 1792, jour de la fondation de la république, e.le fut plusieurs fois supprimée, elle reparaissait sous un autre nom.

Gracchus Babœuf, rédacteur du *Tribun du Peuple*, qui promettait le partage des terres et des richesses entre les citoyens pauvres, est traduit, pour tentative d'insurrection et d'attaque contre le Directoire et les Conseils, devant la haute cour nationale séant à Vendôme (1796) ; au mois de juillet (1799), les rédacteurs de onze journaux qui se montraient hostiles au Directoire et surtout à Sieyes sont emprisonnés. Dans cette période de dix années sont nés et morts près de cinq cents journaux.

Le Directoire, ce gouvernement de faiblesse et de tiraillement, s'écroule le 18 brumaire sous les coups du général Bonaparte ; ses paroles d'entrée au pouvoir sont : « Pour gouverner il faut des bottes et des éperons. » Le caractère du nouveau gouvernement se dessine vite, il s'attaque d'abord à la liberté de la presse ; le ministre de l'intérieur recommande aux préfets de répandre et de faire imprimer dans les journaux des départements, le prospectus du *Nouveau Mercure de France*. Un arrêté des plus oppressifs porte : « Les consuls de la République, considérant qu'une partie des journaux qui s'impriment dans le département de la Seine, sont des instruments dans les mains des ennemis de la République... Article 1er, le ministère de la police ne laissera pendant toute la durée de la guerre (1) imprimer, publier et distribuer que les journaux ci-après désignés : Le *Moniteur universel*, le *Journal des Débats* (2), le *Journal de Paris*, le *Bien informé*, le *Publiciste*, l'*Ami des Lois*, la *Clef des Cabinets*, le *Citoyen français*, la *Gazette de France*, le *Journal des Hommes libres*, le *Journal du Soir*, le *Journal des Défenseurs de la Patrie*, la *Décade philosophique* et les

---

(1) Robespierre et le comité de salut public avaient déjà dit : « La liberté est ajournée jusqu'après la guerre. »

(2) Bonaparte accusait le *Journal des Débats* d'être vendu aux émigrés de Londres.

journaux *s'occupant exclusivement des sciences, arts, littérature*, etc., etc. Le ministre de la police devra présenter un
rapport sur tous les journaux qui s'impriment dans les autres départements et il veillera à ce qu'il ne s'imprime aucun
nouveau journal. Les propriétaires et rédacteurs devront se
présenter à la police pour justifier de leur qualité de citoyens
français, de leur domicile, de leur signature, et *promettre*
fidélité à la constitution. « Seront *supprimés sur-le-champ*
tous les journaux qui inséreront des articles contraires au
respect dû au *Pacte social* (c'est-à-dire au 18 brumaire), à
la souveraineté du peuple et à la gloire des armées, ou qui
publieront des invectives contre les gouvernements et les
nations amies ou alliées de la République, lors même que
ces articles seraient extraits de feuilles périodiques étrangères (27 nivôse an VIII). »

Ce début présageait tristement l'avenir..... Il ne fut permis aux écrivains des feuilles périodiques que la louange de
tous les actes de l'administration consulaire. La constitution du 23 frimaire an VIII ne dit pas un mot de la liberté
de la presse ; *le sénatus-consulte organique de la Constitution*
du 16 thermidor an X (4 août 1802), garde le même silence ;
en 1803 (septembre), la presse est soumise à la censure. Un
écrivain anglais, ennemi de la France, dit aux hommes
de 1790 dans ses publications contre la Révolution : « Lorsque vous serez épuisés et décimés, vous tomberez de lassitude dans les mains du premier ambitieux qui aura la
force. La force c'est le seul dieu dont vous préparez l'avénement, la force du glaive d'abord et celle de l'or ensuite. »
(Burke).

Les vues ambitieuses ne tardent pas à se démasquer ; la
constitution reçoit des changements et des modifications à
l'insu du Sénat, le droit d'établir de nouvelles dispositions
constitutionnelles lui est enlevé ; la chute du gouvernement
consulaire approche, les libertés qui avaient survécu à
toutes les phases révolutionnaires sont sur le bord de l'a-
bîme ; le sénat reçoit les ordres impérieux d'un nouveau
maître, il ne rencontre pas dans son sein plus de quatorze
opposants à ses volontés arbitraires ; le Tribunat, institution
libérale, est supprimé, le droit de discuter les lois à huis
clos est remis à trois commissions du Corps législatif ; soit
crainte de l'anarchie, soit lassitude des oscillations si fré-
quentes du mode de gouvernement, la nation accepte la
destruction de la liberté et les actes violents d'un régime
inconstitutionnel et de fer. L'empire est fait... la monarchie
militaire est décrétée par le sénatus-consulte du 28 floréal
an XII (18 mai 1804), son approbation adulatrice est présentée par les Cambacérès, les Portalis, les Lacépède ; ce
dernier dans son rapport s'exprime ainsi : « Le dépôt sacré

de la liberté individuelle et de la liberté de la presse est remis au Sénat plus *spécialement que jamais*, et dans quelles mains pourrait-il être plus en sûreté !... Ne trouve-t-on pas dans le Sénat *le nombre* qui, par la diversité des opinions, des affections et des intérêts, écarte de la majorité tous les germes de la séduction ; *l'âge*, qui fait taire toutes les passions devant celles du devoir ; *la perpétuité* qui ôte à l'avenir toute influence dangereuse sur le présent ; *l'étendue de l'autorité et la prééminence du rang*, qui délivrent des illusions funestes l'ambition satisfaite ? la liberté sainte, devant laquelle sont tombés les remparts de la Bastille, déposera donc ses craintes ; l'homme d'Etat sera satisfait ; et les ombres illustres du *sage l'Hôpital, du grand Montesquieu et du vertueux Malesherbes, seront consolées de n'avoir pu que proposer l'heureuse institution que consacre le sénatus-consulte.* »

Dans son serment, l'Empereur jure : « *De respecter l'égalité des droits, la liberté politique et civile.* » La liberté de la presse est passée sous silence, *elle brille par son absence*, comme aurait dit Tacite. Quant à l'institution du Sénat que les *l'Hôpital, les Montesquieu, les Malesherbes*, ont éprouvé la douleur de n'avoir que proposée, leurs ombres généreuses et illustres, si elles l'avaient connu dans son fonctionnement, protesteraient énergiquement contre la pensée qu'on leur prête. « Une commission composée de sept membres nommés par le Sénat et choisis dans son sein, est chargée de veiller à la liberté de la presse. — Ne sont point compris dans ses attributions les ouvrages qui s'impriment et se distribuent par abonnement et à des époques périodiques — cette commission est appelée *commission sénatoriale de la liberté de la presse* (art. 64). Les auteurs, imprimeurs ou libraires, qui se croient fondés à se plaindre d'empêchement mis à l'impression, à la circulation d'un ouvrage, peuvent recourir directement et par voie de pétition à la commission sénato-

riale (art. 65). Lorsque la commission estime que les empêchements ne sont pas justifiés par l'intérêt de l'Etat, elle
invite le ministre qui a donné l'ordre à le révoquer (art. 66).

Si après trois invitations consécutives renouvelées dans
l'espace d'un mois, les empêchements subsistent, la commission demande une assemblée du Sénat qui rend, s'il y a
lieu, la déclaration suivante : *Il y a de fortes présomptions
que la liberté de la presse a été violée.* On procède ensuite,
conformément à la disposition de l'article 112. (Art. 67). « Le
corps législatif dénonce pareillement les ministres ou agents
de l'autorité, lorsqu'il y a eu de la part du Sénat, *déclaration
de fortes présomptions de violation de la liberté de la presse*
(art. 112). »

On remet à la haute cour impériale le soin d'instruire et
de prononcer sur ces *fortes présomptions*; ce mode, recours
d'une insolente dérision aussi étrange dans sa nouveauté
qu'illusoire dans ses résultats, n'a pas été employé une seule
fois; qui, d'ailleurs, aurait osé l'exercer ? A quoi cela aurait-il conduit ? Est-ce que la presse périodique et les journaux n'étaient pas sous la surveillance de la police et soumis à la censure depuis 1803 ?

Le 18 brumaire a été le premier anneau de la plus lourde
chaine qui ait jamais été imposée à la nation, et le Consulat
a été la préface du livre de l'Empire. Ecoutons la doctrine
de son chef : « J'ai eu le pouvoir, parce que j'en joue bien, je
suis artiste en fait de pouvoir.... Pour gouverner un grand
Etat il faut beaucoup de juges, beaucoup d'administrateurs,
beaucoup de gendarmes, beaucoup de soldats.... Je me rappelle tout ce que j'ai eu de raisonnements à combattre pour
soumettre à l'action de la police les journaux qui paraissent
tous les matins; pour y décider les métaphysiciens, j'ai été
obligé de faire de la métaphysique; un homme d'Etat doit
parler toutes les langues et savoir prendre tous les tons....

En soumettant la presse à des règlements de police, je ne
désire autre chose que d'être autorisé à dissoudre les associations dangereuses et à faire taire les orateurs dangereux.
Un journaliste n'est-il pas un harangueur, ses abonnés ne
forment-ils pas un véritable club ? Ce qu'il imprime n'est-il
pas lu d'abord par eux, et chacun d'eux ne forme-t-il pas des
sociétés particulières dont il devient à son tour l'orateur ?...
Les journaux sont réduits à..., et j'ai beaucoup de peine encore à en venir à bout. J'ai été obligé d'en supprimer plusieurs,
et j'en conserve encore dont les intentions malveillantes per-
cent dans tous les articles. Le *Journal des Débats* a presque
toujours été payé par l'Angleterre... J'ai envoyé chercher
Bertin et lui ai fait connaître tout ce qu'il aurait à redouter
s'il acceptait les guinées offertes. Croyez-vous que Geoffroy
me fait la cour en injuriant quotidiennement les philosophes, je le tolère néanmoins, parce qu'ils ont le *Journal
de Paris* pour se défendre.... La liberté illimitée rétablirait
bien vite l'anarchie.... La tranquillité serait bien vite troublée si je livrais aux factieux la faculté d'écrire dans les
journaux.... »

Je ne résiste pas au désir de faire connaître un morceau
de verve et d'esprit du roi pamphlétaire, notre inimitable
Paul-Louis Courier (1), sur le procédé à l'aide duquel on
fait un empereur à l'armée : « Plaisance le... mai 1804...
Nous venons de faire un empereur..., en voici l'histoire :
Ce matin d'Anthouard nous assemble et nous dit de quoi il
s'agissait, mais bonnement, sans préambule ni péroraison.
— Un empereur ou la république, lequel est le plus de
votre goût ? Comme on dit rôti et bouilli, potage ou soupe,

______

(1) Dans ces derniers temps j'ai lu cet incroyable jugement sur
Courier, c'est de l'esprit usé et d'autrefois, que n'en dit-on autant
de Rabelais, de Pascal, de Voltaire ? Je souhaite à ces critiques l'esprit de ces grands écrivains.

que voulez-vous? Sa harangue finie, nous voilà tous à nous regarder, assis en rond. — Messieurs, qu'opinez-vous? Pas le mot. Personne n'ouvre la bouche; cela dura un quart d'heure ou plus, et devenait embarrassant pour d'Anthouard et pour tout le monde, quand Maire, un jeune homme, un lieutenant, se lève et dit : S'il veut être empereur, qu'il le soit; mais, pour en dire mon avis, je ne le trouve pas bon du tout. — Expliquez-vous, dit le colonel, voulez-vous, ne voulez-vous pas ? — Je ne le veux pas, répondit Maire. — A la bonne heure. Nouveau silence. On commence à s'observer les uns les autres comme des gens qui se voient pour la première fois. Nous y serions encore, si je n'eusse pris la parole. Messieurs, dis-je, il me semble, sauf correction, que ceci ne nous regarde pas : la nation veut un empereur, est-ce à nous d'en délibérer ? Ce raisonnement parut si fort, si lumineux, si *ad rem...*, j'entraînai l'assemblée. Jamais orateur n'eut un succès si complet : on se lève, on signe, on s'en va jouer au billard. Maire me disait : Ma foi, commandant, vous parlez comme Cicéron; mais pourquoi voulez-vous donc tous qu'il soit empereur, je vous prie? — Pour en finir et pour faire notre partie de billard. Fallait-il rester là tout le jour ? Pourquoi ne le voulez-vous pas ? — Je ne sais, me dit-il, mais je le croyais fait pour quelque chose de mieux. Voilà le propos du lieutenant, que je ne trouve point tant sot. En effet que signifie... un homme comme lui, Bonaparte, soldat, chef d'armée, le premier capitaine du monde, vouloir qu'on l'appelle *Majesté!* Etre Bonaparte et se faire sire ! *Il aspire à descendre;* mais non, il croit monter en s'égalant aux rois. Il aime mieux un titre qu'un nom, pauvre homme! Ses idées sont au-dessous de sa fortune.... Chacun baise en tremblant la main qui nous enchaine... Avec la permission du poëte cela est faux. On ne tremble point, on veut de l'argent et on ne baise que la main qui paie. — Ce César s'entendait bien mieux, et aussi c'était un autre homme; il ne prit point de titres usés, mais il fit de son nom même un titre supérieur à celui de roi. »

Quelque temps après son procès de presse, notre vigneron de la Chavonnière prononçait ce jugement sur Napoléon : « Robespierre, Barras et le grand Napoléon, depuis plus de vingt ans m'avaient appris à me taire, Bonaparte surtout; ce héros ne trompait pas, il ne nous baillait pas le lièvre par l'oreille, jamais ne nous leurra de la liberté de la presse ni d'aucune liberté, un peu turc dans sa manière, il mettait au bagne le bon peuple, mais sans l'abuser le moins du monde, et ne nous cachait point sa royale pensée qui fut toujours d'avoir en propre nos corps et nos biens seulement; des âmes il en faisait peu de cas, ce n'est que depuis lui qu'on a compté les âmes. Voulant parler tout seul, il imposa silence à nous premièrement, puis à l'Europe entière, et le monde se tut; personne ne souffla, homme ne s'en plaignit; ayant cela de commode qu'avec lui du moins on savait à quoi s'en tenir. J'aime cette façon et j'ai tâté de l'autre... (Réponse aux anonymes, 1823). »

Sous l'empire, il n'y eut de journaux que le *Moniteur*, le *Journal des Débats*, la *Gazette de France*, le *Journal de Paris*. La presse politique était soumise à la censure du sabre, elle était le monopole de l'épée, le journal n'était toléré qu'à la condition de l'éloge de la dictature et de celui du maître. Le *Moniteur* seul avait la parole et quelle parole! son premier journaliste était Napoléon, le grand article de fond c'était Napoléon, il imposait même sa prose aux autres journaux. Il y eut bien quelques tentatives infructueuses d'une presse libre; il fallait avant tout du silence et de la servilité. Cette époque si étourdissante de prestiges militaires avait paralysé la liberté de la pensée, les expressions indépendantes de l'intelligence ne pouvaient ni se mouvoir, ni parler d'espérances d'avenir ; la littérature elle-même molle, flasque, sans élévation, était représentée par les Delille, les Fontanes, les Laujon, les Legouvé, les Berchoux, les Lebrun, etc., etc., elle n'avait avec le drame et la poésie qu'un cachet, l'adulation. Cette compression morale menait droit à l'abrutissement. Le *Journal des Débats* luttait bien un peu avec une grande mesure de timidité et d'allusion tempérée par les feuilletons thuriféraires de Geoffroy (1). Le ministre de la police Fouché faisait entrevoir au chef de l'Etat, les dangers de l'influence des doctrines et du nombre de lecteurs de ce journal ; il obtint (1805) qu'on établirait près de lui un censeur, le choix tomba sur Fiévée, ami des propriétaires et leur collaborateur ; comme il se montrait leur défenseur, il y eut entre Napoléon et lui un échange de notes et de rapports qui inspirèrent au premier cette note impérieuse : « Monsieur de Lavalette verra Monsieur Fiévée et lui dira qu'en lisant le *Journal des Débats* avec plus d'attention que les autres parce qu'il a dix fois plus d'abonnés, *on* y remarque des articles dirigés dans un esprit tout favorable aux Bourbons et constamment dans une grande indifférence sur les choses avantageuses à l'Etat ; que *l'on* a voulu réprimer ce qu'il y a de trop malveillant dans ce journal ; que le système est d'attendre beaucoup du temps ; qu'il n'est pas suffisant qu'ils se bornent aujourd'hui à n'être pas contraires, que *l'on* a droit d'exiger qu'ils soient entièrement dévoués à la dynastie régnante et qu'ils ne tolèrent pas, mais combattent tout ce qui ten-

(1) On fit circuler ce cynique quatrain :

> Si l'empereur faisait un p...,
> Geoffroy dirait qu'il sent la rose,
> Et le sénat *aspirerait*
> A l'honneur de prouver la chose.

drait à donner de l'éclat ou à ramener des souvenirs favorables aux Bourbons; que *l'on* est prévenu contre le *Journal des Débats* parce qu'il a pour propriétaire Bertin de Vaux homme vendu aux émigrés de Londres; que cependant *l'on* n'a encore pris aucun parti; que *l'on* est disposé à conserver les *Débats*, si *l'on me* présente pour mettre à la tête de ce journal des hommes en qui je puisse avoir confiance et pour rédacteurs des hommes sûrs qui soient prévenus contre les manœuvres des Anglais et qui n'accréditent aucuns des bruits qu'ils font répandre. Un censeur a été donné au *Journal des Débats* par forme de punition. Le feuilleton de Geoffroy a été soustrait à la censure ainsi que la partie littéraire; mais l'intention n'est point de le conserver, car alors il serait officiel et il est vrai de dire que si le bavardage des journaux a des inconvénients il a aussi des avantages... il n'y a pas d'autres moyens de donner de la valeur à la propriété du *Journal des Débats* que de le mettre entre des mains d'hommes d'esprit attachés au Gouvernement; toutes les fois qu'il parviendra une nouvelle défavorable au Gouvernement, elle ne doit point être publiée jusqu'à ce qu'on soit tellement sûr de la vérité qu'on ne doive plus la dire, parce qu'elle est connue de tout le monde; il n'y a pas d'autres moyens d'empêcher qu'un journal ne soit point arrêté. Le titre du *Journal des Débats* est aussi un inconvénient; il rappelle des souvenirs de la révolution; il faudrait lui donner celui de *Journal de l'Empire* ou tout autre analogue, il faut que les propriétaires de ce journal présentent quatre rédacteurs sûrs et des propositions pour acheter la rédaction de quelques autres journaux (1). » Fiévée est imposé à la direction du

(1) *Journal des Débats* et des décrets jusqu'au mois de pluviôse an viii, in-18; le 3 pluviôse an viii, in-4°, puis in-folio et création du feuilleton; du 16 juillet 1805 au 31 mars 1814 *Journal de l'Empire*; du 1er avril 1814 au 21 mars 1815, *Journal des Débats* poli-

journal, il prend le nom de *Journal de l'Empire*, la rédaction de cet homme d'esprit ne trouve pas grâce longtemps devant le ministre de la police; Fievée dut se retirer et Napoléon s'empare définitivement de la propriété du *Journal des Débats* qu'il partage entre quelques personnes dévouées. Le *Journal de l'Empire* ne fut plus qu'un journal louant, blâmant ou attaquant *par ordre*. Etienne remplace Fiévée; quoique dévoué à l'empire, Etienne conserve l'honneur de ses convictions. Napoléon dans un de ses moments d'humeur violente, avait écrit un article contre l'Autriche, il l'envoie à Etienne pour l'insérer dans le *Journal de l'Empire*, celui-ci épouvanté de ce ton d'irritation va trouver le duc de Bassano, qui lui répond : « L'Empereur le veut. » L'article est imprimé. Etienne à la lecture de l'épreuve recule de nouveau, il ne publie pas. L'Empereur cherche l'article dans le journal, il ne l'y trouve pas; grande colère contre le duc de Bassano, colère de celui-ci contre Etienne, il faut que l'article paraisse le lendemain. Etienne courageux jusqu'à la fin retire définitivement l'article. Le journal ne contient rien.

tiques et littéraires; du 22 mars 1815, *Journal de l'Empire;* enfin du 8 juillet 1815 jusques à aujourd'hui : *Journal des Débats* politiques et littéraires. Il avait été fondé par Barrère, Louvet. D'autres girondins y travaillèrent, puis il arrive dans les mains des frères Bertin. Geoffroy attaquait constamment le xviiie siècle et Voltaire; il s'attaquait au théâtre, au drame, à l'anthropologie dans la personne de Lemercier, du docteur Gall et dans celle de Talma qui lui fit sentir ses cinq doigts sur les joues. Dans ces derniers temps on a fait courir le bruit de la vente de ce journal : mais son organisation s'y oppose; aucun propriétaire de part ne peut l'aliéner avant de l'avoir offerte à ses copropriétaires, en cas de refus il aurait droit de céder sa part à un étranger. MM. Russell, capitaine de frégate; Laborie; Ed. Bertin, directeur gérant; le général Bertin; Lenormand, ancien imprimeur; Bapst et Léon Say, gendres de feu M. Bertin et d'autres héritiers ont chacun une part. En 1859, chaque part a rapporté 57,000 fr.

Et mon article! s'écrie Napoléon au duc de Bassano. — Sire,
il n'a pas paru. — Qui donc s'avise de mépriser mes ordres ?
— C'est M. Etienne : il prétend que l'article n'est pas digne
de vous et il refuse de le publier. — Ah ! M. Etienne a osé...
puis après réflexion : Eh bien ! il a eu raison.

Feletz, écrivain de talent, se retire de la rédaction du *Journal des Débats* quand il est enlevé aux frères Bertin pour être
remis *a d'autres parties prenantes* avec le titre de *Journal de
l'Empire*; on le presse de se rallier ; un grand personnage
lui disait : « Tout le monde y vient et de tous les côtés, il
n'y a presque plus de dissidents même dans les hommes
de votre opinion, l'empire hérite du royalisme comme de la
liberté. » Il lui faisait des offres flatteuses pour adoucir des
avis impérieux, Feletz répondit : « J'ai trop d'honneur pour
être acheté, je n'ai pas assez d'imagination et de métaphysique en tête pour être innocemment séduit à force de gloire
et de batailles gagnées. » De temps à autre il a écrit sous
l'empire. Sa polémique avait le courage de ne pas donner
pour correctif à une vérité, à un hommage, à une allusion à
une certaine logique proscrite comme *idéologie*, la moindre
flatterie ; il n'a jamais loué l'Empereur.

Les livres étaient sévèrement surveillés, censurés, ou saisis ; on demandait à Delille de rompre le silence ; les poëmes
d'Esmenard, les romances de Baour-Lormian, ou les vers
didactiques de Fontanes, ce parfait courtisan, ne jetaient
pas un grand lustre littéraire ; on exilait madame de Staël
pour son livre sur l'Allemagne. Ce livre épuré, tamisé par
les censeurs impériaux ne fut pas moins saisi, et la boutique
du libraire envahie par une escouade de gendarmes. *Le Mercure de France*, propriété de Fontanes, fut acheté par de
Chateaubriant (1). Une de ses premières livraisons contenait

(1) Si dans ses premiers écrits, qui contenaient tous ses ressenti-

un examen du *Voyage pittoresque de M. de la Borde en Espagne*, il fut dénoncé pour avoir dit : « C'est en vain que Néron prospère, Tacite est déjà né dans l'empire, il croit inconnu auprès des cendres de Germanicus, et déjà l'intègre Providence livre à un enfant obscur la gloire du maître du monde. » En parlant de Sertorius en guerre contre Sylla il ajoutait : « Il y a des autels comme celui de l'honneur qui, bien qu'abandonnés, réclament encore des sacrifices, le dieu n'est pas anéanti quoique le temple soit désert... Après tout, qu'importent les revers si notre nom prononcé dans la postérité va faire battre un cœur généreux deux mille ans après notre vie?..... Nous ne doutons pas que du temps de Sertorius, les âmes pusillanimes qui prennent leur bassesse pour de la raison ne trouvassent ridicule qu'un citoyen obscur osât lutter seul contre toute la puissance de Sylla. » Napoléon se montre très-irrité de ce langage : « Chateaubriant, dit-il à de Fontanes (1) en présence de Duroc, croit-il que je suis un imbécile, que je ne le comprends pas? je le ferai sabrer sur les marches de mon palais. »

Chateaubriant ne fut pas sabré, mais le *Mercure* fut supprimé.

Quoique la presse fût bien et dûment muette, désarmée et légalement anéantie, un décret vint encore ajouter aux rigueurs qui pesaient sur elle en élargissant l'action du plus

ments, il fit l'éloge des cours prévôtales et proposa la peine de mort pour certains délits de la presse, il est arrivé graduellement avec son esprit généreux à répudier ses premières doctrines et à devenir l'un des fondateurs de la presse en France. Il l'avait acheté 20,000 fr.; en 1814, il en réclama la propriété, mais il ne fut pas écouté.

(1) De Fontanes disait à l'auteur du livre des *Martyrs* : « Je suis inquiet de certains passages sur Dioclétien, Galerius peut-être, point de petites allusions. Ce serait encore l'affaire du *Mercure*, il ne faut pas agacer les dents du lion. »

suprême arbitraire (5 février 1810) par la création d'un directeur général de la librairie. Les ouvrages à imprimer devaient lui être soumis avant l'impression, il pouvait l'arrêter;
les censeurs pouvaient indiquer les changements ou la suppression, et en cas de refus ils défendaient l'impression et la
vente; Daunou refusa d'être censeur; l'ouvrage censuré et
autorisé pouvait être saisi et défendu et l'auteur renvoyé
devant les tribunaux; ce n'était pas assez, les imprimeurs et
les libraires, ces producteurs matériels de la pensée, durent
être brevetés et assermentés.

Il semble qu'il n'y eût plus rien à décreter contre les journaux, erreur!... ils étaient depuis le Consulat soumis à l'arbitraire de la police; l'Empereur, qui avait l'habitude fré-
quente et inconstitutionnelle, de trancher par des décrets
les questions du domaine de la législature, décide que dans
les départements autres que la Seine il n'y aurait qu'un seul
journal (3 août 1810), journal d'annonces, affiches et avis
divers, dont le ministre de l'intérieur réglerait le format, la
justification et le prix des insertions à la ligne (1811) : il avait
trouvé moyen sur les bords de l'Escaut, dans une de ses cour-
ses militaires, de réglementer la liberté de la presse, comme
sur les ruines fumantes de Moscou il donnait une constitution à la Comédie française.

Le *Journal de l'Empire* reçoit de nouveaux coups de la fé-
rule impériale (18 février 1810), par la confiscation et le
partage de sa propriété; elle est divisée en vingt-quatre
actions à part égale dans les bénéfices; huit étaient attribuées
à *la police* et perçues par elle pour constituer des pensions à
des gens de lettres, seize autres étaient réservées pour être
distribuées à titre de récompenses à des services rendus à
l'Empereur; cette *libéralité* était peu honorable pour ceux
qui en touchaient les bénéfices : « la Peste aurait des flatteurs
si elle donnait des pensions. » Ce n'est pas tout, le *Journal*

du Soir, le *Journal du Commerce*, le *Courrier de l'Europe*, la *Feuille économique*, le *Journal des curés*, sont *supprimés* et réunis au *Journal de Paris* dont la propriété est divisée en vingt-quatre actions avec attribution conforme à celle du *Journal de l'Empire*.

Il y avait au sein du sénat une commission de la liberté de la presse, dont précédemment la mission a été définie, elle considérait la presse comme suffisamment libre puisqu'elle gardait le silence; l'Empereur, cependant, dans un de ses moments d'abandon trop rares disait au conseil d'Etat en 1810 : « La presse qu'on prétend libre est dans l'esclavage le plus absolu; la police cartonne, supprime comme elle veut, les ouvrages, et même ce n'est pas le ministre qui juge : il est obligé de s'en rapporter à ses bureaux. Rien de plus irrégulier, de plus arbitraire que ce régime (1). »

En 1811, la réception à l'Académie de Chateaubriant, nommé en remplacement de Joseph Chénier, devint une grosse affaire d'État. Il est d'usage de faire l'éloge des ouvrages et de la vie du prédécesseur. Dans cette occasion ce fut un double embarras pour l'époque et le panégyriste. Cicéron dit quelque part : L'éloge de Caton, sous la dictature de César, c'est un problème digne d'Archimède. L'Académie décide que le discours du récipiendiaire ne sera pas admis. « Si le discours avait été prononcé, jamais tonnerre d'applaudissements n'eût fait trembler une salle (Sicard). » Napoléon auquel, au commencement de l'Empire, un académicien avait dit : « Ah Sire! laissez-nous au moins la république des lettres, » ne les aimait guères, il ne voulut pas qu'on donnât au public lettré et à la bonne société l'occasion d'applaudir des sentiments ou des allusions hostiles à son

(1) Citation empruntée à l'auteur des *Idées napoléoniennes*. Edit. de 1839.

pouvoir dictatorial, dont déjà l'étoile heureuse commençait
à pàlir; il se fait donner le manuscrit, il trouve le mot de
liberté d'une inconvenance grave; il trouve impolitique le
blâme de quelques actes de la Révolution, il le bâtonne, le
barre, le froisse, la dernière page seule lui parait de bon
goût, elle faisait l'éloge obligé du conquérant. En le rendant
mutilé il dit : « Pauvre France, combien tu as encore besoin
d'un tuteur ! »—« C'était absolument comme Cromwell se
vantant d'être le grand juge de paix qui seul empêchait les
Anglais de se couper la gorge entre eux (Villemain). » Puis
il ajoute : « Je ne puis souffrir rien de tout cela, ni ces souvenirs imprudents, ni ces reproches au passé, ni ce blâme
secret du présent, malgré quelques louanges; je dirais à l'auteur s'il était là devant moi : Vous n'êtes pas de ce pays-ci,
Monsieur, vos vœux sont ailleurs. Vous ne comprenez ni
mes intentions ni mes actes. Eh bien! si vous êtes mal à
l'aise en France, sortez de France; sortez, Monsieur, car
nous ne nous entendons pas; et c'est moi qui suis le maître
ici. Vous n'appréciez pas mon œuvre; et vous la gâteriez, si
je vous laissais faire; sortez, Monsieur, passez la frontière
et laissez la France en paix et en union sous un pouvoir
dont elle a besoin. »

Dans le public, dans les salons on se communiquait ce
discours, on en faisait des lectures à petit bruit; les journaux,
qui cherchaient à distraire l'attention publique des grands
événements, s'occupent du discours académique, des controverses qu'il avait soulevées dans les régions gouvernementales.

Jamais la vigilance inquisitoriale de la police, la censure
des journaux et des écrits n'avaient été poussées si loin; la
servitude civile, si pesante, s'absorbait dans la gloire militaire. « On se prosternait, non pas seulement par contrainte
et par peur, mais par éblouissement, non pas qu'on ne sen-

tît pas et qu'on ne déplorât pas les ressorts honteux du despotisme; les désastres commençaient à poindre au loin sur la terre étrangère, les idées commençaient à secouer les ténèbres épaisses dont on avait pris à tâche de les envelopper; le langage de la foule commençait à murmurer, à censurer, à espérer..... » — « Après les deuils privés, les afflictions de famille si nombreuses, si déchirantes; il y eut comme un deuil public, sévère, accusateur, faisant circuler de sinistres et insaisissables sarcasmes..... Il est d'une exactitude littérale de dire que toute émission de la pensée écrite, toute mention historique, même la plus lointaine et la plus étrangère devint une chose aventureuse et suspecte. Il n'y eut plus dans l'ordre des idées d'autre langage possible que le raisonnement prescrit par l'autorité; il n'y eut plus dans l'ordre des faits d'autre vérité soufferte que les innombrables déclarations d'*absence* dont après 1812 le *Moniteur* enregistrait habituellement, dans ses colonnes d'annonces judiciaires, le relevé funèbre (Villemain). »

Cette aggravation avait sa raison d'être; elle a son explication dans les accès de mauvaise humeur d'une ambition atteinte par des commencements de revers, et dans l'irritation croissante d'un pouvoir peu habitué aux coups de la mauvaise fortune et à des désastres naissants et continus (1812). Cette situation inspirait de vives inquiétudes à l'intérieur, et faisait poindre un commencement de discussion des actes du Gouvernement. Il n'y avait pas loin de là à des murmures et à un temps d'arrêt dans l'admiration. Un coup de hardie entreprise, la tentative Mallet, avait jeté la stupeur dans les avenues du pouvoir; Napoléon à son retour, en 1812, répond aux hommages de ses fonctionnaires que cette conspiration était le crime de l'idéologie qui « sondait, pour les détruire, les fondements des États et appelait le peuple à une souveraineté dont il est incapable. » Cet événe-

ment amène une recrudescence de sévérité contre le raisonnement, la pensée, l'idéologie. Toute pensée religieuse ou
philosophique dans le passé comme dans le présent, une
noble maxime, un souvenir historique ne trouvaient plus
grâce devant les agents de l'administration et surtout devant
le chef de l'État qui se montrait plus que jamais irrité contre
les écrivains... « L'audace des écrits séditieux, la complicité
du beau monde s'accroît depuis nos malheurs. Ce n'est plus
le sarcasme, le misérable jeu de mots qu'emploient vos salons, il ne s'agit plus d'équivoques sur ce qu'on appelle *le
commencement de la fin*, c'est l'insulte grossière, l'anathème
fanatique; on forge des libelles, on interprète de vieux livres
pour outrager le vengeur, le défenseur, le chef de la France.
J'en rougis pour la nation, la censure est bien inepte; Pom-
mereuil lui-même (censeur), tout philosophe qu'il est, n'y
voit pas plus clair que son prédécesseur. »

En dehors de la police officielle, l'empereur avait des correspondants secrets, une sorte de contre-police dans les régions du haut monde; ils lui remettaient des notes, ils lui
donnaient le thermomètre de l'opinion publique, ils racon-
taient les causeries des salons où ils exerçaient leur odieux
métier; ils signalaient les mauvaises tendances, les mauvaises doctrines, les nuances transparentes d'opposition des
écrits; l'Empereur se montrait très en colère de ce qu'il ap-
prenait par ces délations; il prononçait des séquestrations
arbitraires dont le public cherchait en vain l'explication; il
s'écriait : « Cela est odieux, cela est intolérable, il n'y a pas
seulement quelques douairières à renvoyer à quarante lieues
de Paris, il y a un certain *De Mersan*, se disant ex-législa-
teur à mettre où j'ai mis l'abbé de Boulogne, tout cela est
de la même école et bassement enhardi par les mêmes causes... »

De Mersan avait publié en 1807 un recueil des pensées de

Balzac, cet ouvrage était resté presque ignoré; des dénonciateurs en avaient signalé plusieurs passages, l'Empereur signe un ordre d'emprisonnement contre l'auteur; on le supplie de surseoir à son exécution : « Rien de plus clair, disait-il, je suis un fléau de Dieu, un homme fatal et même un faquin, revoyez ces insolences à loisir, et nous en parlerons demain. » Il se trouve, en effet, que le passage dénoncé était tout entier dans Balzac, il était dirigé contre Richelieu qui ne s'en était point offensé et ne s'y était pas reconnu; il fallut faire lire l'ancien auteur à l'Empereur, il déchire la lettre de cachet, et, analysant le passage incriminé, il s'écrie : « Les imbéciles, un *nain*, un *eunuque*, cela peut-il s'appliquer à moi? Décidément la censure *bénévole* ou officielle n'est bonne à rien. »

De Mersan n'est envoyé ni à Vincennes, ni à Bicêtre.

L'autocratie impériale française pesait également sur la presse étrangère, en Suède et en Danemark où la liberté de la presse était illimitée; en Suède elle ne fut limitée qu'à l'époque de ses bonnes relations avec Bonaparte, dans la crainte de l'indisposer et pour lui complaire; en Danemark il n'y eut de restrictions que sur sa demande et pour conserver la bonne harmonie.

Sous l'Empire, ce lourd interrègne de la pensée, il n'y eut que le Code pénal comme loi de presse. Toutes les constitutions antérieures avaient proclamé la liberté de la presse; mais les Gouvernements en redoutent les effets, ils croient remporter une grande victoire en lui infligeant la servitude. La Convention a sévi contre les écrivains, elle a vu sa puissance déchoir; le Directoire a déporté en un jour cent vingt journalistes, il est tombé par le 18 brumaire; Bonaparte a fait taire la France et l'Europe entière, l'histoire a dit comment il a fini; il ne comprit pas que le temps où un seul homme créait des idées était passé. Il substitue la per-

sonnalité à la liberté de l'intelligence ; il devait tuer la presse
en étouffant la Révolution par la gloire. Il se crut fort et so-
lide parce que les hommes de la Révolution qui avaient fait
des prodiges de courage, de patriotisme, de dévouement,
fatigués de tant d'efforts, ont courbé leurs fronts et ployé
leurs genoux dans les antichambres d'un soldat couronné
auquel ils ont demandé des places, des faveurs, des dota-
tions, des lettres de noblesse.

Depuis 1812, les désastres se succèdent avec une
effrayante rapidité, ils annoncent la chute de l'Empire.

Au mois de mai 1814, il s'opère une grande révolution
dans la presse et les journaux ; les frères Bertin et Roux-Laborie s'emparent du *Journal de l'Empire*, et lui restituent son
ancien nom de *Journal des Débats*. Les agents du Gouvernement impérial, dans les derniers jours de son agonie, se
transportent dans tous les bureaux de journaux pour y placer des rédacteurs ou des censeurs ; dans la nuit du 30 mars,
ils s'emparent de tous les instruments de la publicité politique ; toutes les nouvelles sont encore rédigées le 30 mars
dans le sens impérial, protestations de dévouement à l'Empereur et à l'Empire. Le 31 mars le *Journal des Débats* ne
parait pas. Puis par une métamorphose aussi soudaine que
complète, le 1er avril les ournaux insultent l'Empire, le mau-
dissent, ils trainent l'Empereur dans la boue, c'était un
tyran, un usurpateur, Robespierre à cheval, etc., etc., et beaucoup d'autres aménités du même goût ; ils exaltent les bien-
faits de l'invasion ; ils font appel aux Bourbons, ils préco-
nisent l'empereur Alexandre, dont ils citent les bons mots :
« Si j'étais placé si haut, je craindrais d'en être étourdi (1). »
Ce mot si philosophique est digne d'un Marc-Aurèle (*Journal de Paris* et *des Débats*).

(1) Allusion à la statue de Napoléon sur la place Vendôme.

Le sénat ! le sénat prononce la déchéance de l'Empereur (3 avril) ; les motifs de cette grande mesure politique portent : « Considérant que la liberté de la presse établie et consacrée comme l'un des droits de la nation, a été constamment soumise à la censure arbitraire de la police , et qu'en même temps il s'est toujours servi de la presse pour remplir la France et l'Europe de faits controuvés, de maximes fausses, de doctrines favorables au despotisme et d'outrages contre les gouvernements étrangers. »

C'était bien l'heure de tenir un pareil langage ; c'était avant qu'il eût fallu avoir le courage de le faire entendre ; on a le droit de demander au sénat, qui rappelle trop le sénat romain des mauvais jours de la république et de l'empire, ce que faisait sa commission permanente de la liberté de la presse, elle se taisait et n'osait protester contre le régime de la servitude et de la compression ; il avait aussi sa commission de garantie de la liberté individuelle, a-t-elle fait relâcher un seul prisonnier d'Etat ? Ce grand corps de l'Etat a laissé de tristes souvenirs, et l'histoire impartiale n'a enregistré dans le récit de ses actes que des faits d'adulation et de servilité, que la liste des écrasants sacrifices moraux et matériels dont il frappa la nation en mettant aux pieds du maître son dernier homme et son dernier écu ; ce langage *in extremis*, rappelle le coup de pied de l'animal dont parle le fabuliste.

Ce même sénat, dans son projet de constitution, écrit : « Article 23 : La liberté de la presse est entière, sauf la répression légale des délits qui pourraient résulter de l'abus de cette liberté. *Les commissions sénatoriales* DE LA LIBERTÉ DE LA PRESSE *et de la liberté individuelle sont conservées.* »

Un arrêté des commissaires au département de la police générale porte : « Aucune adresse, proclamation, feuille publique ou récit particulier ne contiendra d'injures ou expressions outrageantes contre le Gouvernement renversé, la cause de la patrie étant trop noble pour adopter aucun des moyens odieux dont il s'est servi (4 avril). » Le Gouvernement provisoire déclare : « Considérant que le moyen le plus certain d'établir la liberté publique est d'empêcher la licence ; que la liberté de la presse qui doit être la sauvegarde des citoyens ne doit pas devenir un moyen d'insulte et de diffamation ; que dans les circonstances présentes un pareil abus... Art. 1ᵉʳ : Il est fait défense d'apposer des affiches, placards, sans le visa approbatif du préfet de police. Art. 2 : Il est défendu de crier, vendre ou distribuer des pamphlets, aucune feuille dont la distribution n'a pas été autorisée par la préfecture de police. »

L'empire est fini. Un représentant de la libre pensée en porte ce jugement : « Napoléon déclare la guerre et la tyrannie à toutes les idées, excepté aux idées mortes ; il maudit la pensée écrite ou parlée comme une révolte de raisonnement contre le fait ; il s'écrie : La pensée est le mal suprême, c'est elle qui fait tout le mal ; il impose le mutisme aux tribunaux, la censure aux journaux, le pilon aux livres, la terreur ou l'adulation aux écrivains ; il blasphème contre la lumière ; il ferme la bouche au moindre murmure d'une théorie ; il exile tout ce qui ne lui vend ni sa parole ni sa plume ; il n'honore dans les sciences que les sciences qui ne pensent pas, les sciences mathématiques ; il supprimerait l'alphabet pour ne laisser subsister entre les hommes que les chiffres ; les lettres expriment l'âme humaine, les chiffres n'expriment que des forces matérielles ; il s'exalte dans son horreur de la philosophie et de la liberté jusqu'à l'athéisme de l'intelligence humaine ; il pressent une révolte dans chaque soupir, un obstacle dans chaque pensée, une vengeance dans chaque vérité (1). »

(1) De Lamartine, Histoire de la Restauration.

A la députation du senat, le lieutenant-général du royaume
répond : « La liberté de la presse respectée sauf les restrictions nécessaires à *l'ordre* et à la tranquillité publique
(14 avril). » La déclaration de Saint-Ouen qui a précédé la
Charte, contient le même texte avec la suppression des
mots à *l'ordre*; enfin la Charte porte (art. 8) : « Les Français
ont le droit de publier et de faire imprimer leurs opinions
en se conformant aux lois qui doivent *réprimer* les abus de
cette liberté. »

Un député avait proposé « de supplier le Roi de vouloir
bien faire présenter une loi qui concilie les droits garantis
par la Charte aux citoyens avec la répression des délits que
la presse peut servir à commettre, » la proposition est ajournée, la loi ne se fait pas attendre.

Deux grandes conquêtes étaient faites, le principe de la
liberté de la presse, une Chambre des députés du pays
ayant la parole. Un abbé de Montesquiou, ministre de l'intérieur, présente un projet de loi (juillet), œuvre, dit-on,

3.

de MM. Guizot et Royer-Collard; le premier dans une brochure : *Quelques idées sur la liberté de la presse*, demandait la censure.

La commission, par son rapporteur M. Raynouard, propose le rejet de cette loi; de nombreux orateurs se font entendre; le ministère, dans ses réponses, a invoqué les lieux communs d'une étroite tyrannie; il loue la censure comme favorable à la gloire littéraire, et ne présentant aucune entrave au progrès des lumières. Le rapporteur Raynouard persiste dans sa conclusion de rejet.

Un homme qui, par ses écrits et ses discours, peut être considéré comme l'un des fondateurs de la liberté de la presse en France, Benjamin Constant, répond : « Le génie s'élève au-dessus de toutes les entraves, il brave tous les dangers, il grandit au milieu de l'oppression, mais ce n'est pas une excuse pour les oppresseurs; l'inquisition aurait pu à ce compte se faire un mérite du progrès de l'esprit humain, c'est dans ses cachots que Galilée a fait la découverte du mouvement de la terre (1). »

Suivant le ministre et ses adhérents, le mot *réprimer* de la Charte était synonyme de *prévenir*, cette synonymie officielle, très-impropre, était revendiquée pour justifier la censure préalable; elle égaye l'assemblée, elle amuse le public, et est spirituellement ridiculisée.

Le projet de loi contenait, contrairement à la Charte, la *suppression* de la liberté de la presse, les amendements en firent la *suspension*. La loi est adoptée malgré la résistance

(1) Benjamin Constant avant la promulgation de la Charte avait fait une brochure sur la constitution, l'imprimeur consulte un censeur qui lui dit : « Je ne veux pas qu'on publie rien sur la constitution. Si elle est acceptée par le Roi, il ne faut pas qu'on écrive contre; si elle est rejetée il ne faut pas qu'on écrive pour. » Royer-Collard, alors directeur général de la librairie, lève l'interdiction.

des deux cinquièmes de la Chambre des députés et la moitié des membres de la Chambre des pairs.

La loi du 21 octobre 1814 sur la liberté de la presse, établit la censure préalable sur tous les écrits de vingt feuilles et au-dessous, les journaux et écrits périodiques ne peuvent paraître qu'avec l'autorisation du Roi ; les imprimeurs et les les libraires doivent être brevetés et assermentés. Cette loi cessait d'avoir son effet à la fin de la session de 1816, à moins qu'elle ne fût prorogée par une nouvelle loi.

La liberté de la presse n'était pas accordée, la Charte était violée.

Avant cette loi, et au début de la Restauration, la censure avait été établie, elle avait été confiée à Michaux, membre de l'Institut, qui l'exerça sous l'autorité du commissaire chargé de la police générale.

Une ordonnance du 24 octobre, nomme vingt censeurs royaux (1) et vingt-deux censeurs royaux honoraires.

Quelques journaux indépendants commençaient à se montrer, le *Nain Jaune* (Cauchois Lemaire), l'*Indépendant* fondé par Jay et Etienne (2), il fut supprimé pour un article sur le *salon*; un enfant tenait un bouquet de fleurs bleues (myosotis), éloge de ce portrait, la foule s'y porte, un amateur dit que ces fleurs en allemand s'appellent ne *m'oubliez pas*; plus de doute, c'est le roi de Rome, la police fait évacuer la salle. Le *Censeur Européen* (Comte et Dunoyer), pour

---

(1) MM. Auger, de Barentin, Bernardi, Campenon, Clavier, Dampmartin, Delacroix Frainville, Delasalle, Deleuze, Delvincourt, Desrenaudes, Dillon, Frayssinous, Guizot, Charles Lacretelle, Legraverend, Lemontey, Quatremère de Quincy, Sylvestre de Sacy, Vanderbourg.

(2) Il s'appela successivement l'*Écho du Soir*, le *Courrier Général*, le *Courrier du Commerce*, et en 1819 il prit définitivement le nom de *Constitutionnel*.

échapper à la censure, donnait à chaque numéro une étendue de plus de vingt feuilles.

Les feuilles royalistes étaient nombreuses; la *Quotidienne*, rédigée par d'anciens vaudevillistes et chansonniers de l'Empire, se faisait remarquer par la violence de son langage, on l'appelait la *None sanglante*; le *Journal Royal* n'était pas moins violent, chaque jour il distribuait l'injure à la Révolution et à l'Empire : « Il fallait expier la rébellion de vingt-cinq ans par l'obéissance absolue. » On invitait le Roi à *retirer la Charte*, à ne *s'entourer que d'hommes légitimes, de francs régénérés... toute constitution est un régicide... la Convention un monstre, une horrible bacchanale, une réunion de bandits...* on attaquait les ventes de biens nationaux, on proclamait leur restitution, un avocat avait écrit qu'elles *étaient nulles*, il est arrêté, son écrit est saisi, il est déféré aux tribunaux, il est acquitté. En présence de ce danger pour la propriété, une association se fonde pour la défense de la vente des biens nationaux.

Le *Censeur Européen* publié un mémoire de Carnot qui fit grand bruit, et une protestation contre la Charte signée par les princes du sang, d'anciens parlementaires et le ministre Ferrand, elle avait paru dans le journal anglais le *Morning Chronicle*.

La chute de l'Empire avait fait espérer la liberté, ses successeurs l'avaient promise, ils ne tinrent pas parole. Un événement imprévu, le débarquement de Napoléon au golfe Juan le 1er mars 1815, produit un grand étonnement, le 20 il est à Paris.

A cette nouvelle le ton des journaux royalistes se modifie à la minute, ils se font humbles, caressants, courtisans de l'armée, la peur avait passé par là.

Un décret du 25 mars abolit la censure et supprime la direction de l'imprimerie et de la librairie; le ministre de la police Fouché reçoit les journalistes pour les engager à ne pas parler contre le Gouvernement; le nouvel Empire ne serait pas la résurrection de l'ancien, il y aurait de la liberté et des institutions libérales; le *Censeur européen* n'eut pas foi dans un retour à la liberté, il écrivait : « L'ordre de l'Eteignoir étant tombé, ne serait-il pas possible de le remplacer par un autre qui, sans être moins avantageux au progrès des ténèbres, serait cependant plus analogue aux circonstances? Il nous semble que l'ordre du Sabre aurait ce double résultat. »—« Un des rédacteurs du *Mercure* qui naguère s'était constitué défenseur d'un grand ministre, accusait les rédacteurs du *Censeur* d'avoir mal raisonné dans la défense du général *Excelmans*. Le plus fort de ses arguments était pris de ce qu'ils étaient des avocats imberbes. Cette idée lumineuse n'ayant pas été assez bien développée, l'auteur s'occupe, dit-on, d'un ouvrage qui satisfera mieux les lecteurs et qui, vu les circonstances, ne pourra manquer de faire une grande sensation; il a pour titre : De l'influence de la moustache sur le raisonnement et de la nécessité du sabre dans l'administration..... Qu'est-ce que la gloire? Un lion qui fait trembler tous les animaux d'une contrée, a-t-il de la gloire? Un peuple misérable qui ne sait pas se gouverner et qui ne peut inspirer à ses voisins que la terreur ou la haine a-t-il de la gloire? S'il est vrai que la gloire est exclusivement le partage des hommes qui se sont rendus célèbres par le bien qu'ils ont fait à leurs semblables, à quoi se réduit précisément la gloire d'un peuple conquérant? Ces questions seront sans doute résolues quand nous serons fatigués de parler sans savoir ce que nous disons... La bravoure considérée en elle-même, et abstraction faite de toute vertu morale, est-elle une qualité estimable? Celui qui brave la mort sans utilité pour ses semblables, mérite-t-il l'estime des hommes? Mérite-t-il l'estime, celui qui brave les voyageurs pour leur enlever leur argent? celui qui brave les mers pour aller faire des esclaves, ou qui brave des armées pour mettre des peuples en servitude? Nous abandonnons ces questions à la méditation des journalistes qui ne cessent de nous parler de braves et de bravoure. »

Ce numéro du *Censeur* est saisi. Le public se récrie, la police renonce à en empêcher la circulation; le *Censeur* raconte ses tribulations : « Bulletin du 19 avril au 1er juin. — Certain journal enfant bâtard de la *Quotidienne* et du *Journal Royal* a cru nous faire une grande insulte en qualifiant le *Censeur* de vieux voltigeur à bonnet rouge, il nous semble que le profond respect que quelques grands cordons lui inspirent devait l'obliger à garder des ménagements pour nos célèbres bonnets; car il sait bien que si quelque chose est propre à faire un grand cordon, c'est assurément un bonnet rouge. — Les journaux ont annoncé que la vente du cinquième volume du *Censeur* avait été suspendue. Ces expressions ne sont pas exactes : il fallait dire que le cinquième volume du *Censeur* avait été saisi par une troupe d'agents de police au bureau de distribution chez l'imprimeur, chez les libraires du Palais-Royal et jusque dans les cabinets littéraires; il fallait dire qu'on avait emporté jusqu'aux formes de l'imprimerie. Ce n'est là du reste qu'une de ces mille gentillesses que notre police générale se permet sans le moindre scrupule, et il ne vaut pas la peine d'en parler (1).

(1) L'auteur de l'*Histoire des deux Restaurations*, M. de Vaulabelle, dit qu'il y avait de *la honte* à publier de telles *lignes*, quand les soldats et les gardes nationaux couraient à la frontière, il ajoute que les hommes qui profitaient de la liberté de la presse pour tenir ce langage, et ceux qui applaudissaient à ces *lâches pauvretés*, prenaient alors le titre de *libéraux*. Nous protestons contre ce blâme, il n'y avait *ni honte, ni lâcheté*, il y avait courage à s'exprimer ainsi sous le régime du sabre et sous l'administration de la police de Fouché. M. de Vaulabelle écrirait-il ces lignes en 1860?

A Gand, l'émigration publiait le *Moniteur universel*, le premier numéro est du 14 avril; le représentant des Pays-Bas s'oppose à son apparition, c'était constituer un Gouvernement dans un Gouvernement; le titre est changé, le second numéro devint le *Journal universel*, il avait pour principaux rédacteurs, de Châteaubriant, de Lally Tolendal, de Jaucourt et Beugnot; MM. Bertin du *Journal des Débats* en furent aussi les collaborateurs; il paraissait deux fois par semaine. A la chute des Bourbons, en 1830, il en a été publié en France une édition.

Dans *l'acte additionnel aux constitutions de l'Empire* on lit : Art. 64. « Tout citoyen à le droit d'imprimer et de publier ses pensées en les signant, sans aucune censure préalable, sauf la responsabilité légale, après la publication, par jugement par jurés, quand même il n'y aurait lieu qu'à l'application d'une peine correctionnelle. » Art. 26. « Aucun discours écrit ne peut être lu dans l'une ou l'autre des Chambres. » Dans la séance impériale du mois de juin (7) l'Empereur dit : « La liberté de la presse est inhérente à la constitution actuelle ; on n'y peut rien changer sans altérer tout notre système politique ; mais il faut des lois répressives, surtout dans l'état actuel de la nation : je recommande à vos méditations cet objet important. » Dans un rapport à l'Empereur, Fouché insista pour une loi sévère de répression.

Dans la Chambre des Représentants, le député Malleville propose un projet de loi sur la presse, suivant lequel : il est permis à toute personne de manifester par la voie de la presse son opinion sur les lois et les actes du Gouvernement pourvu que ses écrits où ses discours ne contiennent ni excitation directe au crime, ni calomnie, ni injure, ni provocation séditieuse... La proposition est ajournée (15 juin).

Un représentant se plaint de l'inconvenance indécente et mensongère avec laquelle certains journaux rendent compte des séances de l'Assemblée, il demande l'établissement d'un journal spécialement attaché à la Chambre, et que les secrétaires délivrent aux journalistes des extraits conformes qu'ils seront tenus d'insérer ; on s'écrie : C'est contraire au réglement, la liberté disparaît, c'est une atteinte à la liberté que de ne rendre compte des séances que d'une manière textuelle et officielle, *l'ordre du jour contre la censure.* — Depuis 1852 ce principe a été mis en pratique.

Après une durée de cent jours d'une seconde et triste épopée impériale, l'Empereur abdique et proclame son fils Napoléon II Empereur des français (22 juin).

La Chambre des Représentants inscrit dans la constitution que : « La liberté de la presse est inviolable, aucun écrit ne peut être soumis à une censure préalable. Les lois déterminent quels sont les abus de la presse assez graves pour être qualifiés crimes ou délits ; ils sont réprimés suivant les différents degrés de gravité par des peines dont la sévérité sera aussi graduée et par jugement de jurés (5 juillet).

La seconde restauration se montre au début, irritée et animée d'un esprit de vengeance et de rancune haineuse.

Une ordonnance royale (20 juillet 1815) déclare que la restriction apportée à la liberté de la presse par la loi du 21 octobre 1814 (la censure, l'autorisation des journaux) présentant plus d'inconvénients que d'avantages était levée ; et, qu'en attendant qu'une loi ait réglé la poursuite des délits de la presse, il suffisait de recourir aux dispositions du Code pénal.

Dans un rapport au Roi, Fouché, ce ministre de la police de tous les régimes déchus et restaurés, accuse violemment la liberté de la presse ; il lui reproche surtout de nous compromettre avec les étrangers, il propose de soumettre tous les écrits périodiques à la surveillance d'une commission d'hommes *éclairés et modérés*, cette mesure est acceptée par le Roi (1).

Louis XVIII n'était pas ennemi des journaux, il se piquait de n'être pas étranger aux lettres (2); Beugnot, pour lui faire sa cour, lui citait des vers d'Horace; il se fit même journaliste; il aimait les petites nouvelles, les petits faits, les choses légères et galantes, les anecdotes scandaleuses; il envoyait des petites méchancetés ou des mystifications au *Journal de Paris* et à la *Gazette de France*; il est le grand inventeur du *canard*; c'est à lui qu'on doit la souscription au profit d'un ouvrier de Lyon *qui marchait sur l'eau* et la description d'un animal extraordinaire du Chili qui eut un énorme succès de mystification, cela rappelle les nombreux serpents de mer dont parlait fréquemment le *Constitutionnel*. Il faisait jeter dans la boîte du *Nain Jaune* de petits articles aigus et méchants que son propriétaire Cauchois-Lemaire, s'empressait d'insérer. On vint un jour saisir un numéro où se trouvait cette fin d'article : « *Le Roi s'endort tous les soirs aux Tuileries dans une peau de bête...* le manuscrit est livré et l'on reconnaît la main royale. Le *Nain Jaune* est supprimé, son propriétaire ruiné se rend en Belgique où il trouve de nouvelles persécutions (3).

(1) Cette commission est composée de *Fievée, de Torcy, Pellenc, Auger* et l'abbé *Mutin*.

(2) Il a publié un petit opuscule : *Relation d'un voyage à Bruxelles et à Coblentz* 1791. Il a été réimprimé en 1823. Dans la grande guerre entre les classiques et les romantiques, le *Constitutionnel* avait pris chaleureusement parti pour les premiers, et il avait rédigé *une Requête au Roi* contre les romantiques ; le Roi eut le bon esprit de répondre à cette ridicule démarche : « Messieurs, quand il s'agit de théâtre, je n'ai comme tout le monde que ma place au parterre. »

(3) M. Cauchois-Lemaire a présenté le récit de toutes les vexations dont il a été abreuvé dans un livre intitulé : *Opuscules, ou-*

En 1816 le ministre de la police présente un projet de loi
« tendant à garantir et à consolider cette précieuse liberté
de la presse que la Charte consacre, qui doit éclairer de son
flambeau le Gouvernement et la nation, et dont les abus ne
pourront désormais être réprimés que par les tribunaux gar-
diens de tous les droits aussi bien que protecteurs de l'ordre
public, du repos des familles et de l'honneur des citoyens. »
A la suite de ces belles phrases, une loi soumet les journaux
à l'autorité; « de ce droit accordé au Gouvernement ne résulte
point la destruction des discussions publiques. — Sous un tel
régime la presse ne peut être ou paraître esclave. — Sous
Bonaparte on aurait vainement demandé aux ouvrages et
aux pamphlets de publier des vérités et des réclamations que
les journaux refusaient d'accueillir. — Rien de ce qui sera
écarté des journaux ne sera empêché de paraître sous une
autre forme — *tout est libre à l'exception des journaux*. »

Un grand écrivain qui s'est constamment montré un éloquent et chaleureux défenseur de la liberté de la presse,
attaque énergiquement cette loi. Les journaux, ne pouvoir
paraître qu'avec l'autorisation du Roi ; c'est l'arbitraire, cela
veut dire suspendre ou supprimer sans jugement : la censure
est, ou une illusion, ou la suppression du journal, après le
visa censorial, est une injustice. — On arrête le journal à la
poste, on l'empêche de partir et il a circulé à Paris, abus ridicule. — Par la censure on retranche, on ajoute ce que l'on
veut (1). Depuis 1789 l'histoire apprend que c'est l'asservis-

vrage qui a été condamné par la cour d'assises de Paris (31 août
1821).

(1) La censure s'exerçait sur les nouvelles étrangères. Une convention diplomatique et financière entre Hambourg et la France
avait réglé des intérêts graves et fixé des sommes importantes, la
convention a été publiée à l'Etranger, la censure en a rejeté la publication en France. Un projet d'emprunt était sur le tapis, les jour-

sement de la presse qui cause tous les désastres de la patrie. Si les journaux ne sont pas libres et indépendants, il n'y aura jamais d'esprit public en France. — La censure ne donne aucune force au Gouvernement, elle est un moyen de corruption pour l'opinion, une arme pour le fort contre le faible, une violation manifeste de la Charte. — (Loi du 22 février 1817.)

Dans un esprit de fiscalité et d'entrave à la liberté, une taxe illégale d'un centime et demi par feuille est infligée au journal tiré à plus de cinq mille exemplaires (Ord. du 1er avril 1816) (1).

Un député propose sérieusement de substituer au projet de loi ce paragraphe unique : « La liberté de la presse est suspendue en ce qui concerne les journaux, le Gouvernement en disposera comme il le jugera convenable (Cornet d'Incourt). »

Un nouveau projet de loi est rejeté à la Chambre des Pairs, dans les deux Chambres, de nobles accents se font entendre en faveur de la liberté de la presse et contre les abus criants et vexatoires de la censure. Enfin, un très-court projet de loi impose l'autorisation royale aux journaux et écrits périodiques.

Il y a plus qu'un intérêt rétrospectif à rappeler la doctrine de Messieurs les gens du Roi, dans les procès de presse ; — on peut interpréter les phrases d'un écrivain et le condamner sur ces interprétations, même quand il proteste contre le sens donné à ses phrases. — Attaquer les ministres c'est attaquer le Roi — on peut combiner avec le Code pénal les lois antérieures et les appliquer à des écrits publiés sous l'empire des lois existantes. — Un accusé peut

naux étrangers en avaient parlé, la censure n'en permit pas la reproduction.

(1) En 1817 cet impôt avait produit 500,000 fr.

être puni par la manière dont il se défend. — L'imprimeur qui a rempli toutes les formalités peut néanmoins être condamné. — (MM. Hua et de Vatimesnil) (1).

Un jugement sur des interprétations! c'est le sublime de l'arbitraire; pouvoir être condamné pour *sa défense*, c'est enter un nouveau délit sur un autre, un délit imaginaire contraire au grand principe de la libre défense des accusés. Condamner les imprimeurs, c'est créer après celle du Gouvernement une nouvelle censure en les obligeant à devenir les examinateurs des livres et de leurs auteurs. « Menacez, renfermez un imprimeur, disait un député, et la frayeur, car je n'ose dire la terreur, sera telle, que ne manquant jamais d'écrivains pour dire la vérité vous ne trouverez jamais personne pour l'imprimer (2) (1816, 1817). »

Le pouvoir continuait le régime de 1815; si le clergé devenait remuant et into.érant, d'un autre côté l'opposition le démasquait; la presse s'ingéniait à trouver des moyens pour échapper à la censure (3); à côté du *Conservateur*, recueil des influences aristocratiques et religieuses, se plaçait la *Minerve*; son succès, grâce à la clarté piquante du style, à la critique des ridicules, à la vigueur de dialectique, fut immense; elle pénétrait dans les hameaux, dans les ateliers, elle eut l'importance des journaux libéraux les plus répandus.

Un jeune écrivain, Scheffer, avait publié une brochure

---

(1) M. de Vatimesnil est mort au mois de novembre 1860.

(2) Un écrivain dans un procès fait à son livre, voulut publier un mémoire justificatif, vingt-deux imprimeurs refusent de l'imprimer; il demande à la justice un *imprimeur d'office*, M. Hua, l'homme du roi disait : *Imprimez.....* L'imprimeur répondait : « On nous ruinerait si nous imprimions. »

(3) Des journaux anglais et belges avaient annoncé l'évasion de Napoléon de Sainte-Hélène, la censure interdit la reproduction de cette nouvelle; elle biffait toutes les nouvelles venant de Sainte-Hélène (1818.)

sur l'*Etat de la liberté en France*, il est sévèrement condamné (1); il se réfugie en Hollande sa patrie, pour échapper à l'exécution de la condamnation. Un auteur royaliste pur sang, celui que l'Empereur avait imposé pour censeur au *Journal des Débats*, ce bon Fiévée, *vient s'asseoir à son tour sur le banc des escrocs et des prostituées* (expressions de M. de Bonald), pour rendre compte du 11e *numéro de sa correspondance administrative*, il est condamné (2); il venait de se marier, on a la courtoisie de ne pas vouloir interrompre la lune de miel, il lui est permis de subir sa peine dans une maison de santé. Le même jour un tout jeune écrivain de vingt-trois ans *Feret*, auteur de l'*Homme gris*, est accusé de tendance au bonapartisme, il est également condamné (3), comme la législation était encore fort obscure sur la part de responsabilité des libraires, l'éditeur est renvoyé de la poursuite. Un recueil hardi d'allures, la *Bibliothèque historique* (Chevalier et Reynaud), est poursuivi et ses rédacteurs condamnés comme faisant des annotations et des remarques pour jeter de la défaveur sur le Gouvernement et les fonctionnaires publics, sous le prétexte de recueillir des faits historiques. Leur défenseur Mauguin reçoit l'injonction d'être plus circonspect à l'avenir et plus *respectueux envers le ministère public et les magistrats* (4).

(1) Il avait été condamné par la police correctionne'le, à 3 mois de prison, 300 fr. d'amende, un an de surveillance de la haute police et 1000 fr. de cautionnement; la cour trouva que la peine n'était pas proportionnée au délit, elle lui donna un an de prison, 500 fr. d'amende, cinq ans de surveillance et 2,000 fr. de cautionnement (30 mars 1818).

(2) Trois mois de prison et 50 fr. d'amende (2 mai 1813).

(3) Deux ans de prison, 3,000 fr. d'amende, la cour abaisse les peines par un an de prison et 1000 fr. d'amende (2 mai 1818).

(4) Chevalier et Reynaud sont condamnés à six mois de prison et 3,000 fr. d'amende (19 novembre 1818).

En 1819, ce recueil a un nouveau procès, son motif mérite
d'être reproduit (1) ; l'éditeur avait annoncé un supplément
au bureau de la librairie : *Dialogue entre un exilé et un membre de la chambre de 1815* par le comte Berlier, exilé par la
loi d'*amnistie*. On craint des poursuites, on ne publie pas.
Le directeur de la librairie d'alors M. Villemain en voyant le
numéro dit : *Et le supplément !* Il est supprimé, dit l'éditeur. — M. Villemain insiste. — Il en demande un, deux
exemplaires non en sa qualité officielle, mais comme
personne privée et pour ses collections. — On lui apporte
quelques exemplaires. — La police se transporte à l'imprimerie, elle saisit quelques exemplaires. — Poursuite. —
Le délit consistait à avoir *livré à l'impression sans publication !* — Le *Journal général* ayant prématurément annoncé
la nomination du général Lafayette comme député de la
Sarthe est suspendu.

Ces condamnations démontrent combien le système de
remettre la connaissance des délits de la presse aux tribunaux correctionnels est vicieux ; tantôt ils se montraient in-
dulgents ou sévères ; et la cour, ou faisait taire l'indulgence
ou infirmait la sévérité. Qui avait tort ou raison ? Cela dé-
montre que le soin de prononcer sur des appréciations historiques, politiques ou littéraires ne doit pas être remis à
des magistrats habitués à l'application des lois civiles ou
pénales ; ce qui a fait dire à un député (Martin de Gray) : « La
jurisprudence des tribunaux à l'égard de la presse est digne
des inquisitions de Madrid et de Goa, le ministère public in-
jurie les avocats, insulte et outrage les accusés. »

Au mois de février 1819, il est fait à la Chambre des Pairs

(1) Chevalier est condamné à neuf mois de prison, Reynaud à
cinq mois, l'imprimeur Hocquet à trois mois et solidairement à
2,000 fr. d'amende.

une proposition (Barthélemy) contre la loi des élections; le *Constitutionnel* rend compte de la séance secrète; il est suspendu pendant quelques jours.

La liberté de la presse reçoit des lois de 1819 une nouvelle réglementation. Leur discussion aussi brillante que profonde a conduit à la tribune les plus grands orateurs des chambres, les Benjamin Constant, les Manuel, les Chauvelin, les Royer-Collard. Ce dernier disait à ceux du camp des royalistes exagérés qui attaquaient ces lois comme exprimant des principes libéraux : « Des bibliothèques les livres sont passés dans les esprits, c'est de là qu'il faut les chasser. Avez-vous pour cela un projet de loi? Tant que nous n'aurons pas oublié ce que nous savons, nous serons mal disposés à l'abrutissement, à la servitude. »

Ces lois ont soulevé tout à la fois des critiques et des éloges; je ne sais si c'est un effet de l'influence du régime légal actuel sur mon esprit, je les loue, et je les admire; plus d'arbitraire, plus de censure, plus de suspensions, plus de suppressions ou confiscations, plus de saisies injustes ou capricieuses, et enfin, comme tribunal de répression, le pays par le jury! La pensée est devenue libre, de nouveaux journaux se fondent, Benjamin Constant, Jouy, Pagès de l'Ariége, Lebrun, créent *la Renommée*; Villenave le *Courrier français* qui recrute Kératry, Chatelain; les poursuites sont rares, le jury presque toujours prononce des acquittements; on parle, on écrit plus librement, on critique plus sûrement, on dévoile bien des turpitudes, les journaux de l'opposition deviennent plus vifs, on leur oppose des journaux ministériels pâles, ternes, aussi peu répandus que peu goûtés du public.

Un de ces journaux royaliste jusqu'au fanatisme, mérite une mention particulière, le *Drapeau blanc* rédigé par Mar-

tainville, faiseur de vaudevilles et de mélodrames (1). En 1817,
l'opposition libérale avait pris le nom d'*Indépendants*, depuis ils se sont appelés *libéraux*; les journaux royalistes, se
disant les seuls représentants des *honnêtes gens*, ridiculi-
saient les libéraux :

> « Quoi ! je te vois ami, loin du bagne fatal !
> Es-tu donc *libéré* ? non, je suis *libéral*. »

Le *Drapeau blanc* écrivait : « Ce libéralisme comme on sait
est en général la religion des gens qui fréquentent les ga-
lères. On nous racontait l'autre jour que l'un de ces honnêtes citoyens échappé du bagne depuis l'ordonnance du
5 septembre (2), prit la poche de son voisin pour la sienne ;
on lui demanda la raison de cette méprise : il répondit que
tous les nez étant égaux tout le monde devait se servir du

(1) En 1815, dans les Cent-jours, Martainville, officier de la garde
nationale, avait été chargé de défendre le pont du Pecq. Il était miné
et on devait le faire sauter si l'ennemi se présentait ; l'ennemi s'approche, les gardes nationaux veulent exécuter l'ordre, Martainville
s'y oppose et livre le pont. Il se vante de ce *haut* fait dans le *Journal de Paris*. Ce Martainville mérite quelques lignes de notice. Il
écrivait des vaudevilles politiques sur tous les événements importants; il fit représenter : *les Suspects et les Fédéralistes, le Concert
de la rue Feydeau, la Nouvelle Montagne ou Robespierre, les Assemblées primaires ou les Élections*. Au fond c'était dans les relations privées un agréable causeur, aimable, jovial, plein d'esprit,
mais sur le terrain politique c'était la bile, la rage, la fureur; sa vie
a été traversée de procès politiques et de duels continuels. Un trait
d'esprit l'a tiré d'un grand embarras, il avait écrit un article sur le
maximum et il fut traduit devant le tribunal révolutionnaire, on
l'appelle sous le nom : *de Martainville*; il déclare qu'il n'est pas noble
et qu'il est ici pour être *raccourci* et non pas pour être *allongé*, cette
plaisanterie désarme ses juges.
(2) Elle avait prononcé la dissolution de la chambre dite introu-
vable (1816).

même mouchoir. » La maréchale Brune attaque en diffamation Martainville, pour avoir, dans son journal, traité le Maréchal assassiné à Avignon en 1815, *de brigand*; dans sa défense il allègue que Brune avait été l'ami de Marat et que sa mort était un *suicide*. Martainville est acquitté par le jury, il avait été plaidé que les faits vrais ou faux étaient historiques et du domaine de l'histoire et que des imputations contre un homme décédé, ne constituaient pas un délit (1).

Une jeune violette ou plutôt une jeune fille nommée *Violette*, employée dans les ateliers de l'imprimeur Lenormant, avait lacéré 3,000 exemplaires du *Conservateur*; grand bruit, grand scandale, elle a été l'instrument d'une incitation *libérale*, elle était probablement abonnée à la *Minerve*... Les tribunaux apprennent à cette jeune imprudente par un mois de prison à respecter les organes religieux et royalistes (mars 1819). Il y avait quelquefois du bon dans le *Conservateur* : « le crime, la bassesse, la médiocrité redoutent la liberté de la presse : le crime, comme un échafaud; la bassesse, comme une flétrissure ; la médiocrité, comme une lumière. — Tout ce qui est sans talent recherche l'abri de la censure, les tempéraments faibles aiment l'ombre (Châteaubriant).

Des Suisses avaient commis des actes de violence contre des citoyens, *la Bibliothèque Historique* blâme énergiquement ces faits : « Les plaintes seront-elles toujours vaines, et dans un moment où les députés vont être appelés à voter de l'or qui doit soudoyer ces corps de janissaires, n'auront-ils pas le courage de refuser les fonds nécessaires à l'entretien d'un fléau également funeste à la sûreté des citoyens et à

---

(1) Ce principe a, dans ces derniers temps, reçu des applications diverses, il intéresse à un haut point la liberté d'écrire et la grande mission de l'histoire, je le discute plus bas.

l'honneur national. » Un journal, *le Libéral*, à l'occasion des mêmes faits avait écrit : Gare aux jours des représailles! Ce mot de *suisside* général n'est qu'un calembour; mais ce calembourg est populaire; puisse-t-il ne pas devenir historique. » Ces deux journaux traduits devant le jury, c'était la première application de la nouvelle loi de 1819 sur la presse, sont acquittés (juillet 1819) (1). Les numéros 33 et 34 du *Patriote-Alsacien*, sont saisis, c'est le juge d'instruction lui-même qui pratique la saisie; son rédacteur est arrêté préventivement, la population fait entendre ses *vivat* autour de la prison, de nombreuses visites lui sont faites, des sérénades lui sont données.

Il s'était formé une *Société des Amis de la Liberté de la presse*, composée de députés, magistrats, banquiers, hommes de lettres, militaires, etc., etc., l'élite du parti libéral; elle s'occupait de travaux et de discussions sur les lois de la presse, le ministère lui-même avait eu avec elle des communications indirectes; son influence est grande, elle étend le cercle de ses relations par des correspondances dans les départements, elle fait adresser des pétitions aux chambres en faveur de la liberté de la presse et du jury, de la loi des élections et pour le rappel des bannis; cela se passe au grand jour; elle dirige et inspire les écrivains, elle a un grand ascendant sur les élections, le Gouvernement en prend alarme, quelques *doctrinaires* (2) qui en faisaient partie s'en éloignent;

____

(1) Une *Histoire des Cent-jours* de Hobhouse, traduite par Regnault Warin valut à son traducteur un an de prison, et six mois pour l'éditeur, après un arrêt de partage du jury et après cinq heures de délibération de la cour (1819).

(2) Cette expression *doctrinaire* ayant eu sous le Gouvernement représentatif une grande signification politique, en voici la définition du temps : « C'est un sage qui fait des doctrines sans en avoir; c'est un penseur qui dogmatise avec autorité et sans foi; c'est un

les séances se tenaient tantôt chez une personne, tantôt chez une autre; mais après la séance orageuse de la Chambre sur le rappel des bannis, dans laquelle le garde des sceaux de Serre prononça ce mot impitoyable devenu célèbre : Jamais..... le Gouvernement fait poursuivre cette société dans la personne de Gevaudan, député de Paris et du colonel Simon Lorières; ils sont condamnés à deux mille francs d'amende et la dissolution de la société est prononcée.

sophiste éloquent qui convainc sans être convaincu; c'est un rhéteur avec des vérités d'emprunt qu'il fait valoir à son profit et avec des erreurs qu'il embellit pour séduire; c'est un maître qui ment sous les dehors austères de la vérité; c'est un docteur qui maxime ses pratiques ou qui fait de vice vertu; c'est un habile qui a l'art de dominer par ses paroles, parce qu'il manque de cœur pour dominer par ses actes; c'est un faiseur qui réussit, parce qu'il s'y prend de toutes mains, *per fas et nefas;* c'est un ambitieux qui sème l'or pour en recueillir et qui le sème dans la corruption pour le féconder; c'est un combattant qui agite une arme étincelante pour éblouir ceux qu'il veut affronter et pour intimider ceux qu'il craint; c'est un meneur qui fait du bruit pour que l'on croie à son courage et du tumulte parce qu'à la faveur du tumulte il s'empare des positions; enfin, c'est un intrigant de la race de ceux qui depuis 1789 servent tous les régimes et ont part à tous les budgets. »

1820-1824

L'année 1820 est aussi néfaste que fertile en rudes épreuves pour les libertés publiques, les écrivains et les journaux; un grand crime vient d'être commis, l'assassinat du
duc de Berry (13 février 1820); le député Clauzel de Coussergues propose un acte d'accusation contre le ministre de
Cazes, le député Saint-Aulaire (beau-père de M. de Cazes),
lui jette à la face ce mot : « Vous êtes un calomniateur. »
De La Bourdonnaye demande des mesures de sûreté contre
les écrivains. Le ministère apporte des lois d'exception sur
les élections, la liberté individuelle, la liberté de la presse,
le ministre Pasquier disait franchement : « Oui, je demande
l'arbitraire. »

La loi sur la liberté individuelle est un retour aux lettres
de cachet, elle donne naissance à la *Société de la souscription
nationale*, dont le but était de donner des secours aux individus arrêtés et reconnus innocents : cette société se composait de députés, pairs de France, militaires, jurisconsultes

et riches propriétaires (1). Une Société d'assurance mutuelle ayant le même objet se forme à Nantes. Le *Constitutionnel*, le *Censeur Européen*, le *Courrier Français*, la *Renommée*, l'*Indépendant*, l'*Aristarque Français*, les *Lettres Normandes*, la *Bibliothèque Historique*, avaient publié le programme de la Société de Paris ; des poursuites sont ordonnées contre quelques membres de la société (2), et contre ces journaux, tous sont renvoyés devant la cour d'assises (mai, juin, juillet 1820). Ce procès a un grand retentissement, l'élite du barreau lui prête le secours de son éloquence (3); les membres de la société sont acquittés ; les journalistes sont condamnés.

Jusqu'alors les journalistes sténographes des séances des chambres, se tenaient d'habitude dans les couloirs de la Chambre, mais à l'époque de la discussion de la loi sur la presse, on les relègue dans une tribune des galeries supérieures ; ce dont ils se montrent fort mécontents.

Lors de la discussion de la loi sur les journaux et écrits périodiques, une lutte oratoire aussi élevée qu'énergique, s'engage dans les deux Chambres. Benjamin Constant, cet infatigable lutteur, est constamment sur la brèche. les amendements se multiplient, ils sont, de parti pris, tous rejetés (4).

(1) Les membres de son comité étaient : MM. Laffitte, Casimir Perrier, Lafayette, d'Argenson; Keratry, Benjamin Constant, Dupont (de l'Eure), Chauvelin, Manuel, députés, Joly de Saint-Quentin, manufacturier, Gevaudan, administrateur des messageries, Odilon-Barrot, le lieutenant général Pajol, Etienne, Merilhou, etc., etc.

(2) MM. Gevaudan, Étienne, Odilon-Barrot, Merilhou, Pajol et Joly.

(3) Ce procès a été publié, il contient une défense remarquable de la *Bibliothèque Historique* par M⁰ Mocquart, aujourd'hui chef du cabinet de Napoléon III.

(4) On rejette ceux qui consistaient à faire excepter de la censure les ouvrages ne paraissant qu'une fois par mois, le compte rendu des discussions des Chambres; à laisser aux personnes calomniées la

« C'est l'ancien régime que nous reconstruisons pièce à
pièce : Lettres de cachet, censure, élections oligarchiques,
voilà la base de l'édifice, les colonnes et les chapiteaux vien-
dront après. »—« Il y a tyrannie là où il n'y a plus de liberté
individuelle, il y a tyrannie là où il n'y a plus de liberté de
la presse... La tyrannie a toujours ses résultats, l'abâtardis-
sement, la stupeur, la dégradation du peuple opprimé, alors
le peuple descend au dernier rang des nations. »

« Nous multiplions les amendements, nous reproche-t-on,
dans le but d'entraver la discussion et de retarder l'adoption
de la loi, bien que nous connaissions d'avance leur inuti-
lité... Si je parvenais à faire ajourner d'un jour la loi qui
tuera la manifestation de la pensée, ne devrais-je pas me
trouver heureux d'avoir laissé, durant vingt-quatre heures
de plus, une chance à la vérité pour se faire connaitre, gagner du temps, un peu de temps, c'est beaucoup. »

La commission de la Chambre des pairs propose le rejet
de la loi, la Chambre des députés lui est favorable.

Toute l'économie de la loi du 31 mars 1820 est celle-ci :
« La libre circulation des journaux est suspendue provisoirement, aucun journal ne pourra être publié qu'avec l'autorisation du Roi ; avant publication, le manuscrit devra être
soumis à un examen préalable. — Toute feuille ou tout article publiés sans avoir été *communiqués* au censeur *avant*
l'impression ou insérés sans avoir été approuvés, sera puni
correctionnellement. — Dans ce cas le Gouvernement pourra
prononcer la *suspension* du journal jusqu'au jugement. — En
cas de condamnation, la suspension pourra être prolongée

faculté de se défendre malgré la censure ; à refuser aux tribunaux
le droit d'aggraver les peines pour le simple fait de la publication
d'un article rayé par la censure ; à affranchir de toutes poursuites
l'auteur d'un article approuvé par la censure, etc., etc.

pendant six mois, et en cas de récidive le Gouvernement pourra prononcer la *suppression*.—Une ordonnance (1er avril 1820) achève la destruction de la liberté de la presse : « Les journaux doivent déclarer qu'ils se conformeront à la loi. — Toute autorisation de nouveau journal sera adressée au Ministre de l'intérieur. — Il y aura près du Ministre de l'intérieur une commission de censure. — Douze censeurs. — Tout article de journal avant d'être imprimé devra être revêtu d'un *visa*. — Cinq censeurs au moins présents pour prononcer. — Un conseil de neuf magistrats sera chargé de la surveillance de la censure. — Cette commission prononcera la *suspension* provisoire à temps ou la *suppression*.

Le projet de loi proposait la nomination d'une commission de surveillance de la commission de censure composée de trois pairs, trois députés, trois magistrats; les membres des Chambres repoussèrent avec dégoût cette création.

Ce code monstrueux substitué aux lois de 1819, révolte tous les amis de la liberté. Les écrits politiques périodiques et semi-périodiques, cessent de paraitre, le *Conservateur* et la *Minerve*; plusieurs journaux libéraux quotidiens se fusionnent pour échapper à ce sauve-qui-peut de la censure; on se réfugie dans les brochures, on publie les articles supprimés par la censure, les tribunaux sévissent durement contre leurs auteurs. A la tribune on dit des censeurs (1): « Les censeurs ne sauraient jouir d'aucune indépendance ni pour empêcher

(1) L'histoire doit enregistrer le nom de ceux qui ont rempli cette *noble* fonction : MM. *Andresel*, inspecteur général des études; *Auger* de l'Académie française; *Baudus*, ancien recteur; *d'Erbigny* et *Lageard de Cherval*, *Lourdoueix*, homme de lettres (mort en 1860); *Mazure*, inspecteur général des études; *Raoul Rochette* de l'Académie des inscriptions et belles-lettres; *Parisot*, docteur en médecine; *Landrieux* et *Vieillard*, hommes de lettres.

l'invective ni pour faire respecter les opinions, quand on fait pour de l'argent un métier peu noble, c'est l'argent qu'on veut mériter. On paie les censeurs pour rayer ce qu'on ne veut pas qui s'imprime ; on les paiera pour ne pas rayer ce qu'on voudra qui soit imprimé, le Gouvernement aura le monopole des retranchements et de l'injure ; les censeurs sont à la pensée ce que les espions sont à l'innocence... aucun écrivain qui se respecte ne consentirait à être censeur.»

La jeunesse d'alors se préparait par des études sérieuses à devenir des hommes d'avenir, elle portait haut le sentiment de la dignité de son pays ; lorsque le censeur Raoul Rochette se présente à son cours, ses auditeurs lui crient : « *A bas la censure et les censeurs !* » du fond de la salle un bâillon vient tomber sur son bureau, sa voix est couverte par le bruit et les sifflets : « Je ne comprends pas cet accueil, dit-il, je n'ai jamais attaqué dans mes leçons la liberté des opinions. » — *C'est au censeur et non au professeur !* — « Tout ce que je puis vous promettre, c'est qu'avant peu de jours le *censeur* ou le *professeur* aura donné sa démission. » Le *Journal de Paris* annonce qu'il reste *censeur*. — Le professeur Lacretelle qui avait refusé d'être censeur, reçoit à son cours un accueil d'enthousiasme.

Aux vives attaques contre la censure qui partaient de la tribune des Chambres, dernier asile où la liberté pouvait faire entendre ses accents, le Garde des sceaux répondait : « On inculpe la censure, c'est injustice, ses instructions sont d'écarter des journaux tout ce qui peut troubler la tranquilité publique. L'exécuter sans qu'aucun parti ou aucun individu ne s'en plaigne, c'est impossible, on peut l'accuser pour ce qu'elle laisse dire aussi bien que pour ce qu'elle empêche de dire. » M. Pasquier eut l'incroyable franchise d'ajouter : « Il y aura *partialité* pour les doctrines monarchiques. »

Si on ne peut parler sans la permission du Gouvernement, chaque parole est officielle et ne jouit plus de crédit, de confiance, de valeur, puisqu'on sait que tout est dicté par le Gouvernement et qu'on n'a pas la liberté de dire le contraire. « Il est impossible d'évaluer le mal qui résulte de la censure ou de dire où ce mal s'arrête. Ce n'est rien moins que le danger de mettre obstacle à tous les progrès de l'esprit humain dans toutes les carrières. Si la chose n'avait tenu qu'aux hommes constitués en autorité, où en serions-nous aujourd'hui ? Religion, législation, physique, morale, tout serait encore dans les ténèbres (Bentham). »

Il y avait dans la censure une certaine vertu héréditaire, comme la censure de 1812, elle disait : « Lisez ce passage, vous n'y voyez point d'allusions, le public n'y en verra point. Eh bien ! il y en a et je vais les ôter. » Elle se vengeait de la tribune politique, en mutilant les discours prononcés à la Chambre des Députés ; un pur royaliste, de Corbière, subit lui-même cette mutilation ; un journal est suspendu pendant plusieurs jours pour avoir publié un discours du député Caumartin (opposition), le préfet du Cher supprime les discours des membres de l'opposition, et cependant le ministère prétendait que les bulletins officiels des séances des Chambres n'étaient pas soumis à la censure ; lors de la discussion de la loi sur la censure, le rapporteur avait demandé la production des articles et des phrases supprimées par la censure, le ministère en refuse la communication. Au *Constitutionnel* elle retranche un article annonçant la convocation de la société royale des prisons chez le duc d'Angoulême son président, et qu'il espérait *que les abus dans le régime des prisons seraient supprimés.* — Elle raye au *Journal des Débats* un article concernant le duc d'Orléans, il parlait de la sensibilité de ce prince lors de la distribution des *accessits* obtenus par le jeune duc de Char-

tres. — Le *Courrier français* ne peut pas annoncer le renvoi
de M. Michaud de sa place à l'imprimerie royale, en ce
qu'il avait fait remarquer qu'il était le frère de M. Michaud,
rédacteur de la Quotidienne, mais elle permet au *Journal
des Débats* la qualification de frère de M. Michaud de l'*Académie française.* Quelle hauteur d'intelligence, quelle ingé-
nieuse et profonde distinction entre *rédacteur* et *académicien!*
— Dans un journal littéraire elle retranche un passage d'un
sermon de Bossuet sur *l'honneur,* cela se comprend... Lors
de la conspiration de Lyon, le général Canuel détenu et au
secret, avait été défendu par la *Quotidienne;* le ministère
fait insérer contre lui *d'autorité* dans le même journal, un
article plein d'invectives, il n'a pas pu répondre.

Dans les affaires criminelles elle permet la publication des
actes d'accusation, et supprime la défense des accusés, surtout dans les affaires politiques; elle raye le nom des juges
et celui des jurés. Un ministre disgracié est diffamé dans les
journaux du Gouvernement, un de ses amis ne peut obtenir
l'insertion d'une réponse. — De Châteaubriant ne peut faire
insérer dans les journaux une réfutation personnelle. Les députés de l'opposition sont calomniés quotidiennement. —
Lors des élections les candidats non ministériels sont décriés
sans que la censure permette la réponse. — Les arrestations
faites en vertu de la loi sur la liberté individuelle ne peuvent
être publiées, les lettres ou réclamations des personnes arrêtées sont refusées. — Il est défendu aux journaux de signaler que telle ou telle suppression a été ordonnée, elle ne
permet pas l'insertion de la lettre par laquelle elle a défendu
l'insertion d'un article. — L'académicien Arnault pour avoir
dit que Toulon avait été livré aux Anglais par *trahison* est
poursuivi, sa défense présentée par M. Dupin a été émondée
et corrigée par la censure. — Le pair de France d'Argout
publie un écrit en réponse à un discours du député Clauzel

de Coussergues, les journaux en rendent compte, l'un d'eux s'avise de dire que le pair a avec *beaucoup de force et victorieusement repoussé* les assertions du député, ce *beaucoup de force et victorieusement* sont biffés. — L'annonce d'une baisse assez forte à la bourse, un article sur le budget concluant à la diminution des impôts sont rayés. — Le guide électoral n'a pu être annoncé. — Les détails d'une procession qui par ses emblêmes et les costumes de ses pénitents rappelait les cérémonies de l'inquisition sont biffés. — Les citations d'anciens auteurs, de Massillon lui-même, sont lacérées; — les brochures, le *Congrès de Troppau et de Laybach*, — l'*Epoque de 1815*, la *Charte en 1821* ne peuvent être annoncés. — Un ouvrage de M. Guizot est critiqué par les journaux ministériels, les autres journaux ne peuvent réfuter ces critiques, c'était peu courtois vis-à-vis d'un ancien collègue... M. Guizot, dans cet ouvrage, avait écrit noblement : « L'arbitraire au profit d'une faction, l'arbitraire inégalement dispensé, permettant aux uns l'attaque, interdisant aux autres la défense, faisant de la violence une faveur, et de la calomnie un privilége, c'est ce qui s'appelle l'anarchie dans la tyrannie; c'est le pire état où la liberté de la presse puisse être réduite, le plus triste abaissement ou puisse tomber l'autorité... Rien ne met plus près de la condition des bêtes, dit Montesquieu, que de voir toujours des hommes libres et de ne l'être pas (*du Gouvernement de la France 1820*). »

Cette situation fatiguait et exaspérait le pays libéral, il faisait entendre ses plaintes et ses douleurs par les députés et par des pétitions;... un amendement de Camille Jordan à la loi des élections avait passionné la population parisienne et surexcité la jeunesse ardente et libérale de l'époque; le député Chauvelin malade est obligé de se faire porter à la Chambre, des jeunes gens l'escortent et le protégent aux cris de vive *la charte*, rassemblement, luttes; d'autres veulent le forcer à crier *vive le Roi, sans la Charte*; scènes de violence et de scandale contre les députés libéraux, les rassemblements se portent sur la place du Carrousel, un jeune étudiant en droit, Lallemand, est frappé à mort par un soldat; il est lâchement insulté par le *Drapeau-Blanc*, la *Quotidienne*, le *Journal des Débats*. — Le *Constitutionnel* disait : Monsieur de *Chauvelin est insulté.....* puis des *points* ou des *barres* indiquent que par *ordre* il n'a pu compléter sa phrase; il ajoutait : « Il y a eu des rassemblements au Carrousel, la force armée a voulu les dissiper et a blessé cinq ou six personnes. » Rayé par la censure, et la *Quotidienne* imprimait : « Il n'y a eu aucun désordre à réprimer. » —Le père du jeune Lallemand veut écrire *que son fils n'a tenté de désarmer aucun soldat, qu'il était sans armes* et a été FRAPPÉ PAR DERRIÈRE, la censure refuse l'insertion de cette lettre.

Un pétard éclate dans la cour des Tuileries. Les journaux du Gouvernement et le Gouvernement lui-même, laissent croire à une accusation de complicité contre des membres de la Chambre, *les pétards libéraux,* disait-on. Un journal a l'impudence de publier et la censure laisse passer : « Gravier (l'un des accusés) s'est reconnu l'auteur du premier pétard. La veille de son arrestation il avait dîné avec de grands et *constants libéraux.* » Le mot *constants* estimprimé en lettres italiques. « Diverses lettres trouvées chez Gravier annonçaient qu'il était en correspondance avec des capitalistes très-connus, et que ses opinions sont celles qu'on professe dans quelques salons de la Chaussée-d'Antin. » Sous la transparence odieuse de ces expressions, chacun nommait les députés Benjamin Constant et Laffitte. « Je ne sais, dit Benjamin Constant, où ils ont pris leurs censeurs, on dirait qu'ils les ont cherchés dans ce qui reste de la fange révolutionnaire. » Dans cette affaire des pétards, la censure supprime la plaidoirie tout entière de l'avocat de Bouton, l'un des accusés; elle émonde celle du second avocat qui avait parlé d'un agent provocateur.

Le ridicule des protections de la censure égalait ses peurs : ce serait un curieux travail que celui qui mettrait en regard tout ce qu'elle permettait à la *Gazette de France*, à la *Quotidienne*, au *Drapeau-Blanc* et tout ce qu'elle interdisait au *Constitutionnel* et au *Courrier Français*; l'odieux le dispute à l'absurde et à la niaiserie. L'*Observateur Neustrien*, imprimait : « Je ne suis pas si charitable pour les libéraux qui paraîtront à l'Assemblée, et, en ma qualité de Jacobin blanc et de terroriste de 1815, je veux, secouant les torches de la vengeance, enseigner aux électeurs royalistes le moyen d'en défaire le pays. La Saint-Barthélemy n'était qu'une conception mesquine auprès de la mienne (11 novembre 1820, n° 128). » — Le *Caducée*, n° 67 (publié à Marseille), écrivait : « Le Président du Conseil général de l'Instruction publique ne tient pas à la grande instruction, et le Roi, si distingué par ses lumières et ses connaissances littéraires, n'a pas besoin de savants, il est en cela parfaitement d'accord avec l'empereur d'Autriche. » Le *Drapeau Blanc* avait dit : « Que le Pape n'avait confirmé la vente des biens ecclésiastiques faites avant 1801, qu'au for intérieur seulement, et que les injustes possesseurs de ces biens sont menacés du jugement de Dieu. » L'auteur de l'article, de Boubers, est traduit devant le jury et acquitté.

On suppléait au silence forcé de la presse par la publication d'écrits et de brochures échappant aux ciseaux *intelligents* de la censure. Dans une obscure boutique du Palais-Royal, *Au naufrage de la Méduse*, Corréard débitait et vendait à profusion les brochures libérales; en face, le libraire Dentu, père de l'éditeur actuel, distribuait en petit nombre les brochures dites royalistes. La plupart des brochures libérales étaient saisies, l'éditeur était condamné à l'amende et à la prison. Au mois de juin 1820 Correard eut *onze* procès de presse à subir. Un des rédacteurs du *Courrier Français*, le député Kératry, se plaignait énergiquement à **M. Mounier**, directeur général de la police, de la manière dont le traitait la commission de censure qui rejetait ses articles : « Biffer avec de l'encre rouge, ce n'est pas répondre. — Je suis décidé à publier, hors le *Courrier Français*, celles de mes opinions que votre commission obséquieuse aura refusé d'y admettre. — Je me renfermerai dans de courtes brochures. » Paul-Louis Courier envoyait des lettres au *Censeur Européen* sur la liberté de la presse et la censure; elles sont un modèle de goût, d'atticisme et de plaisanterie fine, mordante et libérale.

En 1821, les Chambres prorogent la loi de censure. L'extrême droite de la Chambre commence à se montrer hostile au ministère. Benjamin Constant appelle les quinze mois de l'exercice de la censure les saturnales de la calomnie, il propose un amendement; s'il est rejeté, autant vaudrait que la loi portât : « Article premier. Il est permis à dix écrivains et à douze censeurs de calomnier toute la France. — Article 2. Il est défendu à tous les citoyens calomniés de rien répondre. » Il citait une circonstance dans laquelle le Ministre de l'intérieur avait ordonné qu'une lettre de lui fût insérée dans un journal, mais la censure refuse d'obtempérer à cet ordre. Le Garde des Sceaux Deserre fit cet humiliant aveu : « Que les étrangers rendaient le Gouvernement responsable des effets naturels de la liberté de la presse. »

Le professeur au collège de France, Tissot, est révoqué pour son livre : *Histoire des guerres de la révolution française;* l'avocat Bergasse, poursuivi pour un livre *sur la propriété,* dans lequel il demandait *la restitution des biens aux émigrés,* est acquitté. — La mort de Napoléon avait produit un déluge de brochures, de dessins et gravures; il y en eut beaucoup qui furent publiés sans les formalités prescrites, la police en pratiqua la saisie.

Un petit journal gros d'esprit, *le Miroir*, rédigé par Arnault, Dupaty, de Jouy, Cauchois-Lemaire, journal d'allusions, d'allégories politiques, d'interprétations, de commentaires, de gloses, de sarcasmes, échappait à la censure. « Mais vous êtes un journal politique, disaient MM. les gens du roi; la preuve, c'est que vous avez publié : *une romance piémontaise, une anecdote sur les parapluies uniformes*, un article sur les divers sens de ces mots : *faire des brioches, un vocabulaire à l'usage des gens du monde*, un bon mot sur un Monsieur qui porte un nom en *us*, et qui, non-seulement est romain, mais de plus, catholique et apostolique (Marcellus), un bon mot sur un orateur qui aurait pu avoir du succès s'il eût été curé, un article sur les fêtes publiques et sur les 25,000 pâtés donnés à des indigents qui n'ont pas de pain. » A ce foudroyant réquisitoire, la justice correctionnelle des deux degrés répond qu'il n'était pas un journal politique, et qu'il n'a pas contrevenu à la loi de la censure.

Courier publie un *simple discours à l'occasion de la souscription du domaine de Chambord*, et dit à la cour et aux courtisans : « Sachez qu'il n'y a pas en France une seule famille noble, mais je dis noble de race, qui ne doive sa fortune aux femmes : vous m'entendez, les femmes ont fait les grandes maisons.... Bref, comme il n'est, ne fut et ne sera jamais pour nous autres vilains qu'un moyen de fortune, c'est le travail; pour la noblesse non plus, il n'y en a qu'un, et c'est la prostitution. » L'auteur es tenvoyé à Sainte-Pélagie pendant deux mois réfléchir sur l'histoire; ce procès nous a valu son historique dans la forme la plus piquante et la plus spirituelle.

Cauchois-Lemaire, pour ses opuscules, après une détention préventive, et Béranger (1), deviennent également des hôtes de Sainte-Pélagie; quelle trinité sous les verrous !

La censure refuse l'annonce de la brochure : *Les gouvernements représentatifs au congrès de Tropau*, de Vatout (2).

A la fin de 1821, le ministère voulait des dispositions additionnelles sévères aux lois de la presse et la continuation de la censure jusqu'en 1826. Le côté droit extrême se détache du ministère, il se joint à l'opposition pour la nomination de deux commissions que le ministère repoussait; l'une d'elles fut composée d'adversaires à la loi de censure. Le député de la droite, Delalot, disait aux ministres : « Il vous faut cinq années de censure, il vous faut étouffer toute opinion, toute vérité, toute conscience dans la nation, vous avez besoin de ténèbres pour accomplir vos desseins, vous fuyez la lumière. » Un pétitionnaire sollicite une loi organique pour que les journalistes connaissent leurs devoirs; l'ancien officier Touquet, éditeur des tabatières à la Voltaire et à la charte, éditeur des œuvres de Voltaire et des petits livres à bon marché, expose, dans une pétition, les vexations dont l'abreuve la censure; ces pétitions sont renvoyées au président du conseil des ministres et aux commissions des lois sur la presse et la censure. La censure est en grande inquiétude, elle entrevoit le jour prochain où le pouvoir va échapper des mains de ses maîtres et de ses patrons, elle n'a plus de direction, elle se relâche de ses sévérités, elle se traine pénible-

---

(1) Il eut à répondre à une seconde poursuite pour la publication de son procès sous le prétexte qu'il *avait imprimé l'arrêt de renvoi contenant les chansons inculpées;* plus heureux cette fois il est acquitté.

(2) Il publie en 1821 plusieurs chapitres d'une brochure intitulée : *Aventures de la fille d'un Roi, racontées par elle-même* (la charte), ils eurent un grand succès.

ment, honteusement, elle a le pressentiment de sa chute (5 février 1822).

Une recrudescence de poursuites et de condamnations s'exerce sur les hommes de la pensée, du 22 avril 1820 à mai 1821 *quarante-deux écrivains sont condamnés à la prison et à des amendes très-fortes.*

Une lutte des plus vives s'engage contre les lois de la presse (1822). Benjamin Constant propose de nombreux amendements avec un courage et une persistance qui dominaient les interruptions, il monte onze fois à la tribune. La suppression du jury comme juge des délits de presse donne lieu à une scène des plus émouvantes ; le côté gauche refusa de voter, le ministère justifiait la loi ainsi : « Les lois de 1819 assurent une impunité scandaleuse. — Il y a insuffisance de peines contre les délits des journaux. — Un journaliste (condamné) se fait remplacer dans la prison comme il se ferait remplacer à l'armée. — La condamnation augmente le nombre des abonnés. — Il ne faut pas que le juge soit exposé à la séduction de la pitié. Laisserait-on subsister les poisons dont un criminel aurait abusé ? — Un journal est la fièvre jaune (1). — Si des familles sont ruinées par suppression d'un journal, elles sont coupables par la manière dont elles ont placé leurs capitaux. »

Un incident plaisant égaye un moment la discussion la plus sérieuse. Le député Stanislas Girardin était monté à la tribune plusieurs fois, il y revient et lit avec hésitation et difficulté une opinion en réponse à celle du ministre des finances (de Villèle) ; ce discours est interrompu par des murmures continuels de la droite, il le termine par ce trait satirique : « J'ose croire que les arguments dont je viens de me

(1) « Oui, répondait-on, c'est contre la liberté et la vérité que le Gouvernement établit un cordon sanitaire par cette loi. »

servir pour attaquer l'article premier sont à vos yeux sans
réplique (murmures à droite), j'ose même dire que j'ai été
éloquent (rires ironiques à droite), mais comme il est juste
de rendre à César ce qui appartient à César, je déclare que
si l'opinion que je viens de prononcer mérite vos suffrages,
la gloire tout entière en est à M. de Villèle (éclats de rires à
gauche ; M. de Villèle s'agite sur son banc, et demande la parole). Car cette opinion *tout entière* a déjà été prononcée par
M. de Villèle en 1817 à l'occasion d'un article semblable à celui qu'on reproduit aujourd'hui (rires redoublés à gauche, le
côté droit reste immobile). M. de Villèle, pâle de colère, s'é-
lance à la tribune, il commence ainsi : *Rira bien qui rira le
dernier* ; et, après quelques paroles embarrassées qui excitent
l'hilarité du côté gauche, il retourne *honteux et confus* à son
banc, les rieurs ne sont pas de son côté.

A la Chambre des Pairs, Châteaubriant combat énergiquement la loi. — « La censure est une défiance, une injure contre la justice et les tribunaux. — Les jugements sont un
moyen d'éluder la suspension, la suppression des journaux.
— Ce n'est donc pas la répression des délits qu'on recherche,
mais la suspension, mais la suppression des journaux, c'est-
à-dire la suppression de la liberté de la presse périodique.
— Lorsque Bonaparte pouvait faire fusiller en vingt-quatre
heures un écrivain il y avait *répression.* » Il publie une brochure : *de la Censure qu'on vient d'établir en vertu de la loi du
17 mars 1822.* La censure en refuse l'annonce dans les journaux et la poste, les envois destinés aux départements.

Les principes des deux lois des 17 et 22 mars 1822 se ré-
sument ainsi : nécessité de l'autorisation du Roi pour tout
journal ou écrit périodique consacré à la politique. — Le premier exemplaire de chaque feuille doit être déposé à l'issue
de son tirage au parquet du procureur du roi. — (Cette innovation avait pour but de faciliter la rapidité de la pour-

suite et la saisie à la poste.) — Dans le cas où l'esprit d'un journal résultant d'une succession d'articles serait de nature à porter atteinte à la paix publique, au respect dû à la religion, à l'autorité du roi, etc., etc., les cours royales pourront, en audience solennelle, prononcer la suspension du journal pendant un mois la première fois, et trois mois la deuxième, en cas de récidive la suppression. (Création des délits de tendance !...) — Si dans l'intervalle des sessions des Chambres des *circonstances graves* rendaient insuffisantes les mesures de garantie et de répression, une ordonnance pourra rétablir la censure. — Les Chambres pourront traduire à leur barre les écrivains en cas d'offense. (Disposition nouvelle.) — Les poursuites auront lieu devant le tribunal correctionnel, les appels seront jugés par deux chambres réunies de la cour (suppression du jury) (1). — La preuve par témoins n'est plus admise pour établir la réalité des faits injurieux ou diffamatoires (dérogation aux lois de 1819).

Un prospectus d'association et de souscription pour poursuivre les détenteurs des domaines nationaux avait jeté dans le public beaucoup d'inquiétude ; les acquéreurs de ces domaines s'associèrent pour résister aux poursuites, si on osait y recourir et pour la défense de leurs droits garantis par la Charte ; le signataire du prospectus de cette seconde association voit mettre les scellés sur ses papiers, et est poursuivi.

Des libraires, des écrivains, des poëtes sont traduits devant les tribunaux correctionnels et condamnés ; M. de Pradt,

______

(1) Benjamin Constant, Manuel, le général Foy, Royer-Collard avaient principalement supporté tout le poids de la discussion. Manuel cite l'exemple de juges respectables chassés de leur siége et remplacés par des hommes dénués d'instruction. L'historien Vaulabelle parle d'un ecclésiastique juge d'instruction qui, après avoir rempli ses fonctions de prêtre et dit sa messe, lançait des mandats d'amener (1818. tribunal de Melle, Deux-Sèvres.)

auteur d'un article du *Constitutionnel, Mon congrès,* est acquitté. Le *Constitutionnel,* le *Pilote,* le *Courrier Français,* le *Journal du Commerce,* sont accusés d'infidélité dans le compte rendu du procès de la conspiration de la Rochelle. De Pradel est envoyé à Sainte-Pélagie pour ses poésies, *les Etincelles,* qui contenaient : *l'Orphelin royal, les Prémices de Javotte, le Chiffon, le Millionnaire en goguette. Le Courrier des Spectacles,* à l'occasion de l'élection de MM. Frayssinous et Dacier à l'académie de préférence à MM. Lebrun et Casimir de la Vigne, avait imprimé : — « Maintenant que le côté droit de l'Académie vient de signaler son ineptie par des choix également ridicules, on demande si tous les auteurs de quelque opinion qu'ils puissent être ne se réuniront pas dans un mépris commun pour un corps qui flétrit l'honneur des lettres et leur noble indépendance et fait d'une institution utile et généreuse une espèce de coterie où la piété est un titre d'admission plus puissant que les plus beaux ouvrages? Si j'étais académicien, si j'avais été le collègue de MM. Arnault, Etienne, Garat, etc., etc., je donnerais aujourd'hui ma démission. » La prison flagella cette boutade.

Au point de vue politique, l'année 1823 offre des événements graves (1), l'esprit hostile à la liberté de la presse continue à inspirer les actes du Gouvernement. La proposition d'une dotation pour les deux Chambres soulève une assez vive polémique, et pour la première fois la Chambre des Pairs a recours à la loi de 1822 en condamnant à la prison, pour insulte, Martainville du *Drapeau Blanc.* Dans sa querelle avec l'Université, l'abbé de Lamennais écrit au *Drapeau Blanc* une lettre, objet de grand scandale, elle portait : « Les écoles de l'Université sont des séminaires de l'athéisme

____

(1) la guerre d'Espagne, l'exclusion de Manuel, la dissolution de la Chambre, etc., etc.

et des vestibules de l'enfer. » L'auteur n'est pas inquiété, mais l'éditeur est condamné.

Jay et Jouy, auteurs des articles ; *Boyer-Fonfréde, frères Faucher* de la Biographie contemporaine sont poursuivis, de Jouy est seul frappé, ils publient *les Hermites en prison.*

Dans la conspiration de Saumur et l'affaire du général Berton, le procureur général Mangin avait inculpé et insulté dans son réquisitoire le général Foy, Kératry, Benjamin Constant, ils portent plainte contre lui ; la Cour de cassation la rejette avec blâme et improbation du langage de M. Mangin. Benjamin Constant avait publié dans quatre journaux de l'opposition une lettre à M. Mangin et au sous-préfet de Saumur qui l'avait calomnié (1). Son auteur et les journaux sont condamnés.

Magallon et Dumesnil, rédacteurs de l'*Album, journal des Arts,* sont poursuivis pour avoir imprimé ces plaisanteries : « Extrait de l'Almanach royal pour..... Instruction publique (voyez les cinquante grands séminaires). — Ecoles d'enseignement mutuel (voyez les quatre-vingt dix petits séminaires supplementaires). — Clergé régulier (voyez associations, congrégations et missions). — Légion d'honneur (voyez ordre de Saint-Escobar). — Société philanthropique (voyez direction de la très-sainte inquisition). — Chambres des députés (voyez Etats généraux, parlements). — Préfectures (voyez gouvernement des provinces). — Administration communale (voyez fisc, corvées, gabelles, redevances, droits seigneuriaux et autres). — Ecole polytechnique (voyez droits des cadets de famille noble). — Société des bonnes lettres (voyez société des convulsionnaires). — Théâtres (un seul est autorisé, on y joue les *saints mystères*). — Justice (voyez chambre ardente,

____

(1) Il avait dit de Mme Benjamin Constant qu'elle n'était pas sa femme.

question, Bastille, lettres de cachet). — Conservatoire de
musique (voyez école préparatoire pour les enfants de
chœur). — Institut, Beaux arts, armée, marine, facultés de
droit et de médecine, commerce, agriculture (pour mémoire). »

« *Une scène de Bourse* (on suppose dans cet article la baisse
progressive des fonds publics à l'arrivée de certaines nouvelles, ainsi un spéculateur annonce : « que M. de Lauriston
est nommé major général : 83 fr. 50 c. — Il aura sous ses
ordres le général de Bordesoult, 81 fr. 50 c. — Le premier
corps sera commandé par le premier écuyer de France ou
du moins par celui qui passe pour avoir les plus beaux che-
vaux de Paris, le général duc de G... (1) 79 fr. 50 c. — On a
mis à la tête du second un officier supérieur dont le frère ne
manque pas de moyens. On lui doit les dragonades du
xix⁰ siècle, c'est M. le général Saint-Ch.... (2), 79 fr. 50 c. —
On porte au commandement du troisième corps, un militaire énergique qui fait les retraites comme Moreau, il a
d'ailleurs un nom très-connu dans les *armes;* c'est M. le
général de Dam... (3), 72 fr. 50 c. — La direction du qua-
trième corps sera confiée à un officier qui s'est couvert de
gloire à Waterloo, il a répondu du succès et tiendra parole,
si, comme il est à présumer, il n'y a pas de trahison dans son
corps; c'est M. le général de B... (3), 68 fr. 50 c. Enfin c'est
une guerre d'enthousiasme, le peuple la veut, le commerce
et l'industrie la réclament à grands cris, l'homme de la
Sainte Alliance l'exige, quant à l'armée on ne peut se faire
une idée de son exaltation, de son délire, de sa brûlante
ardeur... L'INTERLOCUTEUR (regardant un thermomètre) :

(1) De Guiche.
(2) Saint-Chamans.
(3) De Damas.
(4) De Bourmont.

dix degrés de glace, gare la débâcle (4)... Dans une réorga-
nisation de l'école de médecine, M. Frayssinous est chargé
du cours d'accouchements. — M. Nicolle de l'histoire des
simples et M. de Lamennais du système des poisons. » — Enfin
les autres articles incriminés sont : *Qu'on me ramène aux carrières, Les tribulations d'un homme de Dieu*, des plaisanteries
sur l'ambition et les rapides succès d'un certain *Frémissous*.
Dumesnil est condamné légèrement et Magallon sévèrement
à treize mois de prison, il est envoyé à Poissy pour y subir
sa peine, il fit à pied le voyage accouplé à un forçat !

Le *Courrier Français* et le *Journal du Commerce* rendent
compte d'une séance secrète de la Chambre des Députés;
cette indiscrétion est punie de la prison.

Le *Courrier Français* et le *Pilote* sont les premiers soumis à
l'épreuve des procès de tendance; il s'agissait pour l'un et
pour l'autre d'une série d'articles sur la guerre d'Espagne.
*La relation historique des événements qui ont eu lieu à Col-
mar*, etc., etc., par le député Kœchlin (affaire Caron et
Roger) envoie son auteur en prison et l'avocat Barthe est
frappé d'une suspension d'un mois avec suppression d'un
mémoire produit au procès. Une lettre des principaux habitants de Tournus, en réponse à un article de la *Gazette de
France* sur une scène de café entre deux officiers et un habi-
tant, insérée dans le *Constitutionnel* et le *Courrier* fait condamner ces journaux. Plusieurs numéros d'un *Journal National* sortant d'une imprimerie clandestine, valent à un
médecin une condamnation de quatre années de prison et
10,000 fr., d'amende..... par défaut heureusement (2). Les

(1) Un petit journal de Paris le *Tam-Tam* (1860), cote les courti-
sanes à la hausse et à la baisse. *Proh pudor !*

(2) Courier, après avoir écrit ses *Lettres particulières*, véritables
Provinciales politiques, fit imprimer quelques pamphlets par une

journaux luttaient chaque jour contre l'intolérance et l'esprit de domination du clergé; les jésuites étant au pouvoir,
les procès de presse sont nombreux. Dans les *Tablettes ro-
maines*, Santo Domingo est poursuivi pour avoir dit tout
haut, ce que tout le monde pensait tout bas : « J'ai cherché
la religion, je n'ai trouvé que des religieux; j'ai cherché la
foi et la charité, je n'ai trouvé que l'hypocrisie et l'ava-
rice. » La *Quotidienne* a aussi son procès, elle avait publié
une lettre de l'archevêque de Toulouse, de Clermont-Ton-
nerre contre la déclaration de 1682, Michaud paye cette
haute imprudence d'une *sévère* condamnation à *trente francs*
d'amende (1) !... Comme il fallait, à tout prix, des procès de
presse, on eut recours aux procès de tendance; ils se con-
stataient ainsi : des employés du ministère de l'intérieur
lisaient chaque jour les journaux libéraux, ils notaient les
articles, un mot, une phrase, un blâme, une critique; pris
isolément tout cela était fort inoffensif, mais groupés, réunis,
ces éléments, après trois ou six mois, formaient un faisceau,
un tout, en un mot *une tendance*. Le grand avocat et orateur
anglais lord Erskine aurait répondu à cette étrange base
d'accusation : Vous aurez beau faire, jamais un monceau
de lapins blancs ne formera un cheval blanc. Ce travail était

presse clandestine. « J'écris deux ou trois pages, disait-il en riant,
je les jette dans la rue et elles se trouvent imprimées. »

(1) Je me rappelle les quelques exemples d'alliance du cynisme et
de l'hypocrisie sous la Restauration : « Un homme qui avait déployé un grand zèle pour les intérêts de la religion, dînant avec
quelques ecclésiastiques qui s'applaudissaient d'avoir un tel défenseur : « J'ai quelques droits à la reconnaissance de la religion, dit-il
en riant, car on sait bien que je n'en use pas. » Un autre, sollicité de
remplir ses devoirs de catholique, répondait : « Non pas, je me bats
bien pour la messe, mais je n'y vas jamais. » Un autre ajoutait que
pour gouverner la France, il ne fallait que des *potences* et des
filles.

envoyé à messieurs les gens du Roi, qui déployaient un grand zèle de poursuite.

Un procès de ce genre est intenté au *Courrier Français*, *la succession* de ses articles, disait-on, était de nature à porter atteinte à la paix publique. Ces articles étaient relatifs à la guerre d'Espagne, aux manœuvres électorales, à la détention de Magallon, à l'éloge de Carnot, où l'on *apercevait* l'éloge du régicide, au jugement de M. Kœchlin, au refus fait par le curé de la Ferté-sous-Jouarre de recevoir Manuel comme parrain, etc., etc. Les plaidoiries, en raison de la nouveauté du délit et du grand nombre d'articles incriminés, occupent quatre audiences, un incident inouï dans les fastes judiciaires, termine ce débat par ces paroles du président Seguier : *Il y a partage — la séance est levée...* Etonnement, stupéfaction, agitation dans tout l'auditoire, il y avait incertitude sur les conséquences de ce résultat; y aurait-il révision, recommencerait-on le débat? Dans les matières criminelles, en cas de partage, l'accusé est acquitté, le *Courrier* est-il absous? Le journal n'est ni inquiété, ni l'objet d'un nouveau procès, il continue sa publication et il n'est plus question de rien.

La magistrature commençait à se montrer inquiète et réservée, elle se fatiguait de condamner, elle ne croyait pas à la durée d'une situation aussi tendue, aussi agitée, elle acquittait quelquefois les journaux. L'acquittement du *Courrier* est très-sensible au ministère, une portion de la presse ultra-royaliste commençait à faire de l'opposition, il imagine de se débarrasser, *à tout prix*, de la presse trop gênante, par *l'amortissement des journaux*.

M. de Villèle ne voulait ni suspendre, ni éteindre certains journaux, il entreprend de les acheter ; les négociateurs de ces transactions sont de Corbière et Sosthène de la Rochefoucauld, les capitaux sont fournis par la liste civile et par les fonds secrets. La *foudre*, le *Drapeau Blanc*, le *Journal de Paris*, l'*Oriflamme*, la *Gazette de France* sont achetés, les propriétaires reçoivent de l'argent, les écrivains des places et des pensions. Un recueil hebdomadaire libéral fondé par Jacques Coste, qui plus tard a fondé le *Temps*, les *Tablettes universelles*, est acheté et vendu ; les journaux libéraux publient une lettre dans laquelle *Thiers, Mignet, de Rémusat*.

de Caën, Sylvain Dumon, Alphonse Rabbe, Pierre-François Dubois, Félix Bodin, déclarent se retirer de la rédaction. Le *Journal des Débats* caractérisait cette transaction en ces termes : « Le propriétaire des *Tablettes* a jugé à propos de les vendre, il a cru que ses intérêts valaient mieux que ses opinions, c'est une affaire à débattre entre lui et ses amis... Quant à nous, grands partisans de la liberté de la presse, nous regrettons les *Tablettes,* on y trouvait de temps en temps le petit mot pour rire, il était amusant de voir l'opposition réduite aux attaques personnelles, n'ayant pour appui que cinq ou six jeunes gens d'esprit qui se cotisaient pour mettre les principes révolutionnaires en bonnes ou mauvaises plaisanteries (1). »

Un journal du soir, le *Pilote,* avait été acheté par Tissot, le professeur révoqué du collège de France, il l'avait transformé en un journal d'opposition ; mais son vendeur continue la publication du *Pilote,* de sorte qu'il y eut deux *Pilote* pendant quelques jours, la police intervient, elle fait saisir le *Pilote Tissot,* bien entendu, l'autre s'était fait ministériel ; Tissot attaque son vendeur, il explique la situation, il était légalement en règle, il avait signé le journal,

---

(1) Dans la séance de la Chambre des Députés du 12 juillet 1824, le député royaliste de la Bourdonnaye évalue le fonds d'*amortissement* de la presse à deux millions. L'*Oriflamme* avait reçu 200,000 fr.; le *Drapeau Blanc,* 180,000 fr.; les *Tablettes,* 300,000 fr.! La brochure publiée après la révolution de juillet 1830, *Manuscrits authentiques trouvés aux Tuileries le 29 juillet,* donne d'autres chiffres, elle porte à 5,000,000, l'achat des journaux. Le *Pilote,* 400,000 fr. et annuellement, 7,200 fr.; les *Tablettes universelles,* 344,054 fr. 91 c.; le *Journal de Paris,* 934,903 fr. 96 c.; la *Foudre,* 49,000 fr.; l'*Oriflamme,* 46,714 fr.; la *Quotidienne,* 442,364 fr. 78 c.; la *Gazette de France,* 39,663 fr.; *Journal des Villes et des Campagnes,* 463,500 fr. Ces chiffres sont inexacts et exagérés ; j'ai dû cependant les reproduire.

il avait fait la déclaration voulue, le tribunal correctionnel
ne condamne pas moins Tissot à la prison et à l'amende
(24 avril 1824).

Vint le tour de l'acquisition de la *Quotidienne*, c'est tout
un roman, il veut être raconté. Sa propriété était ainsi divisée : quatre douzièmes appartenaient à Michaud, trois
douzièmes à Laurentie et cinq douzièmes à Bonneau; ce
dernier vend son intérêt 250,000 fr., un procès révèle au public
ce trafic. Il n'y avait pas à songer à se rendre maître de Michaud. Laurentie est nommé chef de division à la préfecture de police et inspecteur général de l'Université, on lui
demande la cession de sa part de propriété, il refuse; le
ministre Corbière lui dit qu'il fallait opter entre ses fonctions
ou cette cession : « Je suis engagé avec Michaud, répond-il,
et cette vente ne changerait rien. » — « C'est un procès que
vous me vendez, dit le ministre, eh bien ! nous l'achetons. »
Laurentie faiblit et reçoit 150,000 fr.; un nouveau gérant,
homme sans ressources, Simon, est installé le lendemain au
taux de 600 fr. par an, et Michaud est expulsé par un commissaire de police. — Résistance et procès. — Michaud
perd en première instance, il gagne en appel sur la plaidoirie de son avocat Berryer. Bonneau, le premier vendeur,
n'avait pas acquis sa part pour son propre compte, Laurentie est remplacé par le banquier Sanlot-Baguenault; Bonneau refuse de l'accepter comme acquéreur, alors on presse
Michaud de vendre ses parts. M. Berryer, son conseil, est
appelé dans le cabinet du secrétaire général du Ministre de
l'intérieur, Michaud recule devant l'odieuse immoralité de
ce pacte honteux, la négociation est rompue, on revient à
la charge; longue, irritante et scandaleuse discussion entre Sosthène de La Rochefoucauld et Michaud chez Berryer;
il est arrêté que M. Berryer aura la propriété de l'une des
actions achetées et la gestion des deux autres, Michaud ac-

cepte. — Le lendemain, de La Rochefoucauld retire sa parole, on a révoqué, dit-il, ses pouvoirs, M. Berryer avoue qu'il a été joué. Alors, Simon s'empare du journal et, au moment où Michaud se présente pour continuer la rédaction, Simon arrive avec huit soldats, il fait faire place nette et chasse tout le monde.

Le ministère avait réussi à éteindre certains journaux et à enrôler sous sa bannière ceux qui s'étaient vendus plus ou moins cher, suivant la hausse ou la baisse du prix des consciences; il n'était pas sans quelque appréhension d'être d'un moment à l'autre attaqué sur le terrain de ces honteuses et scandaleuses transactions, il disait que cet achat de journaux était une spéculation particulière à laquelle il était étranger; mais l'opinion publique savait trop bien que ces négociations se traitaient au Ministère de l'intérieur et par un intermédiaire ami et confident du ministre de Villèle. Toutes ces intrigues, tous ces pactes honteux ne satisfaisaient que médiocrement le Gouvernement, il voulait, coûte que coûte, tuer la presse incommode : « Les cagots te tueront » comme on disait à Louis Courier; la presse honnête et inébranlable sera plus forte que lui, elle le renversera.

L'*Aristarque*, rédigé par trois députés de l'opposition, reparaît en vertu de décisions judiciaires, après avoir été supprimé par l'autorité administrative. Ce fut un coup terrible pour le Gouvernement; il avait d'ailleurs conservé grande rancune de l'acquittement du *Courrier Français*; il prend un parti violent : « Considérant que la jurisprudence a admis pour les journaux une existence de droit indépendante de l'existence de fait, que cette interprétation est un moyen sûr et facile d'éluder la suspension et la suppression des journaux, la censure est rétablie (ordonnance du 15 août 1824). » L'opinion publique est frappée de stupeur, cette mesure soulève un sentiment profond d'indignation, on jette au ministère cette parole : « L'impudence de ces tyrannies s'explique quand la médiocrité arrive aux premières places, le pouvoir alors a toute l'insolence d'un parvenu. »

Les victimes n'ont pas le temps de se reconnaître, tant on met de diligence à l'installation et à l'exercice de la censure; les journaux reçoivent l'ordre de s'y soumettre douze heures après la publication de l'ordonnance au *Moniteur*, et la loi exige un intervalle d'un jour après la promulgation; la commission n'étant pas encore nommée, on décide d'envoyer provisoirement à la police tous les journaux pris en flagrant délit de liberté; ils sont clandestinement censurés à la direction de la police, « ce saint office, composé d'espions chargés de décider de l'orthoxie des doctrines constitutionnelles. » Les censeurs choisis sont si honteux de leur mission, qu'ils ne permettent pas de livrer leurs noms au public (1).

Quand un journal vous attaque, la loi vous donne le droit de lui répondre, la censure ne l'entend pas ainsi, elle permet l'attaque, elle raye la défense; si le journal est poursuivi, il renvoie au censeur, le censeur vous renvoie au Gouvernement. L'*Etoile*, journal en possession du monopole de l'injure et de la calomnie, avait le privilége de partir par

---

(1) La censure a servi d'auxiliaire à l'imposture et a été le scandale de la France; censure tellement déshonorée que ceux qui l'exerçaient étaient réduits à cacher leurs noms, et qu'un ministre a déclaré à la tribune que si on nommait les censeurs on n'en trouverait plus, tant il sentait que l'opprobre et l'abjection pesaient sur leur tête! La censure, c'est la calomnie du monopole exercée par la bassesse au profit du pouvoir, la censure anjourd'hui serait d'autant plus oppressive qu'elle ne pourrait être confiée qu'aux hommes les plus vils, les plus méprisables, et je ne crois pas qu'on pût trouver un seul homme en France qui osât se montrer dans la rue en s'avouant censeur..... (Benjamin Constant.)

la poste le jour même de sa publication, ce qui était refusé aux autres journaux, réduits à se débattre avec les messageries et la poste. La censure ne permettait ni les réponses à l'*Etoile*, ni les poursuites contre elle.

A la mort de Louis XVIII (16 septembre 1824), son successeur proclame : « Ne jugeant pas nécessaire de maintenir plus longtemps la mesure qui a été prise dans des circonstances différentes contre les abus de la liberté des journaux, l'ordonnance du 15 août dernier cessera d'avoir son effet (ord. du 29 septembre 1824). » Cette parole de joyeux avénement fait croire au retour de la liberté pour la presse.

Ce nouveau règne démasque vite la pensée de son système ; les doctrines surannées triomphent, la guerre aux institutions de la révolution est ouvertement déclarée. L'étendard de saint Ignace se déploie et flotte audacieusement dans les régions gouvernementales. Une loi de pensions pour les sous-officiers et soldats suisses des régiments ayant combattu au 10 août, une loi d'indemnité pour les émigrés, une loi sur les communautés religieuses de femmes, l'établissement d'une école de hautes études ecclésiastiques, enfin la loi du sacrilége (1825), marquent au début la physionomie dominante de l'administration qui va peser sur la France.

« Les cagots te tueront. » Assassinat de Paul-Louis Courier. — Mort du général Foy, souscription nationale d'un million.

De Montlosier prélude à son *Mémoire à consulter* par des lettres publiées dans les journaux contre l'établissement des jésuites et les sociétés mystérieuses de la congrégation. — La grande guerre contre les jésuites se poursuit avec vivacité dans les journaux. Le procureur général Bellart dresse un foudroyant réquisitoire de *tendance* contre le *Constitutionnel* et le *Courrier Français*, trente-quatre articles sont incriminés pour le premier et vingt-cinq pour le second, comme contenant un dénigrement et une diffamation continuelle contre le clergé, il demande leur suspension pendant un certain temps; le monde libéral s'émeut et s'agite ; la cour de Paris consacre six audiences à ce grand procès, elle prononce un arrêt d'acquittement avec la simple recommandation aux journaux *d'être plus circonspects à l'avenir*. Cet arrêt provoque de vifs applaudissements (décembre 1825). La cour est violemment attaquée par les journaux du clergé.

Par une loi sur les substitutions et les successions, le ministère se propose de reconstituer l'aristocratie et le rétablissement du droit d'ainesse : « La division indéfinie de la propriété foncière, dit-il, est contraire au principe du Gouvernement monarchique. » C'était bien prendre son temps et bien mal connaître son époque en essayant de détruire l'une des grandes conquêtes de la Révolution, qui constitue aujourd'hui la fortune publique et privée du pays... Après une discussion très-vive dans les deux Chambres, l'*aristocratique* Chambre des Pairs rejette la loi des successions, Paris célèbre cet événement par de brillantes illuminations (1826).

De Montlosier publie son *Mémoire à consulter*; controverses, critiques, éloges ; la pension qu'il touchait au ministère des affaires étrangères, lui est enlevée; le Mémoire a dix éditions. — Un second Mémoire : *Dénonciation aux cours royales*, suit le premier, il est fortifié d'une consultation des barreaux de France. La cour de Paris se déclare incompétente. Un conseiller de la cour de Nancy (M. Boyard) dénonce un mandement de l'évêque Forbin-Janson, qui avait traité les arrêts d'acquittement du *Constitutionnel* et du *Courrier, de triomphes honteux de l'impiété*; la cour constate que ce mandement contient les délits prévus par le Code pénal, mais que, *quant à présent, il n'y a pas lieu de poursuivre.* Un livre de l'abbé de Lamennais : *De la religion considérée dans ses rapports avec l'ordre politique et civil,* l'auteur se montrait alors ultramontain, est frappé d'interdiction et de destruction. Quelques mois de prison sont donnés au libraire Touquet pour une édition de l'*Evangile* réduite *à sa partie morale et historique,* « cette mutilation constituant un outrage à la morale religieuse et à la religion de l'Etat. » Les auteurs, imprimeurs, éditeurs des *Biographies des dames de la cour, des députés de la Chambre septennale,* sont également condamnés.

A cette époque, le procès des héritiers la Chalotais contre le journal l'*Etoile,* souleva la question de savoir si l'on peut attaquer les morts et si leurs héritiers y trouvant le délit de diffamation, peuvent en demander la réparation. L'avocat Isambert publie des lettres sur la *liberté individuelle,* dans la *Gazette des Tribunaux,* elles sont reproduites par l'*Echo du soir* et le *Journal du Commerce,* l'auteur et les journaux sont punis d'une amende. Sur la dénonciation du député Sallabery, le *Journal du Commerce* est condamné par la Chambre des Députés (20 février 1826). En 1826, quarante-trois ouvrages, livres, journaux, etc., etc., ont été poursuivis ; sur cent quatre-vingt-quatre prévenus dans cent soixante-neuf affaires relatives à la presse ou à la librairie, cinquante-trois ont été condamnés à l'amende, quarante-six à l'emprisonnement cumulativement avec amende et quatre-vingt-cinq acquittés.

L'année 1827 a une triste page dans l'histoire de la liberté de la pensée, un volume suffirait à peine à retracer les épisodes qu'elle a eus à traverser à cette époque.

A la fin de 1826 le ministère présente une nouvelle loi sur la police de la presse, *loi de justice et d'amour,* dit le *Moniteur, loi vandale* dit de Châteaubriant. L'exposé des motifs du garde des sceaux, Peyronnet, soulève des clameurs gé-

nérales. Jamais mesure n'avait produit une telle agitation
dans le pays, les journaux la flétrissent énergiquement, des
pétitions arrivent de tous les coins de la France ; dans les
chambres il s'élève un cri universel de réprobation, une
grande campagne se prépare contre cette loi. — Un corps
non politique, l'Académie française est saisie par un de ses
membres (Lacretelle) de la proposition d'une supplique au
roi pour demander le retrait de la loi *avilissante pour les
lettres ;* l'académicien Renouard rappelle qu'en 1778, l'Académie avait réclamé contre un règlement de librairie ; la
discussion est vive, à la presque unanimité des voix la supplique est votée, sa rédaction est confiée à MM. de Châteaubriant, Lacretelle, Villemain ; le directeur demande audience au roi pour sa présentation, elle est refusée (1) (janvier 1827). Quelques académies de province, celle de Lyon
notamment, imitent l'Académie française. Une pétition
d'une grande vigueur d'expressions est adressée aux chambres par les imprimeurs et les libraires de Paris. Un projet
de loi sur le tarif des droits de poste est présenté ; il contient une élévation du double sur le transport des journaux,
il est démontré par des calculs irréfutables que cette loi est la
ruine des journaux ; les journaux de département n'auraient
pu subir cette taxe. Dans les chambres, l'opposition entrevoit

(1) Les votants pour la supplique sont : Lemercier, de Tracy,
Raynouard, Villemain, de Châteaubriant, Michaud, Andrieux,
Brifaut, de Segur, Casimir Delavigne ; les opposants sont : Auger,
Roger, Cuvier, Lally-Tolendal, de Levis, Laisné. L'archevêque de
Paris avait écrit une lettre contre la proposition, on ne voulut pas
en achever la lecture. M. Villemain est révoqué du conseil d'État,
Michaud cesse d'être lecteur du Roi, Lacretelle n'est plus censeur
dramatique. Le public déclare souscrire d'avance pour les ouvrages
que ces disgraciés publieraient. Casimir Delavigne avait proposé à
l'Académie, qu'une députation se présentât chez les destitués, un
article du règlement était contraire à cette démarche.

le piége, elle le signale et l'attaque ; les amis du ministère tonnent contre les journaux avec cynisme. A la Chambre des Pairs, de Châteaubriant caractérise la partie de cette loi de disposition politique à réserver pour la loi de la presse : « C'est un paquet dont on aurait mal mis l'adresse et que le courrier aura porté à une fausse destination. »

La loi est discutée devant la Chambre des Députés avec l'animation la plus chaleureuse et la plus passionnée, tous les partis donnent dans ce tournoi où l'on combattait pour une des plus précieuses libertés. Royer-Collard s'était ainsi exprimé : « Plus d'écrivains, plus de journaux, plus d'imprimeurs, tel sera le régime de la presse : avec la liberté étouffée doit s'éteindre l'intelligence, sa noble compagne. » La loi est votée ; elle est portée à la Chambre des Pairs, la majorité de la commission est hostile, un rejet est probable ; le garde des sceaux, Peyronnet, apporte une ordonnance de retrait. A Paris et dans les départements, explosion de réjouissances publiques (17 août 1827).

La liberté de la presse n'est pas encore sauvée.

Un député (Laboissière) propose d'établir dans la chambre une commission chargée *de veiller spécialement aux comptes que les journaux rendront des seances de la chambre*, et en cas d'infidélité de sévir contre eux. *Ce comité* des recherches dont le pouvoir arbitraire était si vaguement défini, est voté.

Des événements graves se passaient, le cercueil du vénérable La Rochefoucauld-Liancourt était jeté dans le ruisseau par les agents de la police, une grande perturbation et de sérieux désordres signalent ces obsèques. Charles X voulant donner à la garde nationale parisienne un témoignage de satisfaction personnelle, la convoque à une grande revue ; les cris de *Vive le roi* sont peu nourris, mais les exclamations *A bas les ministres ! A bas les jésuites*, se font entendre avec énergie. « Je suis venu ici, disait le roi, pour recevoir des hommages et non des leçons. » Les légions dans leur défilé de retour et en passant devant les ministères des finances et de la justice, font éclater de vives expressions d'opposition, une ordonnance de licenciement ne se fait pas attendre. Le ministre de la maison du roi, duc de Doudeauville, déjà irrité par ce qui s'était passé aux obsèques de son parent, donne sa démission. Des citoyens exposent à leurs fenêtres leur uniforme de garde national avec cette inscription : *A vendre*.

Une loi sur l'*organisation* ou plutôt sur le *remaniement* du jury, complément de la fameuse loi sur la presse, est adoptée. Dans un incroyable esprit d'entêtement et de rancune, le ministère rétablit la censure (24 juin), il est créé un *bureau de censure* (1) et un *conseil de surveillance de la censure* (2). Le jour même de l'ordonnance, le bureau de

(1) Il est composé dans l'origine : de Levacher Duplessis, ancien avocat; Fouquet, archiviste de la cour; Couvret de Beauregard, ancien sous-préfet; Pain (Joseph), homme de lettres; Rio, professeur d'histoire; Caix, professeur d'histoire. Rio, Caix, Fouquet ayant refusé sont remplacés par Silans, rédacteur à la Chambre des Députés; Lévêque, ancien chef de division à la guerre; Berchoux, le poëte de la Gastronomie. Ils fonctionnaient sous la direction du sieur Lourdoueix.

(2) Ce conseil avait pour membres : de Bonald, président; d'Herbouville, de Breteuil, pairs de France; Defrenilly; Olivier (de la Seine); de Maguillé, députés; Cuvier, conseiller d'État, Guilhermy, président de la cour des comptes; de Broë, avocat général. Cuvier et de Broë n'ayant pas accepté, sont remplacés par Deblaire, conseiller d'État, et Olivier de la cour de cassation. Ce dernier refuse à son tour et tous les membres de la cour de cassation l'en félicitent. La censure avait biffe l'annonce de ces divers refus et démissions; de Broë, dans le procès du *Courrier français* avait reçu à la face cette apostrophe, qu'il y avait incompatibilité et inconvenance à trouver dans son accusateur un membre du conseil de surveillance de la censure. « A Lyon, à Troyes, dans le Pas-de-Calais on n'avait pas trouvé de censeurs, il n'en restait plus que quatre à Paris, « il y aura des garçons

censure se met à l'œuvre, sans attendre le délai loyal de vingt-quatre heures entre la promulgation et l'exécution, un gendarme notifie l'ordonnance aux journaux, il fallut céder à la force brutale.

Un article du *Courrier Français*, *Mensonge de M. de Villèle*, est poursuivi, et le journal est acquitté. La censure avait mutilé la défense de Kératry son auteur. « Pour faire taire les hommes indépendants on vient d'établir la censure dont les instruments voudraient réduire la politique du royaume à du monarchisme et les moyens de gouvernement à des gendarmes et du silence... Le silence des journaux, comprenez... ils restent au poste, vous les y retrouverez jusqu'à ce qu'ils succombent ; de leurs omissions, concluez ce qu'ils auraient à vous dire... la tyrannie est si grande qu'il ne leur est pas permis de vous les signaler par des lacunes, le journal doit être noirci ou la feuille mise en interdiction... il faut se taire, mais il faut avoir l'air de parler... ils ont toute liberté pour annoncer les présentations aux Tuileries, les crues de la rivière, les hausses et les baisses de la bourse (1)... La censure a pris un caractère de fraude et de mensonge, vous sortirez amputé de son laboratoire, mais elle ne voudra pas que vous paraissiez boiteux ou manchot ! Vous êtes tristes, elle vous ordonnera d'effacer les signes de votre douleur ; ce sera générosité si elle ne vous impose pas sa joie ! Elle a enervé vos arguments, c'est son métier,

censeurs, des censeurs adjoints, des amateurs de police, syndicat anonyme chargé de soutenir le crédit de la censure et d'escompter le mépris public, car la besogne est abondante et rude. »

(1) Pas même, une baisse de bourse, une cote de sucres et cafés ; leur prix, leur cours, leurs transactions sont biffés. Un anglais cherchait dans les journaux français *le leading article*, l'article de fond, il lit en grosses lettres : *La girafe — Un chien perdu — Scène de Bobèche — Danse de singe — Pêche d'un esturgeon.*

elle a éteint vos images et haché vos phrases, mais elle exigera que vous rapprochiez les parties blessées, dût en crier le sens commun! Volontiers même elle se chargera des points de suture, car votre logique en paraîtra plus misérable, votre style plus décoloré et c'est justement ce qu'il faut pour que ses amis vous battent plus à l'aise. »

Il se forme une *Société des Amis de la liberté de la presse* et une *Société des brochures*, dans le but de publier les articles censurés et de porter à la connaissance du public les faits de censure ; elles faisaient une distribution gratuite de brochures, pamphlets, lithographies, petits journaux à la main, etc., etc., (1). De Châteaubriant en parlant de l'*intelligence* et *du bon goût* des censeurs dans l'exercice de leurs fonctions « exercées sur les escabelles du ministre Corbière dans un abattoir où l'on assomme à huis clos l'opinion publique, » disait : « Je ne consentirai jamais à faire de la liberté avec *licence* des supérieurs, on n'entre au bagne à aucune condition. » Cette lettre publiée dans les *Débats*, est distribuée gratuitement, les ouvriers imprimeurs et compositeurs avaient refusé tout salaire, les marchands de papiers avaient offert généreusement le papier.

Chose inouïe ! la censure de 1820 s'était montrée presque *paternelle*, les *blancs* et les *noirs* étaient permis, quelques

(1) « La presse non périodique doit venir au secours de la presse périodique : des écrivains courageux se sont associés pour donner une suite de brochures ; on compte parmi eux des pairs, des députés, des magistrats,... tout sera dit, aucune vérité ne sera cachée. Si certains hommes ne se lassent pas de nous opprimer, d'autres ne se fatigueront pas de les combattre. » (De Châteaubriant). Il a publié *Du rétablissement de la censure, Marche et effets de la censure.* Dans la première brochure il avait malicieusement pris pour épigraphes, des extraits des discours de MM. de Bonald, d'Herbouville (de la commission de censure), Corbière, Villèle, ministres, en faveur de la liberté de la presse.

journaux même mettaient une paire de ciseaux à la place
de l'article supprimé; en 1820, il fallait douze censeurs et
cinq au moins devaient signer l'arrêt; en 1827, six censeurs
et la signature d'un seul secrétaire suffisent.

Des journaux ayant laissé un *blanc*, robe d'innocence de
la censure, le lendemain le visa leur est refusé; *les blancs*
annonçaient les suppressions. « Esclaves, soyez mutilés, mais
cachez la marque du fer; subissez la torture, mais donnez-vous
garde de paraaître disloqués; portez des chaînes avec l'air de
la liberté.... La censure a, du moins, la conscience de son
ignominie, c'est quelque chose. » Si vous laissez des blancs,
dit-elle, on vous entravera de façon à ne pas paraître le lendemain. Nous accorderons à une autre feuille la faveur de
donner *une nouvelle* que nous vous retranchons, nous ne
vous passerons pas un mot, nous vous réduirons à néant;
une page blanche est un article que les abonnés lisent à mer-
veille et dont ils sentent tout le prix (1).

Un article de la *Gazette d'Augsbourg* est inséré dans le
Constitutionnel et rayé dans les *Débats*; ceux-ci annoncent
la candidature de Delalot aux électeurs d'Angoulême, *retranché*; le *Constitutionnel* ne peut patronner M. Chauvelin.
La vignette du *Figaro* représente *Basile et Figaro, biffée.*
— Un journal annonce la représentation du mélodrame
les Natchez, tiré d'un *admirable* poëme, *admirable rayé*. —
Desaugiers est désigné comme le *plus gai et le plus spirituel des chansonniers*, comme il y a un chansonnier parmi

(1) La censure biffe un article entier et rend le reste à onze heures
du soir, comme il ne faut pas laisser de blancs, on remplace par un
autre article porté à la censure, mais ces Messieurs sont allés se
coucher; alors ou le journal ne paraît pas ou, s'il paraît sans visa, il
est suspendu ou supprimé. Des fiacres et des gendarmes viennent tous les soirs chercher les censeurs pour les protéger et les
reconduire chez eux.

les censeurs, la censure biffe ; un journal cite un mauvais couplet de *Fanchon la Vielleuse*, dont l'auteur est censeur (Pain), *retranché* ; un ancien article d'un censeur est exhumé par un journal, il le présente malicieusement à son auteur : « le père reconnaît son enfant, il l'étouffe, la censure a aussi ses Brutus. » M. Ch. Dupin, dans un article publié dans un journal littéraire, *engage les habitants de la France méridionale à apprendre à lire ; ce* conseil est biffé, *apprendre à lire, à quoi bon !* quand il n'est pas permis d'écrire.

Pagès (de l'Ariége), rédacteur de la *France Chrétienne*, adresse au censeur Lourdoueix de vives réclamations et de hideux détails sur l'exercice de la censure, il expose que : « M. Deliège a déclaré au directeur du journal qu'on ne voulait pas *de blancs*, que les autres journaux s'y conforment, que la *France* ne serait ni approuvée ni rejetée, et, depuis ce moment, les épreuves sont envoyées chaque jour à deux heures après-midi et renvoyées à minuit sans approbation ni rejet. Il importait à la dignité de l'opposition et aux libertés publiques qu'une feuille protestât contre ces violences illégales.... qu'elle parût telle qu'elle était mutilée et que chaque lecteur pût se dire : *la censure a passé par là.* » *La France Chrétienne* a le courage de vouloir signifier un acte extra-judiciaire au bureau de censure. — L'huissier refuse d'instrumenter. — Requête au président pour le forcer à agir. — Refus du président de donner cet ordre. — Appel à la cour. — Rejet. « Quand un huissier constaterait un refus de viser, il n'en *résulterait* pas la faculté de traduire le bureau de censure devant les tribunaux et pour les tribunaux le droit d'en connaître. » *Le Constitutionnel* avait examiné cette question au point de vue légal, sa discussion est retranchée par la censure. *La France Chrétienne* est suspendue sans autre jugement que celui du bureau de censure.

« Des corsaires algériens sont parvenus à sortir d'Alger

(il y avait blocus), pour faire excursion sur notre commerce, » *rogné.* — Les détails sur des armements à l'occasion des affaires d'Alger et du Levant, inquiétude dans le commerce de Marseille, infériorité de notre marine et insuffisance de son personnel, cela est imprimé dans le *Précurseur de Lyon,* mais à Paris, *rejeté.* — *Le Constitutionnel* donne des renseignements sur la révolution de Portugal, la *Quotidienne* publie un article du *Times* sur ces événements, les renseignements sont biffés, l'article du *Times* est retranché dans le *Courrier français* et mutilé dans le *Journal des Débats.* — La révolution d'Espagne occupe l'attention publique, les *Débats,* le *Constitutionnel,* le *Courrier Français,* l'*Echo du Midi,* le *Mémorial Bordelais,* veulent donner des nouvelles et parlent du rétablissement de l'inquisition, ou bien disent : « Partout où l'on voudrait établir le gouvernement représentatif, il fallait s'attendre à l'opposition de M. de Metternick, » tout est impitoyablement rayé. — Des prêtres sont poursuivis pour crimes, les poursuites sont annoncées. — Un crime de meurtre commis à Lyon est imputé à un individu qui avait étudié pour entrer dans les ordres. — Un vol sacrilége est commis à Marseille, « on ne doute pas que le voleur soit bientôt mis sous la main de la justice. » — « On écrit de Rosoy que le desservant exige pour admettre les enfants à l'instruction chrétienne des billets de confession des père et mère de ces enfants. » — Arrivée d'un capucin à Marseille. — La réouverture du temple de Nérac. — Renvoi devant la cour d'assises de Colmar de l'abbé Seffrés, curé de Biefeld, accusé du crime de viol et d'attentat à la pudeur avec violence. — *Biffé, rayé, rogné.*

L'*Histoire de l'inquisition en France et de la croisade dite des albigeois,* n'a pu être annoncée, l'auteur se pourvoit contre cette décision devant le conseil de surveillance ; celui-ci confirme le *jugement*. — Fermeture du collége de Pont-Levoy, son directeur, Germain Sarrut, avait refusé de le vendre aux Jésuites, on lui a retiré son diplôme et on a fermé l'établissement. — La *Gazette Universelle* de Lyon avait publié les débats d'une accusation d'empoisonnement d'un abbé Saladin sur le curé de Pierrelatte, cette reproduction est supprimée à Paris.

Le *Courrier Français* et le *Constitutionnel* n'ont pas pu publier la défense de leurs avocats, ni annoncer le recueil de ces procès. — Le procès du *Journal du Commerce* a été mutilé dans le *Courrier des Tribunaux*, les autres journaux rendaient plus ou moins compte de la défense, le journal incriminé ne peut publier cette défense; le *Moniteur* consacrait ses colonnes à l'avocat du Roi et trente lignes à la défense. — Le tribunal de Lille avait condamné un paysan comme détenteur d'armes de guerre, le jugement invoquait l'*article* 14 *de la Charte*, cette mention a été supprimée. — Dans la défense du *Courrier Français*, Kératry s'adressant à M. de Broë a dit : « Pourquoi même ne pas croire qu'à l'exemple d'un savant, célèbre en Europe et de deux estimables professeurs d'histoire, il aura compris que faire taire n'est pas répondre et qu'attenter aux droits d'une nation, c'est en démériter. »—« Le comte de Montlosier s'occupe en ce moment d'un nouvel écrit. »—« Il paraîtra à la fin de la semaine une brochure de M. de Châteaubriant. » — Article du *Courrier Français* sur l'*Histoire de la Garde Nationale Parisienne*, par Ch. *Comte de l'ancien Censeur Européen* à l'occasion de son licenciement. — Un célèbre violon, *Alexandre Boucher*, est désigné dans cette *histoire* comme un odieux terroriste. Il réclame et écrit une lettre pour démontrer l'erreur provenant de similitude de nom, à l'époque indiquée il n'avait pas treize ans; le *Boucher* désigné était mort sur l'échafaud ; il y avait méprise, la censure a refusé la lettre. — Ce même artiste veut faire annoncer un concert à son profit, l'annonce est supprimée, on craignait qu'il ne fût trop applaudi, il avait *le malheur* de ressembler à Napoléon. — *Articles sur l'Histoire de Napoléon par Norvins* dans le *Courrier Français*, le *Constitutionnel*, la *Pandore*. — Annonce par les journaux du procès fait *à la relation historique des obsèques de Manuel* (1). Le ministre Canning, sa politique, sa mort, souscription pour une médaille, le nom des souscripteurs, le chiffre de la souscription. — *L'analyse d'une lettre d'un Plébéien à Monsieur de Saint-Chamans* sur une question d'économie politique, l'auteur réfutait l'idée de monsieur de Saint-Chamans, *que les propriétaires oisifs sont doublement utiles.* — L'éloge du discours de M. de Saint-Cricq, président du bureau de commerce. — Un traité de commerce entre l'Angleterre et le Mexique est publié dans le *Journal du Commerce*, il est supprimé dans la *Revue Américaine*. — Troubles en Allemagne, départ de la flotte Russe, état de l'Italie. — Prévisions d'élections. — Listes électorales, chicanes de l'Administration, conseils aux électeurs, invitation de se faire inscrire. Chaque jour on variait ce thème et les expressions pour arriver au même but, chaque jour la censure supprimait; enfin on se contenta de citer l'article 50 de la Charte (convocation et dissolution des Chambres), entre deux filets et dans l'endroit le plus apparent de la feuille. Cet article 50 fit grand bruit dans tout Paris, le public demandait des explications, on les donnait en disant qu'il y aurait dissolution de la Chambre; la censure est prise au piége, elle se ravise, et le *Constitutionnel* ne put pas mentionner cet article 50. — Consignation des élèves de l'E-

(1) L'auteur de cette relation, M. Mignet est poursuivi et acquitté. Lafayette, Laffitte, de Schonen, le frère de Manuel avaient demandé à être compris dans la poursuite.

cole Polytechnique, ses motifs. — Changements dans le corps diplomatique. — Radiation d'officiers de l'armée. — Comptes rendus de procès. — Suicides. — Eloge du général Foy. — Voyage du ministre Corbière. — Actes de bienfaisance du roi des Pays-Bas. — Gouvernement constitutionnel du Brésil. — Critiques du pouvoir absolu. — Influence de l'enseignement industriel. — Droit de pétition. — Cotisation pour des routes. — Retour de Monsieur de Polignac d'Angleterre. — Articles de théâtres, succès des pièces. — Dans un compte rendu de vaudeville, le *Constitutionnel* dit : « Monsieur de Robertville arrive, *il reconnaît sa femme et s'enfuit épouvanté.* » Y avait-il là une allusion, une indiscrète application ? les contemporains en ont le mot. — A l'occasion de l'exposition des produits de l'industrie, le *Journal de Commerce* avait dit : Que c'était par la modicité du prix que les manufacturiers acquerraient surtout une grande popularité... On supprime ce qui suit : *Il faut travailler pour le peuple car nous sommes plus de peuple que de grands et on achète plus de clous que de rubis.* — Tous ces articles sont jetés au panier aux... rognures !

Dans l'annonce d'une livraison de l'*isographie* la censure a *biffé* une lettre de Charles IX au duc d'Anjou, son frère, pour le complimenter d'être élu roi de Pologne. — Le style est niais et plein de fautes d'orthographe, autant de mots, autant de fautes... L'auteur de la Saint-Barthélemy ne peut pas être présenté comme un ignorant et un imbécile.

Une provocation en duel, à l'occasion d'une querelle survenue à cause de la *censure.* — Permis de publier. *De certaines femmes sont charmées qu'on se coupe la gorge pour leurs beaux yeux, mais ces créatures ne sont pas encore devenues entremetteuses de cartels !* — Défense de parler de la politique Metternick. — Des Jésuites de France. — Des volontaires royalistes d'Espagne, des capucins de Rome, du

curé Mingrat et de ses crimes, d'un abbé qui avait corrompu
des enfants, de la politique et de l'honneur des ministres. —
En 1822, on remarque à l'Exposition de peinture le tableau
du supplice de Séjan ; on annonce que le roi en a fait l'acquisition pour le placer en exemple, dans la salle du conseil
des ministres. — Cette destination a été changée, on l'expédie
au Pacha d'Egypte, en échange de momies et d'animaux
féroces. — *Supprimé.*

Au Grand-Opéra et à l'Òpéra-Italien, grande révolution
administrative, financière *et morale* opérée par M. Sosthènes
de La Rochefoucauld, elle provoque des fous rires. — A l'O-
péra-Comique, les artistes demandent le renvoi du directeur
Guilbert Pixérécourt, pour mauvaise gestion, procès, mémoires, réclamations, ordonnance royale brisant des con-
trats, etc., etc. — Détails sur la fermeture du théâtre de la
Porte-Saint-Martin. — Compte rendu des pièces représentées
sur le théâtre des Nouveautés, le chef de division de la censure avait des intérêts dans cette entreprise. — Retranchements et mutilations.

A l'instar du syndicat des receveurs-généraux, M. de Villèle avait établi un syndicat de beaux esprits, dont la mission
consistait à louer la politique ministérielle, il se composait de
Lingay, Benaben, Sauvo, Delancy (1). — Des journaux achetés par le ministère, le *Journal de Paris* et l'*Etoile* se fusionnent avec la *Gazette de France* qui eut toutes les bonnes
grâces de la censure, elle jouissait du privilége d'être reçue
plus tard à la poste.

Le duc de Choiseul, pair de France et colonel d'une des
légions de la garde nationale, avait prononcé un discours
libéral, ses camarades de l'ancienne garde nationale lui

---

(1) Ils avaient d'assez beaux appointements, 24,000 fr. pour Lingay
le président, 18,000 fr. pour les autres.

adressèrent des félicitations, il veut les remercier par une lettre dans les journaux, la censure refuse l'insertion; il se pourvoit devant le conseil de surveillance, il échange avec M. de Bonald une correspondance assez aigre; ce dernier lui répond : *Qu'à l'unanimité le jugement du Bureau de censure est maintenu.* Le duc de Choiseul riposte : «... Vous ne me faites connaître aucun motif, l'inconvenance de cette forme est la suite naturelle de celle du premier procédé..... Je ne puis reconnaître un tribunal dans un bureau de censure, je proteste..... » Le duc de Choiseul consulte le jurisconsulte Dupin, pour savoir à qui il doit s'adresser pour faire réformer cette décision : le *Constitutionnel* veut raconter ces faits, il en est empêché; enfin, à bout de patience et de moyens contre les vexations de la censure, il adresse au même jurisconsulte un *Mémoire à consulter sur les actes arbitraires de la censure.* M. Dupin répond à l'un et à l'autre, qu'on ne serait écouté devant aucun tribunal, qu'il n'y a de recours possible devant une autorité quelconque, la loi telle qu'on l'a faite autorise l'arbitraire pur, appliqué à la liberté de la presse.

Un écrivain aussi modeste que disert et courageux, resté obscur parce qu'il n'a pas laissé après lui de gros livres, Bert, rédacteur en chef du *Journal du Commerce*, si souvent poursuivi et condamné, se prend corps à corps avec la censure; au conseil de surveillance, il demande dans quelle forme on peut lui adresser des réclamations, contre l'injustice et la violence des procédés du bureau de censure; le vicomte de Bonald répond : « *Il suffit d'exposer dans un Mémoire adressé au conseil de surveillance ses griefs.* » Notre écrivain se met à l'œuvre et publie : *Mémoire au conseil chargé de la surveillance de la censure, et surabondamment au public;* au début il les apostrophe ainsi : « Il faut que quelqu'un me fasse justice des mauvais procédés de la censure. — Si ce n'est vous ce sera le public mon arbitre suprême et le vôtre, comme vous jugerez vous serez jugés. — Je prends des sûretés contre vous, j'ai peu de confiance dans le pouvoir que vous exercez, — Tenir en tutelle les pensées d'autrui, quelle tâche! — Dans le poste que vous occupez où trouver un abri contre l'orgueil, l'intérêt personnel, l'envie, l'esprit de cabale, l'incurie? » Le *Journal du Commerce* demande quelles sont *les circonstances graves* et les motifs qui font ressusciter la censure. Le *Moniteur* répond que la presse est libre sous la censure, il fait l'éloge de cette *institution*, que les noms *honorables* des censeurs répondent du bon usage qu'ils feront du pouvoir arbitraire; qu'en donnant leur *considération personnelle* en garantie de leurs actes, les censeurs consentent s'ils sont iniques, à perdre quelque chose de *l'estime publique* dont ils se croient dignes; on peut se plaindre : « *On dira peut-être..... Nous prévoyons une objection..... Soutiendra-t-on que..... Nous répondrons.....* » Le *Journal du Commerce* donne crédulement dans ce piége, il formule *ses objections*; il reproduit la pensée du *Moniteur* sous une autre forme, *supprimé.* » « MM. les censeurs en défendant de présumer qu'ils sont gens d'honneur, se sont-ils fait justice? On se sent rougir à cette idée. » Ces phrases sont rejetées par la censure et communiquées officieusement au *Moniteur*, l'auteur du mémoire a la simplicité de conclure à la révocation de l'ordonnance de censure et à la destitution des censeurs.

Le *Courrier Français* est condamné à la prison à deux reprises pour un article contre la loi de *justice et d'amour* et pour des *inculpations dirigées contre la police* (janvier et juin 1827); le *Constitutionnel* pour le même motif est également condamné. Le *Figaro*, pour un article : « *Plus de Bridoison* » est condamné comme ayant contrevenu à la loi de censure, il est acquitté en appel.

Il ne restait plus au ministère Villèle qu'une dernière épreuve à tenter, un appel au pays par la dissolution de la chambre, il la prononce, *alea jacta est;* une ordonnance révoque l'ordonnance de censure (5 novembre 1827), la parole est rendue aux journaux. Les élections se font, le parti libéral l'emporte à Paris et dans les départements, réjouissances générales, scènes de troubles et de violence, barricades, lutte entre la troupe et les citoyens...

Enfin le 4 janvier 1828 le ministère Villèle s'écroule; des hommes honnêtes mais timides à teinte légèrement libérale ayant pour chef M. de Martignac, prennent le timon des affaires; cette administration inaugure une ère de moralité et des espérances de liberté; des fonctionnaires compromis sont révoqués, la direction de la police générale est supprimée, quelques injustices sont réparées, la presse périodique respire. A la Chambre des Députés la suppression de la commission de surveillance des journaux (commission Laboëssière), et l'abolition de la censure facultative, font l'objet de deux propositions; une loi sur les journaux et écrits périodiques, consacre trois principes importants, la révocation de l'obligation d'une autorisation pour pouvoir publier un journal, l'abolition de la censure et des procès de tendance ; une seconde loi sur la révision annuelle du jury, dont l'institution avait été sous le ministère déchu si brutalement faussée, est également adoptée.

Sous l'influence de ces nouvelles lois, l'opposition fait paraître de nouveaux journaux, le *Temps*, le *National*. Quelques procès sont faits à la presse ; la *Gazette de France*, est poursuivie pour une analyse pleine de dépit et de mauvaise humeur des travaux de la Chambre sous le nouveau ministère, « les ministres du Roi remplacés par les ministres de *l'opinion*, c'est-à-dire de l'opinion que le *journalisme* avait pervertie... L'adresse de la Chambre qualifiant de *déplorable* un système que deux rois avaient maintenu pendant six ans... Les ministres proposent de convertir en loi la domination du comité directeur de la Révolution... Le principe monarchique de l'autorisation royale effacé de la loi de la presse, la royauté dépouillée du seul moyen qu'elle a de se défendre contre le *journalisme* dans les moments de troubles, enfin la licence de la presse consacrée par la législation..... Pour peu que le ministère persiste dans la même voie il reste peu de chose à faire dans la prochaine session pour consommer le rétablissement de la *République* et l'érection des autels de la déesse *Raison*, si mieux n'aime la faction substituer tout de suite à la légitimité l'usurpation et la religion réformée à la religion de l'État. » Après la plaidoirie de l'avocat Hennequin qui, par un singulier contraste, fait l'éloge de la liberté de la presse, lorsque son client l'attaquait si violemment, le tribunal absout : « attendu que le droit de censurer les actes du ministère est de l'essence du gouvernement qui nous régit, que si l'article incriminé est conçu en termes peu mesurés il ne présente pas..... (12 novembre). »

7

La publication d'un nouveau recueil de chansons vaut à Béranger neuf mois de prison et dix mille francs d'amende !...

Une brochure intitulée : *Sur la crise actuelle ; lettre à son A. Mgr. le duc d'Orléans,* amène Cauchois-Lemaire devant la police correctionnelle, ce procès était un legs de l'ancien ministère. L'accusation incriminait un assez grand nombre de passages, entre autres celui-ci : « Allons Prince, un peu de courage ; il reste dans notre monarchie une belle place à prendre, la place qu'occuperait Lafayette dans une république, celle du premier citoyen de France. Votre principauté n'est qu'un chétif canonicat auprès de cette royauté morale... Rien ne résiste au patriotisme qui a une grande illustration nobiliaire, une place éminente, une immense fortune, triple condition que réunit V. A. R. ; avec cela, elle n'a qu'à se baisser pour prendre le joyau qui est là par terre, que plusieurs se disputent et qu'aucun ne peut ramasser, faute d'avoir ce que vous avez par la grâce de Dieu..... » Ce prophétique langage est frappé de quinze mois de prison (1).

Le ministère de 1828 se montrait incertain, flottant ; on attendait beaucoup de lui, cette situation d'irrésolution, malgré la bonne volonté de ses intentions, provenait de ce qu'il avait entrevu dès son entrée aux affaires qu'il n'avait été appelé que pour donner une satisfaction passagère à l'opinion publique, qu'il n'était que de transition et pour ainsi dire destiné a préparer les logements à un ministère plus

(1) M. Cauchois-Lemaire, auteur d'écrits politiques de mérite et de haute moralité, a été depuis 1814, un digne représentant de la presse périodique, le *Nain jaune,* le *Nain tricolore,* les *Lettres normandes,* le *Courrier français,* le *Constitutionnel,* le *Bon sens* et d'autres journaux, l'ont eu pour collaborateur ou rédacteur en chef ; sa plume facile, élégante, indépendante, était acquise à l'opposition libérale ; sa carrière militante lui a valu l'exil et l'emprisonnement plusieurs fois.

sympathique aux vues personnelles du Roi et à la politique du parti ardent et rétrograde qui voulait dominer en France. Le garde des sceaux, Bourdeau, ne fut pas ami de la liberté de la pensée; dans une circulaire aux procureurs généraux (9 juin 1829), il appelle toutes les sévérités contre la presse et les écrits périodiques, il les engage à poursuivre avec fermeté les écrivains qui attaquent le Gouvernement... « Cette vigilance est plus nécessaire que jamais, il faut surveiller avec la plus scrupuleuse attention les écrits, périodiques ou non, et déférer aux tribunaux tous ceux où ils reconnaîtraient un délit prévu par les lois existantes. » Les journaux à peine échappés à l'oppression, avaient resaisi la parole dès les premiers jours de leur émancipation, si leur langage était vif et accentué, c'est qu'ils prévoyaient le dénouement d'une crise ministérielle qui allait mettre le pouvoir aux mains d'un parti ennemi irréconciliable de toutes les libertés publiques.

La presse sous le ministère de 1828 eut quelques démêlés avec la justice. Un article critique du *Courrier français* sur le tableau du sacre par Gérard se terminait ainsi : « Les pieuses images qui ont subjugué nos pères, les vierges de Raphaël n'ont pas cessé d'être divines, quoique leurs autels soient à moitié renversés, l'immortel tableau de la Cène, la Transfiguration et la Communion de saint Jérôme resteront encore des chefs-d'œuvre, même quand les croyances chrétiennes seront complétement oubliées si la durée de leurs fragiles matières pouvait attendre jusque-là. » Le *Corsaire*, à l'occasion de cet article et de la condamnation du *Courrier* (1) est condamné pour avoir dit : SOTTISE DES DEUX PARTS. « Par

----

(1) Le *Courrier français* obtint son acquittement en appel. L'*Aviso de la Méditerranée* pour avoir reproduit cet article est condamné par la cour d'Aix.

décret de la Convention nationale, sur le rapport de Maximi-
lien Robespierre, le peuple français reconnaît l'existence de
l'Être suprême et l'immortalité de l'âme (l'an de disgrâce
1794). « Par arrêt du tribunal correctionnel composé de
MM. Philippe de la Marnière, Colette de Baudicourt, Mathias
et Huart, sur le rapport et les conclusions de M. Menjaud de
Dammartin, le peuple français ne peut douter de la *perpétuité des croyances chrétiennes* (l'an de grâce 1829) (juillet 1829). »

Un petit journal littéraire, le *Grondeur* avait écrit : « Les
Caricatures. L'auteur demande à un marchand d'estampes
de lui expliquer les métamorphoses du jour, celui-ci lui répond que l'homme à la tête de hibou est le cardinal prince
de C.; que le chat-huant est madame de C.; tous deux de la
compagnie de Jésus; que l'homme à tête de crocodile est un
député du centre qui, l'hiver dernier, a fait renchérir les
truffes; — le marchand lui montre une famille de scarabées;
il voit des hommes en soutane, des Bazile avec des têtes de
cerf-volant, d'écrevisse et de diable. Le grand homme dont les
cornes dominent les autres c'est l'archevêque de P..., l'autre,
la tête de diable, est l'évêque d'H..., le monsieur à la tête d'é-
crevisse est l'archevêque de T..... » « Le gendarme ortho-
doxe. On se prosternait devant les images sacrées de la religion, lors de la procession du saint sacrement, un gendarme
crie à un jeune homme d'ôter son chapeau. — Pourquoi ? —
Parce que. — Le jeune homme : La Charte a sanctionné la
liberté des cultes..... Le gendarme ôte le chapeau au jeune
homme qui, furieux, veut se jeter sur le militaire... On le
retient et on lui rappelle la loi du sacrilége et les jugements
des tribunaux... Qu'on s'étonne qu'un écrivain ait osé annoncer la destruction des croyances chrétiennes. » « Une
tête coupée. La hache du licteur a tranché une tête et les
procureurs généraux, les substituts, les juges auditeurs et

autres gens du roi ont pu encore s'écrier : *La société est vengée...* Tous nos pessimistes en morale, c'est-à-dire à peu près tous ceux qui vivent de la prison et de la hart, tels que greffiers, huissiers, gendarmes, concierges, porte-clefs, guichetiers, etc., etc., trouvent que le couperet de la guillotine est un argument *ad hominem...* N'allez pas leur dire dire que cette peine est impolitique. — *La foi et le pape Alexandre IV :* « La foi divine n'est évidemment qu'une incrédulité soumise. » La prison récompensa ces plaisanteries.

Le *Constitutionnel* donne le premier l'exemple d'un journal poursuivant un de ses confrères pour diffamation; la *Quotidienne* l'avait accusé d'infidélité dans le compte rendu de certaines souscriptions (celle de la chaumière de Clichy, du malheureux Chauvet, du général Foy), l'honneur du *Constitutionnel* est vengé par cinquante francs d'amende.

L'*Album*, à l'occasion du meurtre de Kotzebuë, publie quelques lignes sur l'*Ami de la Vertu*, elles lui font donner de la prison (une année). Le même journal avait publié *le Mouton enragé :*

« Figurez-vous *un joli mouton blanc*, frisé, peigné, lavé chaque matin, les yeux à fleur de tête, les oreilles longues, la jambe en forme de fuseau, la ganache (autrement dit la lèvre inférieure) lourde et pendante, enfin un vrai mouton de Berri ! Il marche à la tête du troupeau, il en est presque le monarque. Un pré immense lui sert de pâture à lui et aux siens ; sur le nombre d'arpents que le pré contient, une certaine quantité lui est dévolue de plein droit : c'est là que pousse l'herbe la plus tendre ; aussi devient-il gras, c'est un plaisir, ce que c'est pourtant que d'avoir un apanage !!! — Notre mouton a nom Robin... Il répond aux compliments qu'on lui fait par des salutations gracieuses ; il montre les dents en signe de joie... Malgré son air de douceur il est méchant quand il s'y met ; il donne dans l'occasion un coup

de dent tout comme un autre, on m'a raconté qu'une brebis
de ses parentes le mord chaque fois qu'elle le rencontre,
parce qu'elle trouve qu'il ne gouverne pas assez despotique-
ment son troupeau et, je vous le confie sous le sceau du secret, le pauvre Robin-Mouton est enragé. Ce n'est pas que
sa rage soit apparente, au contraire, il cherche autant que
possible à la dissimuler. Eprouve-t-il un accès, a-t-il besoin
de satisfaire une mauvaise pensée, il a bien soin de regarder
auparavant si personne ne l'observe ; car Mouton-Robin
sait quel sort on destine aux animaux qui sont atteints de
cette maladie. Il a peur des boulettes, Robin-Mouton, et
puis il sent sa faiblesse. Si encore il était un bélier, oh qu'il
userait largement de ses deux cornes ! Comme il nous ferait
valoir ses prérogatives sur la gent moutonnière qui le suit !
Peut-être même serait-il capable de déclarer la guerre au
troupeau voisin ; mais hélas ! il est d'une famille qui n'aime
pas beaucoup à se battre et, quellesque soient les velléités de
conquêtes qui le châtouillent, il se ressouvient avec amer-
tume que c'est du sang de mouton qui coule dans ses
veines. Cette idée fatale le désespère... Console-toi, Robin,
tu n'as pas à te plaindre, ne dépend-il pas de toi de mener
une vie paresseuse et commode ? Qu'as-tu à faire du matin
au soir ? Rien. Tu bois, tu manges et tu dors ; tes moutons
exécutent docilement tes ordres, contentent tes moindres
caprices ; ils sautent à ta volonté ; que demandes-tu donc ?
Crois-moi, ne cherche pas à sortir de ta quiétude animale,
repousse ces vastes idées de gloire qui sont trop grandes
pour ton étroit cerveau. Végète, ainsi qu'ont végété tes
pères. Le Ciel t'a créé mouton, meurs mouton. Je te le déclare avec franchise, tu ne laisserais pas que d'être un
charmant quadrupède... Si, *in petto,* tu n'étais pas enragé. »

Fontan se contente de ces mots de défense : « Messieurs
que j'aie eu ou non l'intention qu'on vit dans mon article

une allusion quelconque, j'ai le droit de ne point m'expliquer à ce sujet; je ne permets à personne de descendre au fond de ma conscience ; j'ai voulu faire un article sur *un mouton enragé*, je l'ai fait : voilà les seuls éclaircissements que je doive et que je veuille vous donner. » Le tribunal : « Attendu que l'article intitulé *Mouton enragé* contient une série d'allusions évidemment outrageantes pour la personne du Roi et la dignité royale..... condamne Fontan à cinq années d'emprisonnement et dix mille francs d'amende. » Fontan interjette appel, il n'en attend pas l'issue, il se réfugie en Belgique, un arrêt par défaut confirme la condamnation. Il croyait avoir trouvé un asile hospitalier dans le royaume des Pays-Bas ; à peine arrivé à Bruxelles, la police lui notifie l'ordre de sortir du royaume, sur son refus il est arrêté. Il demande par une pétition aux états généraux justice contre la violence et leur dénonce un attentat au droit des gens; débats longs et orageux, enfin il est expulsé et revient en France subir un nouveau jugement (juillet et avril 1829).

Les poëtes marseillais, Méry et Barthélemy sont condamnés pour leur *Poëme du Fils de l'Homme.*

La crise ministérielle prévue est consommée, le ministère Polignac succède au ministère Martignac. Le *Journal des Débats* si modéré d'ordinaire écrit : « Coblentz, Waterloo, mil huit cent quinze ; voilà les trois principes, voilà les trois personnages du ministère, pressez, tordez ce ministère, il ne dégoûte qu'humiliation, malheurs et dangers (15 août). » Quelques jours plus tard, il émet l'idée du refus d'impôts et cite l'exemple d'Hamden, l'article finissait par ces expressions si souvent citées : *Malheureuse France, malheureux roi.* M. Bertin poursuivi pour cet article est condamné en première instance, il est acquitté en appel aux applaudissements du public.

Le *Constitutionnel* et le *Courrier français* célèbrent cette nouvelle administration en ces termes : « Puisqu'on était condamné à subir ce ministère, il vaut mieux que ce soit plus tôt que plus tard, — il faut se féliciter de cette résolution, on était sans cesse ballotté, basculé entre divers ministères... On s'amollissait, — au moins on allait s'armer d'indignation pour foudroyer ce ministère (9 et 10 août). » La *Gazette de France*, dans l'exagération de sa joie, répondait : « Plus de concessions, plus de réaction, guerre aux factions, répression inflexible et légale des excès et de la licence. »

L'*Apostolique*, après un éloge outré du nouveau ministère, ajoute : « On ne peut se refuser à le reconnaître ; la source du mal vient d'une charte impie et athée et de plusieurs millions de lois rédigées par des hommes sans foi et par des révolutionnaires. La religion, la justice et Dieu même commandent d'anéantir tous ces codes infâmes, prodiges d'impiété que l'enfer à vomis sur la France. »

Le *Figaro*, à l'occasion de l'avénement du ministère Polignac, publie son journal avec *un encadrement noir*, premier grief ; après une énumération des *abus monstrueux* et des *choses effroyables* (expressions de l'accusation) qui arriveront sous ce ministère, on lit : « Au lieu d'illuminations à une solennité prochaine, toutes les maisons de France devraient être tendues de noir. » — M. Roux, chirurgien en chef de l'hôpital de la Charité, doit incessamment opérer de la cataracte un auguste personnage. » Six mois de prison (28 août).

Dans tout le pays, une indignation, une excitation fébrile se manifestent à la surface et au fond, une opposition formidable s'organise ; le général Lafayette vient de terminer un voyage en France, à Grenoble et à Lyon, etc., etc.; partout il a recueilli des ovations ; des gardes d'honneur l'escortent à l'arrivéé et au départ ; *la relation de ce voyage* est tirée à des milliers d'exemplaires et distribuée à profusion.

Une grande association dont le berceau est en Bretagne, et connue sous le nom d'association bretonne pour le refus de l'impôt s'organise ; le prospectus est publié par le *Constitutionnel*, le *Courrier français* le *Journal du Commerce*, ces deux derniers poursuivis pour son insertion sont condamnés ; le *Courrier de la Meurthe*, le *Courrier de la Moselle*, le *Journal de Rouen* plus heureux sont acquittés.

De tous les journaux de province, la *Sentinelle des Deux-Sèvres* est celui qui attaque le plus vivement le ministère du 8 août ; déjà condamné pour outrage envers le préfet et pour *attaque* contre une classe de personnes, les *missionnaires*, il l'est de nouveau pour avoir dit des ministres : «.... Les noms de Foy mourant avant le temps par les combats de la tribune, de Lafayette offrant à la postérité la plus belle vie des temps modernes, retentissent un peu plus avant dans les cœurs que ceux de Mangin, dénonçant nos orateurs les plus illustres, de Polignac conspirateur, de Labourdonnaye demandant des proscriptions et des vengeances et de Bourmont flétri comme traître même par les bataillons ennemis qui l'ont reçu dans leurs rangs. »

' Dans cette guerre à outrance déclarée au ministère Polignac par la presse, le *National*, le *Globe*, le *Journal de Commerce* sont sévèrement condamnés ; le *Courrier français*, sur la plainte du préfet de police Mangin pour lui avoir reproché de ne pas ouvrir la maison de refuge créée par M. de Belleyme et pour avoir diffamé les magistrats, en attaquant l'indépendance et l'impartialité de leurs jugements, encourt une double condamnation.

Enfin, le 25 juillet, un rapport précédant les ordonnances, formule ainsi les crimes de la presse : «... Ces agitations sont presque exclusivement produites et exécutées par la

liberté de la presse... Ce serait nier l'évidence que de ne
pas voir dans les journaux le principal foyer d'une corruption
dont les progrès sont chaque jour plus sensibles... A
toutes les époques, la presse périodique n'a été et il est dans
sa nature de n'être qu'un instrument de désordre et de sé-
dition... C'est par l'action violente et non interrompue de la
presse que s'expliquent les variations trop subites, trop fré-
quentes de notre politique intérieure... La presse ne tend pas à
moins qu'à subjuguer la souveraineté et à envahir les pouvoirs de l'Etat... De tous les excès de la presse, le plus grave
peut-être nous reste à signaler (c'était la critique de l'expédition d'Alger)... Une diffamation systématique organisée
en grand et dirigée avec une persévérance sans égale va
atteindre ou de près ou de loin, jusqu'au plus humble agent
du pouvoir... La presse périodique n'a pas mis moins d'ardeur à poursuivre de ses traits envenimés la religion et le
prêtre... Nulle force, il faut l'avouer, n'est capable de résister
à un dissolvant aussi énergique que la presse... Contre tant
de maux enfantés par la presse périodique, la loi et la justice sont également réduites à confesser leur impuissance...
La poursuite juridique se lasse, la presse séditieuse ne se
lasse jamais... La Charte n'a pas concédé la liberté des journaux et écrits périodiques... Le moment est venu de recourir
à des mesures qui rentrent dans l'esprit de la Charte, mais
qui sont en dehors de l'ordre légal dont toutes les ressources
ont été inutilement épuisées (1).

Une ordonnance vient à la suite, elle porte : — La liberté
de la presse périodique est suspendue. — La loi du 21 octobre 1814 est remise en vigueur.—Nul journal ou écrit pério-

____

(1) Il aurait fallu citer le rapport tout entier pour avoir une idée
complète de ce grand acte d'accusation contre toutes les libertés du
pays.

dique où semi-périodique ne peut paraître sans autorisation pour le journal, les auteurs et les imprimeurs. — Cette autorisation sera renouvelée tous les trois mois. — Elle pourra être révoquée. — En cas de contravention les journaux seront saisis, les presses et caractères seront placés dans un dépôt public et sous scellés, ou mis hors de service.

Les journaux et les nombreux ouvriers qu'ils occupent se disposent à la résistance, les imprimeurs ferment leurs ateliers et mettent leurs ouvriers dans la rue. Le barreau consulté déclare qu'on ne doit pas se soumettre à des ordonnances illégales; le président de Belleyme ordonne à l'imprimeur de continuer l'impression du *Journal de Commerce*; le tribunal de commerce enjoint à l'imprimeur du *Courrier français* d'imprimer. Tous les journaux royalistes demandent l'autorisation requise par l'ordonnance, le *Constitutionnel* et les *Débats* n'avaient pas osé paraître sans autorisation, ils se disposaient à la demander quand les événements ont changé la face des choses. Une protestation des journalistes devenue célèbre, témoigne de leur courage et de leur patriotisme, leurs noms méritent d'être conservés elle était sortie des bureaux du *National* (1).

Un rapport du préfet de police porte : « *Presse libérale.* —On la saisit et quoi qu'on fasse j'en suis maître; la gen-

____

(1) Le *National*, Sauja, Thiers, Mignet, Carrel, Chambolle, Peysse, Albert, Stapfer, Dubochet, Rolle. — Le *Temps*, Senty, Hausmann, Dussard, Buzoni, Barbaroux, Chalas, Billiard, Coste, J.-J. Baude. — Le *Courrier français*, Avenel, Alexis de Jussieu, Chatelain, Dupont, de la Pelouze. — Le *Globe*, Leroux, Guizard, B. Dejean, Ch. de Rémusat. — Le *Constitutionnel*, Année, Cauchois-Lemaire, Evariste Dumoulin. — La *Révolution*, Plagnol, Fazy, Levasseur. — Le *Courrier des électeurs*, Sarrans jeune, Guyet, Moussette. — *Tribune des départements*, Auguste Fabre, Ader. — *Figaro*, Bohain, Roqueplan. — *Journal de Paris*, Leon Pillet. — Le *Sylphe*, Vaillant.

darmerie et la ligne tiendront la main à l'exécution. » *Jour-*
naux. — Toutes les messageries seront visitées, tout ballot
d'imprimés saisi et examiné. « Les presses du *National,* du
Figaro et du *Journal de Commerce* ont été saisies à midi. »
— « Au Palais-Royal, des orateurs y déclament et y lisent à
haute voix des journaux séditieux (1). »

Le *National,* le *Temps* paraissent avec la protestation. Le
préfet de police ordonne la saisie des presses, de les mettre
hors de service, énergique résistance au *National* et au
Temps, les ouvriers s'opposent à ces violences illégales, les
portes sont enfoncées, les presses sont brisées, les cartons
sont fouillés, nouvelles protestations contre ces violations
brutales de la loi et de la propriété ; une foule frémissante et
indignée stationne devant ces deux établissements, elle
fait entendre des cris de légitime révolte, la révolution est
accomplie en trois jours. La presse a conquis son affranchissement et sa liberté. Le duc d'Orléans dit : « Il n'y aura
plus de procès de presse. »

(1) Rapport fait à la cour des Pairs sur l'instruction du procès des
ministres.

Un nouveau gouvernement est fondé, une nouvelle charte porte : « Les Français ont le droit de publier et de faire imprimer leurs opinions en se conformant aux lois. — La censure ne pourra jamais être rétablie. « Il sera pourvu par des lois séparées 1° à l'application du jury aux délits de la presse et aux délits politiques. » Une loi du 8 octobre 1830 dit : « La connaissance de tous les délits commis par la voie de la presse, soit par tous les autres moyens de publication énoncés en l'article premier de la loi du 17 mai 1819 est attribuée aux cours d'assises. »

Le journal le *Bon sens* se vendait et se criait dans la rue, il est atteint par la loi sur les crieurs publics ; dans une de ses *publications patriotiques* il publie la *Défense de la Presse populaire par M. de Cormenin* alors pamphlétaire et ami de la liberté de la presse : « Les journaux du peuple vont mourir. La colère du ministère gronde autour d'eux et les échos du Palais-Bourbon et du Luxembourg lui répondent : Encore quelques jours, et la presse populaire aura vécu ! Qu'elle écoute pour la dernière fois une voix qui lui fut et qui lui sera *toujours fidèle!...* » Quelques poursuites de presse ont lieu en 1831 ; la *Révolution*, pour avoir dit *que tous les actes de la Chambre sans aucune exception* sont rigoureusement soumis à une révision quelconque, est condamnée ; le *Nationnal* attaque le ministère Casimir Perrier, il est acquitté ; le *Nouveau journal de Paris* qui avait flagellé le procureur général Persil a le même sort ; l'*Avenir*, fondé par de Lamennais et Lacordaire, avait, dans une lettre aux évêques, soutenu que les évêques devraient recevoir leur institution du chef de l'Eglise sur la présentation des fidèles, il est acquitté mais censuré à Rome, il cesse de paraître. — La *Tribune* et la *Révolution* sont poursuivis sur plainte directe du président du conseil, Casimir Perrier et du ministre de la guerre, Soult, pour un article ainsi conçu : « N'est-il pas vrai que, dans les marchés de fusils et de draps, MM. Casimir Perrier et Soult ont reçu chacun un pot de vin qui serait de plus d'un million » Marrast seul est condamné. Les parties civiles avaient demandé 10,000 fr., de dommages et intérêts, la cour leur accorde 25 fr. (1). La *Caricature* est condamnée pour avoir figuré le Roi dans un portrait grotesque et injurieux. — Le *National* et la *Tribune* avaient avancé que la police embrigadait des ouvriers pour assommer les jeunes gens décorés de juillet et portant une cocarde à leur chapeau, Casimir Perrier et le préfet de police Vivien les poursuivent directement ; ce dernier se désiste avant le jugement, les journaux sont absous (2).

(1) Il s'agissait du marché passé par M. Gisquet, en Angleterre, pour fourniture de fusils.

(2) Excentricité anglaise. En 1831, le gouvernement anglais avait supprimé les droits sur les *cotons imprimés*. Aussitôt il se fonde un nouveau journal imprimé sur coton : Le *Mouchoir politique* (Political handkerchief), il se vendait à moitié prix des autres journaux

Les journaux la *Révolution*, la *Gazette de France*, le *Courrier de l'Europe*, sont condamnés pour avoir dit qu'il fallait faire appel au peuple pour le choix du souverain. Le ministère fait incarcérer *préventivment* les journalistes et auteurs des écrits déférés à la justice; dans le *National*, Carrel proteste contre le système des arrestations préalables, il les déclare illégales, il annonce qu'il opposera la force à la force. Le *Mouvement*, la *Révolution*, reproduisent cet article; ils sont poursuivis, les deux premiers sont acquittés, mais la *Révolution*, traduite devant un autre jury est condamnée; cet acquittement eut cette signification, que la doctrine de Carrel sur les arrestations préventives, n'avait pas le caractère d'une résistance factieuse, que son auteur s'était contenté d'exprimer ses vues sur la liberté de la presse. — Le gérant de l'*Opinion* avait été arrêté préventivement, il avait porté plainte contre le juge d'instruction qui avait décerné le mandat d'arrêt, elle fut rejetée. — A l'occasion des événements des 5 et 6 juin, à la suite des obsèques du général Lamarque, un mandat d'arrêt avait été lancé contre Carrel comme auteur de divers articles du *National* auxquels on attribuait une sorte de responsabilité et de complicité de cette insurrection; le jury donne un bill d'absolution. La relation du convoi du général Lamarque fait poursuivre le *Journal du Commerce*, le *Messager*, le *National*, la *Tribune*, ils sont acquittés, le *Corsaire* est puni sévèrement (1832).

La *Tribune* pour s'être permis une attaque directe contre

écrasés de droits de timbre; l'accise de Londres attaque le journaliste qui se vante hautement de lui échapper par le texte de la loi; le duc de Bedfort, pour ne pas payer le droit de barrière, fait faire un équipage à cinq roues, il a longtemps échappé au tarif qui n'avait pas prévu une pareille voiture. Ces facétieuses plaisanteries contre le fisc seraient fort mal venues en France, l'administration et les tribunaux ne se contenteraient pas d'en rire.

le Roi par l'appréciation de son passé est condamnée. —
La *Gazette de France* avait adressé un appel au parti national et une déclaration sur les bases d'une nouvelle constitution, son gérant est condamné; le juge Fouquet, qui avait
donné son adhésion à ces doctrines, est renvoyé devant la
cour de cassation, l'arrêt *le censura avec réprimande,*
ce qui entraînait une privation de traitement pendant un
mois (1).

En 1833, l'arrestation de la duchesse de Berry et l'annonce de sa grossesse, avaient fortement ému le parti légitimiste; les amis de cette princesse ayant la prétention
d'empêcher de parler de son *indisposition,* se montrent
irrités et menaçants à Paris, à Lyon et à Rouen. Le *Corsaire*
est appelé en duel. La *Tribune* et le *National* déclarent à
ces preux chevaliers qu'ils trouveront dans leurs bureaux
une liste de patriotes prêts à répondre à leurs provocations;
une note de douze légitimistes est portée au *National.*
Carrel choisit M. Roux-Laborie, Carrel est sérieusement
blessé. Des cartels sont adressés aux rédacteurs du *Revenant,* de la *Quotidienne,* de la *Gazette de France;* ces
messieurs déclinent ces provocations; des lettres et des explications sont échangées à la Chambre entre Garnier-Pagès
(l'ancien) et M. Berryer et les duels prennent fin. Le *Revenant* est condamné pour un article : *Madame malade;* des
jeunes gens vont féliciter de Chateaubriant pour son *Mémoire*

____

(1) Un journal a imprimé que, depuis la révolution de 1830 jusqu'au 1er octobre 1832, il y avait eu vingt-huit saisies de journaux,
deux cent cinquante-un jugements, que quatre-vingt-six avaient
été condamnés, dont quarante-un à Paris, que les mois de prison
s'élevaient à mille deux cent vingt-six, et le taux des amendes à
347,550 fr., j'ai contrôlé ces chiffres par les recherches les plus mi-
nutieuses, je suis fondé à penser qu'il y a exagération et inexacti-
tude dans ces données.

sur la captivité de la duchesse de Berry, il termine par ces mots : « *Madame, votre fils est notre roi.* » De Chateaubriant, les journaux le *Courrier de l'Europe*, la *Quotidienne*, la *Gazette de France*, l'*Echo français*, le *Revenant*, la *Mode*, pour avoir reproduit ce discours sont renvoyés devant le jury et acquittés.

Au mois d'avril 1833, le député Viennet demande à ce que le gérant de la *Tribune* soit traduit devant la Chambre pour l'avoir présenté comme ayant des relations très-intimes avec le caissier des fonds secrets et avoir accusé la Chambre de prostitution et soutenu que les fortifications étaient imaginées pour foudroyer Paris. Godefroy Cavaignac et A. Marrast défendent le gérant qui est condamné à trois ans de prison et 10,000 fr. d'amende. — La *Tribune* en parlant d'un coup de pistolet tiré sur le Roi, l'avait apprécié comme œuvre de police ; quelque temps après, on l'accuse d'avoir offensé la personne du Roi dans un article reproduit par la *Quotidienne* et le *Rénovateur*. Ces journaux sont renvoyés de la poursuite, mais le gérant de la *Tribune* est condamné à une année de prison et 24,000 fr. d'amende, le ministère public avait conclu à 40,000 fr. ; la *Tribune* avait en outre cinq années de prison à faire et 20,000 fr. d'amende à payer.

Le *National*, dans les années 1833 et 1834, eut à supporter une série de procès qui mettaient en péril son existence matérielle. La cour d'assises de Versailles l'avait condamné pour infidélité dans le compte rendu de l'affaire du coup de pistolet, avec interdiction de rendre compte des débats judiciaires pendant deux ans ; pour échapper à cette interdiction, il *se transforme en National de* 1834, un article de Carrel plein de finesse et d'esprit explique cette transformation ; déclaration avait été faite à l'administration de la publication d'un nouveau journal. Ce nouveau journal rend compte des débats judiciaires mais la justice prétendait que c'était le même journal.

Plusieurs journaux se plaignent de la reproduction textuelle de leurs articles par l'*Estafette* et l'*Echo français*, le *National* refuse de s'associer à une poursuite en contrefaçon (1834).

Deux numéros du *Populaire* rédigé par le député Cabet, contenaient deux articles en faveur de la République et sur les crimes des rois contre l'humanité, deux années de prison et une forte amende lui sont infligées, *avec interdiction des droits civiques pendant deux ans.* — La *Quotidienne* ayant inséré une lettre de Kergolay, dans laquelle celui-ci déclarait aux électeurs de Meru (Seine-et-Oise) qu'il refusait le serment, *Henri V étant son roi*, est poursuivie et acquittée ; elle n'eut pas le même bonheur (1834) pour avoir dit du Roi que c'était le plus honnête homme de son alcôve mais le plus malhonnête de son royaume. — La *Gazette de France* est condamnée pour un article *sur la responsabilité morale et constitutionnelle de Louis Philippe.* — La *Tribune* l'est également à deux reprises pour une proposition d'association contre la loi des associations (avril), et pour la relation d'un voyage du roi à Compiègne ; elle expose dans sa défense que la *Tribune, par un phénomène incroyable*, avait eu à subir depuis la révolution de juillet cent deux procès, qu'elle en avait perdu dix-sept, qu'elle avait été condamnée à 17 ans de prison et 120,000 fr. d'amende, que huit de ses rédacteurs étaient en prison, Germain Sarrut, Duchatelet, Gervais (de Caen), Plagniol Rivail associé, de son imprimeur et qu'elle allait se trouver hors d'état de paraître, aucun imprimeur ne voulant se charger de l'impression. A l'occasion du complot d'avril pendant devant la Chambre des Pairs, A. Marrast, son rédacteur en chef, est arrêté et mis au secret pendant vingt jours comme complice pour des articles de la *Tribune*, à sa sortie il publie *Les vingt jours de secret*.

Un compte rendu de la séance royale des Chambres et un article : *Guerre des partisans de la monarchie sur le terrain de notre acquittement*, valurent au *National* un acquittement et une condamnation. — Le complot d'avril avait fait également incarcérer Carrel ; son journal avait considéré au nom des accusés d'avril, la compétence de la cour des Pairs comme inconstitutionnelle, cette déclaration amène le *National* devant la Chambre des Pairs, Carrel, quoique détenu, vient défendre le gérant ; dans sa défense, il reproche aux juges du maréchal Ney sa condamnation qu'il appelle un *abominable assassinat*, la défense est interrompue, Carrel est vivement apostrophé ; un pair, le général Excelmans s'écrie : « Je partage l'opinion du défenseur. Oui la condamnation du maréchal Ney a été un assassinat juridique, je le dis moi ! » Ces paroles terminèrent l'incident mais le *National* est condamné à deux ans de prison et 10,000 fr. d'amende.

Un journal anglais *the Sun* insinuait que Louis Philippe était un agioteur royal plus désireux de remplir sa bourse que de conserver et étendre la liberté de son peuple, la *Tribune* est condamnée pour avoir reproduit cette calomnie ; Louis Philippe, en quittant la France, a laissé 32 millions de dettes !... — Le *National* et la *Gazette de France* commentaient l'axiome, *le Roi règne et ne gouverne pas* ; celle-ci, pour avoir publié : « Le trône de France appartient à Henri V et non à Louis Philippe, » est condamnée. — Les Chambres venaient de voter 25 millions pour l'extinction de la créance américaine, le *National* répétait qu'on ne devait pas, que ces créances ont été achetées à vil prix, qu'il y a de grands coupables, des pots de vin..... il est poursuivi et acquitté ; la *Quotidienne* avait dit : « Lettre de quelqu'un au général Jackson demeurant dans l'autre monde, signé QUELQU'UN. Pour copie conforme *m* » avec cette épigraphe :

« Axiomes : Il est nuit quand il fait jour ; deux et deux font
cinq ; il n'y a rien de plus blanc que le noir, » un an de prison et 10 mille francs d'amende punirent cette témérité allu-
sionnelle (janvier, février, mars, mai 1835).

Dans le procès d'avril devant la Chambre des Pairs, les
accusés avaient fait choix pour défenseurs d'avocats et de
non-avocats, à ceux-ci on avait refusé toute communication
avec leurs clients. — Ils publièrent une protestation suivie
d'une lettre aux accusés insérées dans la *Tribune* et le *Réformateur* ; 'cette pièce est dénoncée à la Chambre des Pairs,
elle était signée des deux députés Cormenin et Audry de
Puyraveau. — Il fallait obtenir de la Chambre l'autorisation
de les poursuivre. — Cormenin déclare n'avoir rien signé,
Puyraveau refuse de s'expliquer ; grave question constitutionnelle de dignité et de conflit entre les deux Chambres ; l'autorisation est accordée pour Puyraveau, ce vote soulève un
effroyable tumulte ; des députés signalent la tribune des journalistes comme ayant applaudi et proféré des injures, elle est
évacuée par ordre du président, un instant après on veut les y
réintégrer, ils refusent ; la séance est levée. — Au dehors, des
scènes fâcheuses ont lieu entre les journalistes ; restés dans
la cour et les députés du centre ; arrestation de quelques journalistes ; ils sont relâchés. — Les journaux du lendemain rendaient compte de ces faits ; le *Réformateur* publie un article
intitulé : « *Assommeurs législatifs,* plusieurs députés se plaignent de la licence effrénée de la presse et de la conduite des
journalistes, et sur la proposition du député Jolivet, le *Réformateur est cité* à comparaître devant la Chambre qui lui inflige un mois de prison et 10 mille francs d'amende. — Le
général Bugeaud déclare « qu'il aimait mieux avoir des entrailles, de l'humanité pour 32 millions de Français que
pour des journaux incendiaires, que ces journaux ont juré
de les empêcher de jouir du repos, et on veut qu'il ait de

l'humanité pour ces gens-là, pour ces journaux, que s'il était possible de tuer le journal incendiaire, il le tuerait du premier coup..... (mai 1835). »

Des attaques continuelles contre la royauté et son nouveau Roi partaient des journaux royalistes et démocratiques, la *Tribune* en était à son cent quatorzième procès, elle avait payé 159,000 fr. d'amende ; le maximum se trouvant atteint, elle n'était plus condamnée à l'amende. Dans la *Gazette de France*, le *Rénovateur*, la *Quotidienne*, M. de Cony imputait au Roi sa complicité dans l'assassinat du prince de Condé ; M. de Kergolay, en parlant du procès des Vendéens et des accusés de Niort, s'était écrié dans sa défense : « Louis Philippe est un usurpateur, Henri V est mon Roi. » — Le *Charivari*, la veille de l'attentat Fieschi, avait publié son numéro en encre rouge avec un article de cinquante-six paraphes intitulé : « *Catacombes monarchiques*, petite table mortuaire des fidèles de Sa Majesté qui ont péri victimes des erreurs de l'ordre public » une caricature du Roi entourée de cadavres avec ces mots : « Personnification du système le plus doux et le plus humain, » il est condamné.

L'attentat Fieschi (28 juillet 1835) avait fait adopter des lois sur les cours d'assises, le jury et la presse, lois connues sous le nom de Lois de septembre. La *France*, à la mort de Charles X, avait inséré une lettre de Goritz dans laquelle on donnait la qualité de roi et reine au duc et à la duchesse d'Angoulême, elle encourut pour ces dénominations une double condamnation. — L'exécution du régicide Alibaud avait inspiré au *National* une relation de ses derniers moments et au *Bon Sens* un feuilleton : « Encore une tête, » ils sont condamnés. — La *Mode*, annonce qu'elle a fait imprimer son procès, qu'il est en vente dans ses bureaux, que des notabilités légitimistes en ont acheté un certain nombre d'exemplaires ; le tribunal voit dans ces faits l'annonce d'une souscription punissable par les lois de septembre. Les lois de septembre avaient certainement aggravé la position des journaux, cependant deux nouveaux journaux, le *Siècle* et la *Presse*, qui aujourd'hui sont, par leur circulation, les plus répandus de tous les journaux, paraissent à cette époque; ces deux feuilles opèrent une révolution économique par l'abaissement du prix d'abonnement; le *Constitutionnel*, les *Débats*, la *Gazette de France* n'adoptent pas cette innovation vivement et diversement appréciée et discutée dans une série de feuilletons signés Capo de Feuillide (1). Le *Bon Sens* attaque les bases d'opération de ces entreprises à bon marché; M. E. de Girardin, fondateur de la *Presse*, poursuit le *Bon Sens* en diffamation, le *National* prend parti pour ce dernier, M. E. de Girardin réplique avec âcreté au *National;* des explications sont échangées, une rencontre a lieu entre M. E. de Girardin et Carrel, ce dernier est frappé mortellement et succombe; ce triste et douloureux événement cause une vive émotion dans le public, l'opposition venait de perdre un grand et honorable écrivain.

En 1837, 1838, 1839, les poursuites contre la presse sont assez rares. Le *Courrier français*, le *Siècle* avaient fait remonter au Roi la responsabilité des actes de son gouvernement en signalant sa tendance à gouverner. — Le *Charivari* avait parlé dans : « *Un million S. V. P.* » de l'apanage du duc de Nemours et de la dot de la reine des Belges. — L'*Europe*, dans l'appréciation *de la situation de la France actuelle à l'égard des autres puissances*, attaquait le Roi directement, le jury les acquitte. — La *Gazette de France*, la *France*, la *Quotidienne*, à la mort de Charles X, avaient déclaré que, par l'abdication du duc d'Angoulême, la couronne revenait à Henri V; la *Quotidienne* avait en outre cité quelques pa-

____

(1) M. Capode Feuillide a depuis collaboré à la *Presse*.

ges d'un livre du général Donnadieu : *De la vieille Europe, des rois et des peuples de notre époque,* tous ces journaux sont poursuivis et condamnés; le général Donnadieu l'est également. — La *France* encourt une condamnation pour offenses envers le Roi. — Le *National,* dans un commentaire critique sur la loi de l'avancement de l'armée, s'était permis d'offensantes personnalités contre le duc d'Orléans, il est acquitté. — La *Mode*: « Ministères des facéties étrangères. » « Autres temps autres mœurs, ou les deux mois de février, 1820 assassinat du duc de Berry, 1838 fêtes données aux Tuileries; dans un autre article sur le *couronnement de Joas* (ancienne gravure), l'accusation disait : c'est le duc de Bordeaux dont vous voulez parler; la défense répondait : les lois de septembre avaient proposé comme délit l'*offense par allusion,* la Chambre des Députés l'a repoussée. En raison de ces deux incriminations la *Mode* est fortement condamnée.

En 1840, la *Gazette de France* attribue au Roi des lettres que, comme duc d'Orléans et en émigration, il aurait écrites à cette époque; en 1841, la *France* publie : « *La politique de Louis-Philippe expliquée par lui-même.* » Elle annonce des révélations et une correspondance du Roi; l'une des lettres, prétendait-on, promettait à l'Angleterre l'abandon d'Alger comme un engagement pris par Charles X; la *Gazette,* la *Quotidienne,* l'*Écho français,* le *National,* reproduisent ces lettres. Le rédacteur en chef de la *France* (Lubis) et le gérant sont arrêtés sous la prévention de faux et d'offenses envers la personne du Roi, acquittement. Le *Morning-Post* annonçait que ces lettres étaient une criminelle et odieuse spéculation d'une intrigante, la *Contemporaine* (4);

(1) (La *Contemporaine*) Ida Sainte-Elme a publié un livre de *Mémoires* ou plutôt de mensonges, c'était une spéculation du libraire Ladvocat, cette femme n'en était pas même l'auteur; la

le *Times* avait traité cette femme de faussaire, elle lui fait un procès en diffamation. Où avait-elle puisé ces documents ? Garnier-Pagès (l'ancien) apprit à la Chambre que l'ouvrage : *Louis-Philippe et la contre-révolution de Sarrans,* contenait cette lettre comme une réponse verbale faite à l'ambassadeur d'Angleterre en 1830. Dans les Chambres, à l'occasion de la discussion du budget de l'Algérie, M. Guizot, ministre des affaires étrangères, traita de fausseté et de calomnie ce prétendu engagement et lui donna le plus éclatant démenti (1841).

A l'occasion du traité de la Plata, le *National* avait présenté la Chambre des Pairs comme un hôpital d'incurables, un ossuaire exhalant une odeur de décrépitude, il discutait l'état moral de cette *vénérable* assemblée ; sur la proposition d'un de ses membres, cette désobligeante appréciation est sévèrement punie.

L'attentat de Quenisset sur le duc d'Aumale, à son retour d'Afrique, à la tête du 17e léger, amène l'arrestation du gérant du *Journal du peuple*, Dupoty, il est condamné, à titre de complicité morale, par la Chambre des Pairs, à la détention ; vives protestations de la presse d'opposition contre cet arrêt ; elle décide de ne plus rendre compte des séances de la Chambre ou de la cour des Pairs, ils ont tenu parole ; le *Journal du peuple* cesse de paraître et est remplacé plus tard par la *Réforme.*

M. Ledru-Rollin se présente devant les électeurs de la Sarthe pour succéder à Garnier-Pagès, il prononce avant l'élection un discours devant une assemblée d'électeurs ; ce discours, publié dans le *Courrier de la Sarthe*, est incriminé. Son auteur et le gérant du journal sont condamnés.

rédaction fut l'œuvre de **MM**. Lesourd, Malitourne, Amédée Pichot, Charles Nodier et d'autres écrivains plus obscurs.

En 1841, le *Siècle*, pour offenses envers la Chambre des Pairs, le *Charivari* pour outrages envers le procureur général Hébert, le *National* et la *Gazette de France*, pour avoir répété son article, la *Mode*, pour délit d'adhésion à une autre forme de gouvernement, la *Gazette d'Auvergne*, pour le récit des troubles de Clermont, à cause du recensement et du procès intenté à leurs auteurs, et pour avoir accusé le préfet et le procureur général, d'avoir retardé l'affaire pour obtenir du jury une condamnation assurée, sont condamnés. Dans quelques affaires de presse, on avait frappé les imprimeurs, c'était l'inauguration d'un régime nouveau de sévérité (1842).

Jusques en 1848, les poursuites et les condamnations sont insignifiantes et rares, quoique la presse cependant fût soumise au régime des lois de septembre. Les procès ont été moins fréquents, soit parce que la presse se montrait plus modérée dans son langage, soit parce que le Gouvernement montrait plus de mansuétude et de tolérance; il est à remarquer que les acquittements ont été sous le règne de 1830, beaucoup plus nombreux; les condamnations ont surtout frappé la presse légitimiste, dont le langage était une perpétuelle et directe accusation contre la personne du roi Louis-Philippe; elle fut plus sévèrement punie que la presse démocratique.

1848-1851

Une monarchie de dix-huit années s'écroule ; la république
est proclamée. Dès les premiers jours, la presse, devenue
libre, tombe dans les exagérations les plus extravagantes, et
jette au sein du pays de sérieuses inquiétudes ; un déluge de
journaux fait irruption dans la capitale ; le plus grand
nombre meurt à état embryonnaire et éphémère, les uns
qui plusieurs mois, qui un mois, qui une semaine, qui cinq
jours, deux jours, un jour ; beaucoup sont saisis sans jugement, plusieurs sont jugés et condamnés ; leur langage rappelait le cynisme révoltant d'une autre époque ; plagiaires
malheureux, ils empruntent à la première république des
noms et des titres chargés de douloureux souvenirs. Il y eut
des *Père Duchesne* en grand nombre, il y eut la *Guillotine* ; puis la *République*, la *République française*, l'*Ami du
peuple*, le *Peuple constituant*, la *Cause du peuple*, le *Représentant du peuple*, la *Voix du peuple*, la *Tribune des peuples*, le *Peuple*, etc., etc. La maison d'imprimerie Boulé,

publie trois cents de ces journaux, leur esprit de provocation violente amène la destruction des presses.

Si cette licence de la presse effraya les républicains de la veille, elle effraya surtout ceux du lendemain, elle motiva des mesures énergiquement répressives. Le Gouvernement provisoire annule toutes les condamnations pour faits de presse rendues sous le dernier gouvernement; il renvoie au budget la question de la taxe du timbre sur les journaux. L'affiche et la distribution d'écrits sans noms d'imprimeurs, sont punissables de peines sévères (29 février). L'impôt sur le timbre des journaux et écrits périodiques sera suspendu dix jours avant la convocation des assemblées électorales. « La pleine liberté de discussion est un élément indispensable de toute élection sincère (2 mars). » L'impôt du timbre sur les écrits périodiques est supprimé. « On ne peut considérer comme un simple revenu fiscal une taxe essentiellement politique (4 mars). » Les lois de septembre 1835 sont abrogées; le jury ne pourra condamner qu'à une majorité au delà de huit voix, la discussion dans le sein de la délibération du jury est rétablie (6 mars). Les délits commis par la voie de la presse ou par tout autre moyen de publication contre les fonctionnaires ou contre tout citoyen revêtu d'un caractère public sont soumis au jury qui doit connaître du délit et du dommage; les tribunaux civils sont incompétents pour connaître des questions de dommages et intérêts; l'action civile ne pourra être poursuivie séparément de l'action publique; cette distinction entre les deux juridictions est une entrave à la liberté de la presse, une cause de ruine pour les journaux et les citoyens courageux (22 mars). C'était l'abrogation de la jurisprudence dite Bourdeau.

Les sanguinaires journées de juin font donner la dictature au général Cavaignac, un décret du chef du pouvoir exécutif supprime ou suspend plusieurs journaux excitant à la guerre

civile (1). « Dans les moments de crise touchant à l'ordre
social on peut, on doit tout oser. » Le journal la *Presse* est
frappé, son rédacteur en chef de Girardin est arrêté préventivement et mis au secret, ce fut un gros événement (2); la
tribune, les journaux font entendre de sévères observations;
le barreau rédige des consultations, la presse disait-on n'a
pas été aussi rudement châtiée depuis trente ans. L'Assemblée décerne un bill d'indemnité au général Cavaignac, *il a
bien mérité de la patrie.* — La suspension pesant sur les
journaux est levée dans les premiers jours d'août. — Le 21
août, quatre journaux sont de nouveau suspendus (3), et
quelques jours après la *Gazette de France.*

Un avis du procureur général de la Cour de Paris, invite
les journaux à régulariser dans un certain délai la formalité
du cautionnement, cette invitation donne lieu à une vive
discussion dans l'Assemblée; le chef du pouvoir exécutif
déclare que le rétablissement du cautionnement ne préjuge
pas la question d'une loi sur la presse, qu'il n'est pas convenable de présenter dans ce moment d'émotion du pays, et
quand il est sous le coup d'une mesure sévère d'exception
(l'état de siége); elle sera présentée et discutée; les lois antérieures, sauf celles de septembre, sont en vigueur. Le bon
ordre, la tranquillité publique veulent qu'on prenne des ap-
puis contre les écarts de la presse. Le cautionnement est
rétabli transitoirement, son chiffre est abaissé; le débat

(1) La *Liberté*, la *Révolution*, la *vraie République*, l'*Organisation du travail*, l'*Assemblée nationale*, le *Napoléon républicain*,
le *Journal de la Canaille*, le *Lampion*, le *Père Duchène*, le *Pilori*
(27 juin 1848).

(2) M. de Girardin, arrêté le 21 juin et sorti le 5 juillet, a publié
le *Journal d'un journaliste au secret.*

(3) Le *Représentant du peuple*, le *Père Duchène*, le *Lampion*, la
vraie République.

s'engage sur le système préventif ou répressif, le cautionnement est vivement attaqué comme mesure préventive; on disait : « La presse doit-être illimitée comme en Amérique, si elle fait la blessure, elle fournit le remède, elle se sert à elle-même de contre-poids, ses exagérations sont la soupape de sûreté qui empêche les explosions; le cautionnement, c'est empêcher l'homme de lettres pauvre de pouvoir fonder un journal ou le forcer de recourir à l'homme riche dont il aurait à subir la censure et le contrôle. »

Un décret sur la *répression des crimes et délits commis par la voie de la presse*, se réfère à la loi du 17 mai 1819, avec une légère modération dans les pénalités.

La nouvelle constitution (4 novembre 1848), porte : « Les citoyens ont le droit..... de manifester leurs pensées par la voie de la presse ou autrement..... La presse ne veut en aucun cas être soumise à la censure..... La connaissance de tous les délits politiques et des délits commis par la voie de la presse appartient exclusivement au jury. — Les lois organiques détermineront la compétence en matière de délits d'injures et de diffammation contre les particuliers. — Le jury statue seul sur les dommages et intérêts réclamés pour faits ou délits de presse. — Il sera procédé par l'Assemblée nationale constituante à la rédaction des lois organiques, ces lois sont..... La loi sur la presse. »

Beaucoup de journaux avaient cessé de paraître par l'obligation d'un cautionnement. Au mois d'avril 1849, une loi proroge cette condition de cautionnement jusqu'au mois d'août; quarante-cinq jours avant les élections générales, tout citoyen pourra sans autorisation municipale : « distribuer et vendre tous journaux, feuilles quotidiennes ou périodiques. » A la suite de l'insurrection du Conservatoire des arts et métiers, le président de la République suspend six journaux, la *Réforme*, le *Peuple*, la *Démocratie Pacifique*, la *Révolution Démocratique et Sociale*, la *Vraie République*, la *Tribune des Peuples*, leur bureaux sont occupés militairement, les presses sont brisées.

Une loi transitoire sur la presse, est discutée au mois de juillet 1849, il est urgent, dit le ministre Odillon-Barrot de modifier quelques points, de combler quelques lacunes, d'étendre les règles à des cas nouveaux et de faire face à quelques nécessités du moment, il lui est répondu : « Jamais les lois sur la presse n'ont sauvé les gouvernements. » — « Cela peut être, mais au moins les font-elles vivre quelque temps. » Cette loi a beaucoup emprunté à la législation de 1819, 1822, 1828 et à celle de septembre 1835. Le cautionnement est maintenu ; le dépôt préalable d'écrits politiques ou d'économie sociale de moins de vingt feuilles, doit se faire au parquet du procureur de la République, vingt-quatre heures avant toute publication ou distribution, c'est la censure s'écrie-t-on ; aux délits d'injures et de diffamation définis légalement, on ajoute l'offense envers le Président de la République, sans autrement en préciser les caractères, son appréciation devenait une affaire de sentiment ; la distribution et le colportage doivent être autorisés préalablement, la suspension d'un journal peut-être prononcée en cas de récidive ou de double condamnation dans le courant d'une année ; un représentant de l'Assemblée ne peut-être gérant responsable d'un journal ; une citation directe peut-être donnée à trois jours, les oppositions aux défauts où les pourvois en cassation doivent-être jugés dans un très-court délai, des assises extraordinaires peuvent être ordonnées (Loi du 27 juillet 1849).

Par la loi sur l'état de siège, la juridiction des tribunaux militaires est saisie de la connaissance des crimes et délits commis par la voie de la presse ; l'autorité militaire avait le droit d'interdire les *publications*. Les droits garantis par la

Constitution sont suspendus, la presse cesse d'être libre, comme l'inviolabilité du domicile cesse d'être sacrée ; le Gouvernement n'avait pas tant demandé, il avait laissé au jury la connaissance des délits commis par la voie de la presse à moins de complicité avec les auteurs des crimes ou délits déférés à la juridiction militaire.

Dans les régions gouvernementales, il y avait un certain mouvement dont les journaux jouissant de sa protection particulière et les journaux subventionnés d'une façon détournée, précisaient le caractère. Le ministère de l'intérieur invite les conseils généraux a demander à l'assemblée législative la prolongation des pouvoirs du Président de la République et la révision de la Constitution ; de graves dissentiments se remarquent entre le président de la République et l'Assemblée, l'union avait cessé d'être ; à la tribune, lors de la discussion d'une nouvelle loi sur la presse, une parole vive et éloquente avait exposé : que l'Assemblée travaillait « au profit d'un parti qui ne veut pas de ceux qui pensent, de ceux qui parlent, de ceux qui écrivent, ce parti qui a excité la guerre entre la tribune, garantie de la liberté, et la presse, sans laquelle cette tribune ne peut ni parler au pays, ni se défendre ; c'est lui qui ne voulant ni de la tribune ni de la presse les a mises aux prises afin d'avoir meilleur marché de toutes les deux ; ce parti, c'est lui qui, au jour de la révision de la Constitution, viendra vous proposer savez-vous quoi ? L'Empire, moins le génie, la grandeur et la gloire, c'est-à-dire le despotisme tout nu dans ce qu'il a de plus révoltant... Prenez garde de travailler pour ce parti. Au jour de la révision de la constitution, ce parti aura en main le pouvoir, il sera armé de toutes les lois que vous lui donnez si précipitamment, avec tant d'imprudence. Plaise à Dieu que vous n'ayez pas à vous reprocher un jour amèrement de lui avoir mis aux mains de pareilles armes ! Je n'ai plus qu'un mot à vous dire, à vous qui voulez le maintien du gouvernement parlementaire depuis ce jour ou vous avez satisfait, par vos mesures répressives, à tout ce qu'exigeaient l'ordre et la sécurité : Tout ee que vous avez fait, tout ce que vous ferez contre la liberté, tournera contre vous (Le général de Lamoricière). »

Tous les journaux moins un, le *Napoléon*, se prononcent énergiquement contre cette loi décrétant l'élévation du cautionnement, le rétablissement du timbre; il devait frapper les écrits non périodiques traitant de matières politiques ou d'économie sociale, les livres, les brochures, la commission en exemptait seulement les livres d'église et de prières, les alphabets, les grammaires, les calendriers etc. etc. Les délégués de la librairie, de l'imprimerie, de la papeterie font entendre des réclamations, ils font observer que des livres ayant 820 pages ne pouvaient échapper à la taxe, qu'il serait impossible de lutter contre la contrefaçon étrangère, qu'elle atteignait les bons livres et jusqu'aux chefs-d'œuvre de la littérature.

Un principe nouveau, que ni le gouvernement, ni la commission n'avaient proposé, est l'objet d'un amendement de deux représentants, (MM. de Tinguy et Laboulie) la commission l'avait combattu et le ministre Rouher avait voté contre : « Tout article de discussion politique, philosophique ou religieuse inséré dans un journal devra être signé par son auteur sous peine... Toute fausse signature sera punie d'une amende et d'un emprisonnement (six mois), tant contre l'auteur de la fausse signature que contre l'auteur de l'article et l'éditeur responsable du journal. » « Cette disposition est applicable à tous les articles, quelle que soit leur étendue, publiés dans les feuilles politiques ou non politiques, dans lesquels seront discutés des actes ou opinions des citoyens et des intérêts individuels ou collectifs. »

L'amendement adopté, l'assemblée s'aperçoit de la portée
et de la gravité d'une mesure qu'elle n'avait pas suffisamment comprise; cette innovation était grave, jusqu'alors la
responsabilité du gérant avait suffi. Les auteurs dé l'amendement avaient dit : « L'on doit monter à la tribune de la
presse, comme on monte à la tribune de l'assemblée nationale, la tête haute et la poitrine découverte il y a dans les
bas fonds de la littérature des *bravi* littéraires, comme au
moyen âge à Venise on vendait son épée ; ces *bravi*, il faut
arracher leur masque. La presse ne doit plus ressembler à
ces tribunaux secrets d'autrefois qui jugeaient, qui con-
damnaient à visage couvert. La presse est un tribunal, soit,
mais je veux connaître mon juge. » La question paraît à
la commission comme n'étant pas entièrement vidée, un de
ses membres propose un article additionnel, il est rejeté.

Si cette disposition « a été favorable à quelques journalistes, elle a été fatale au journalisme, elle a rompu cette
association intellectuelle, forte, compacte, cette puissante
homogénéité, individualité de la presse, elle a détruit une
grande partie de sa force et de son importance, est-ce
qu'avant l'auteur ne se présentait pas la poitrine découverte aux poursuites, aux réclamations, aux rencontres. »
Le *Times*, considère l'absence de la signature comme la
condition indispensable de l'indépendance de la presse,
cette indépendance n'enlève rien à la responsabilité. Les
journaux sont responsables devant le public, devant la
justice.

Dans les trois jours de la condamnation, le gérant du
journal doit acquitter le montant des condamnations encou-
rues; faute par lui d'avoir produit sa quittance dans le délai
ci-dessus, le journal cesse de paraître; les peines pécuniaires
ne se confondront pas entre elles, elles seront toutes intégra-
lement payées (abrogation des lois des 9 août 1848 et

21 avril 1849); l'obligation et l'élévation du timbre sont étendues au *Roman-feuilleton*; l'envoi par la poste d'un journal ou écrit pour toute personne est soumis à un affranchissement forcé. Cette loi (16 juillet 1850) a eu une durée de deux années.

De 1850 à 1851, les événements marchent rapidement; Une proclamation du Président de la République porte : «... Appel au peuple, l'Assemblée qui devait être le plus ferme appui de l'ordre est devenue un foyer de complots... elle forge des armes pour la guerre civile; elle attente au pouvoir que je tiens directement du peuple, elle encourage toutes les mauvaises passions... Les provocations, les calomnies, les outrages m'ont trouvé impassible... Les hommes qui ont déjà perdu deux monarchies veulent me lier les mains, afin de renverser la République, mon devoir est de déjouer leur perfides projets, de maintenir la République... » « Au nom du peuple français, le Président de la République, décrète : L'Assemblée nationale est dissoute. — Le suffrage universel est rétabli. La loi du 31 mai est abrogée. — Le peuple français est convoqué dans ses comices... — L'état de siége est décrété dans l'étendue de la première division militaire.— Le conseil d'Etat est dissous (2 décembre 1851). » — Le peuple français est solennellement convoqué dans ses comices pour accepter ou refuser le plébiciste suivant : « Le peuple français veut le maintien de l'autorité de Louis-Napoléon Bonaparte et lui délègue les pouvoirs nécessaires pour établir une constitution sur les bases proposées dans sa proclamation du..... (2 décembre 1851). »

Dès sept heures du matin de ce jour, soixante-huit mandats d'arrestation avaient reçu leur exécution (1).

(1) Les personnes arrêtées étaient les chefs des partis monarchiques, les démocrates les plus importants, les généraux hostiles et les chefs de sociétés secrètes.

Les imprimeries et lithographies suspectes sont gardées militairement, un bureau de censure fonctionne au ministère de l'intérieur, les douze journaux dont les noms suivent ont leurs presses mises sous le scellé : Le *National*, le *Siècle*, l'*Avénement* (ancien événement), le *Peuple*, la *République*, la *Révolution*, le *Charivari*, l'*Assemblée nationale*, l'*Union*, l'*Opinion publique*, le *Messager*, le *Corsaire*. Plusieurs de ces journaux cessent de paraître, le *National* entre autres; leurs rédacteurs et un grand nombre d'écrivains et de journalistes sont exilés; quelque temps après, on lit dans le journal la *Presse* : « On ne fait pas des coups d'Etat contre les idées, et nous déclarons que les nôtres défient les brumaire et les fructidor (23 février 1852).

En janvier 1852, soixante-six représentants sont *expulsés* du territoire français, de l'Algérie et des colonies; dix-huit sont momentanément éloignés du territoire de France et d'Algérie.

Le suffrage universel rétabli par le décret du 2 décembre répond à la proclamation du Président de la République. « Vous pouvez faire une constitution. » Le préambule de cette constitution porte : « J'ai cru logique de préférer les préceptes du génie aux doctrines spécieuses d'hommes à idées abstraites (1). Notre société actuelle n'est pas autre chose que la France régénérée par la Révolution de 1789 et organisée par l'Empereur. — La charpente de notre édifice social est l'œuvre de l'Empereur et elle a résisté à sa chute et à trois révolutions. — Le compte rendu des séances du corps légis-

(1) Les tendances du nouveau gouvernement n'étaient pas favorables à l'esprit de théorie et de système. Louis-Napoléon avait plus d'une fois comme le premier Empereur, témoigné son mépris aux idéologues; sa politique, comme il le dit, est la continuation de la politique du Consulat et de l'Empire avec aggravation de réaction contre les doctrines systématiques de la philosophie moderne.

latif qui doit instruire la nation n'est plus livré, comme autrefois, à l'esprit de parti de chaque journal : une publication officielle, rédigée par les soins du président de la Chambre en est seule permise (1).

Dans le texte de la *Constitution*, on lit : « La *Constitution* reconnaît, confirme et garantit les grands principes proclamés en 1789 et qui sont la base du droit public des Français (art. 1er). Le gouvernement de la République française est confiée pour dix ans au prince Louis-Napoléon Bonaparte, président actuel de la République (Art. 2), » il est créé un ministère sous le nom de ministère de la police générale. — Il aura les attributions suivantes... la surveillance des journaux, des pièces de théâtre et des publication de toute nature.

Il n'était rien dit dans la Constitution de la presse, ni des journaux, *elle reconnaît, confirme et garantit les grands principes proclamés en* 1789, ces principes résultant des cahiers des communes sanctionnés par la déclaration royale du 23 juin 1789 furent résumés en ces termes dans la Consti-

(1) Paroles de Napoléon Ier : « Le Gouvernement n'est plus comme jadis une émanation du Corps législatif, il n'a plus avec lui que des rapports éloignés. Le Corps législatif est le gardien du domaine public, sa mission est de consentir l'impôt, s'il s'opposait à des lois d'intérêt purement local, je le laisserais faire ; mais, si une opposition se formait dans son sein qui fut capable d'arrêter la marche du Gouvernement, j'aurais recours au Sénat pour le proroger, pour le changer ou le casser, et j'en appellerais au besoin à la nation qui est derrière tont cela (7 février 1804).

« Je veux qu'on me fasse un Corps législatif qui n'exige rien de moi ; il ne faut pas toutefois le rendre plus faible qu'il n'est maintenant, car il ne pourrait me servir. On ne saurait, pour le bien d'une nation, rendre le Corps législatif trop maniable ; parce que, s'il était assez fort pour vouloir dominer, il serait détruit par le gouvernement ou le détruirait (20 mars 1806). »

tution de 1791 : « La liberté de la presse sauf les lois qui doivent en réprimer l'abus. » La presse et la tribune, ce double élément politique, tant qu'il a eu l'indépendance et la liberté, a été une des grandes gloires intellectuelles de la France, il a été vaincu en 1851.

La parole est au *décret organique sur la presse* du 17 février 1852 (1).

Tout journal ou écrit périodique traitant de matières politiques ou économiques doit obtenir une autorisation préalable du Gouvernement. — Les journaux politiques ou économiques publiés à l'étranger ne peuvent circuler en France qu'en vertu d'une autorisation du Gouvernement. — Le cautionnement des journaux est double du chiffre actuel. — Le droit de poste est rétabli, le droit de timbre est augmenté. — Les brochures politiques ou économiques de moins de dix feuilles d'impression sont soumises à un droit de timbre. — La contravention à l'article 42 de la Constitution sur la publication des comptes rendus officiels des séances du Corps

____

(1) Ce décret, encore aujourd'hui en vigueur, a été à son origine l'objet de nombreuses critiques et observations, depuis il a donné lieu à un grand nombre d'écrits et de brochures, son analyse est indispensable dans un livre dont la base est la défense de la liberté de la presse et l'historique de ses infortunes.

compte des procès pour délits de presse, les tribunaux peuvent interdire le compte rendu des procès dans toutes les affaires civiles, correctionnelles ou criminelles. — En Algérie, la surveillance, les autorisations, les poursuites, les révocations, suspensions, sont remises au gouverneur général, aux préfets, aux commandants militaires en territoire militaire (décret du 28 mars 1852). — La publication de feuilles nouvelles, de pièces fabriquées, falsifiées ou mensongèrement attribuées à des tiers est punie d'amende, si elle est faite de mauvaise foi ou de nature à troubler la paix publique, d'emprisonnement. — Les annonces judiciaires seront insérées dans le journal ou les journaux désignés chaque année par le préfet. — Les délits commis par la voie de la presse et les contraventions prévues par les lois seront jugés par les tribunaux correctionnels. — En aucun cas, la preuve par témoins ne sera admise pour établir la vérité des faits injurieux ou diffamatoires. — Les dessins, gravures, médailles, lithographies, estampes, emblèmes sont soumis à une autorisation préalable.

Les innovations les plus graves de ce décret sont celles résultant du droit de suspension et de suppression. Une condamnation pour crime commis par la voie de la presse, deux condamnations pour délits ou contraventions commis dans l'espace de deux années entraineront de plein droit la suppression du journal. — Après une seule condamnation prononcée pour contravention ou délit de la presse, le Gouvernement pourra, pendant les deux mois qui suivront cette condamnation, prononcer soit la suspension temporaire, soit la suppression du journal. — Un journal pourra être suspendu par simple décision ministérielle, alors même qu'il n'aurait été l'objet d'aucune condamnation, mais après deux avertissements motivés et pendant un temps qui ne pourra excéder deux mois. — Un journal qui aura encouru une sus-

législatif est punie d'amende. — Interdiction de rendre pension judiciaire ou administrative pourra toujours être supprimé et sans avoir encouru aucune suspension ; il pourra également être supprimé, par mesure de sûreté générale; dans ces deux cas, la suppression, ne pourra être prononcée que par un décret spécial du président de la République.

Les imprimeurs en taille douce sont soumis à un brevet. — La possession et l'usage des presses employées par des personnes pour les besoins de leur profession ou pour des usages privés doivent obtenir une autorisation préalable. — Le Ministre de la police délivrera les brevets d'imprimeurs et de libraires (décret du 22 mars 1852).

Un décret du 26 février 1852 remet aux tribunaux correctionnels le jugement de tous les délits dont la connaissance était antérieurement attribuée aux cours d'assises, les délits de parole, les délits politiques, les délits commis par les afficheurs et crieurs publics, les délits d'attroupement, les délits de clubs et sociétés secrètes, les délits en matière électorale. — La publication de tout article traitant de matières politiques ou d'économie sociale émanant d'un individu condamné a une peine afflictive infamante, ou infamante seulement, est interdite, et le journal qui s'en serait rendu coupable encourrait une amende (1).

Il ne s'agit pas de contester la légalité du décret organique de février 1852, il a force de loi de par la volonté du président de la République. « Les décrets rendus par le président de la République depuis le 2 décembre jusqu'à cette époque

---

(1) Cela ne s'applique pas évidemment aux forçats ou habitants des bagnes, ces messieurs ne sont pas généralement des littérateurs ou des écrivains politiques, mais à certains condamnés politiques dont on pourrait citer les noms,

auront force de loi."(1) » Ainsi c'est bel et bien une loi, *dura lex sed lex,* comme aurait dit M. Dupin en un autre temps.

« Est-il en harmonie avec la Constitution de 1852? Nous ne pensons pas qu'il tombe sérieusement dans l'esprit de personne de le soutenir : pour que cette harmonie existât, il faudrait qu'elle ne fût pas en opposition avec ces *grands principes de* 1789 *qui sont la base du droit public des Français.* La liberté de la presse est l'un des plus éminents de ces principes : a-t-elle été respectée par le décret de 1852?... A un second point de vue, le décret de 1852 nous parait devoir être critiqué ou plutôt dénoncé pour nous servir de l'expression même de la Constitution de 1852... Un journal peut être supprimé après certaines condamnations prononcées et même *administrativement* sans qu'il y ait eu de condamnation... La suppression d'un journal est en fait la suppression d'une propriété matérielle. Qu'est-ce que cela sinon une atteinte profonde portée à l'une des bases les plus fondamentales de la société, une sorte de confiscation. Eh bien ! est-il entré dans la pensée de la Constitution de faire revivre cette peine?... Si cette pensée était entrée dans la Constitution de 1852, sa mise à exécution aurait-elle pu jamais être confiée à l'autorité d'un simple acte administratif?... La Constitution de 1852 n'a donc pas autorisé une pareille entreprise. Encore ici, nous pouvons l'invoquer et abriter notre opinion sous *les principes de* 1789. Ces principes sont une vérité ou ils sont un sarcasme : il faut opter !... Un sarcasme! non, ils sont une vérité et nous les revendiquons comme tels... Une justice ainsi faite ne réprime pas, elle effraye. Elle manque ainsi de moralité et par conséquent de puissance. Nous n'avons pas à insister davantage pour dé-

(1) Art. 58 de la Constitution ; jusqu'au jour ou les grands corps de l'Etat auront été constitués (20 mars).

montrer que le décret du 17 février est en opposition manifeste avec la Constitution de 1852, et en ce qui touche la liberté de la presse et en ce qui touche l'inviolabilité de la propriété (1). »

Une *circulaire du garde des sceaux Abattuci du 27 mars 1852 aux procureurs généraux* contient des instructions sur l'exécution du décret. Il rappelle la défense et l'interdiction la plus expresse de publier sur les séances du Corps législatif *des articles d'appréciation* qui seraient sous une forme indirecte des *comptes rendus critiques*.

« La discussion loyale des actes du pouvoir, l'examen consciencieux des matières soumises à l'élaboration publique du Corps législatif seront toujours acceptées par le Gouvernement qui doit vouloir et qui veut en effet être éclairé. Mais ni les passions politiques, ni la haine ou l'affection envers les personnes qui participent à l'action du pouvoir et à la confection des lois ne peuvent se produire sous un prétexte plus ou moins spécieux... » Puis, vient une énumération assez lourde et obscure de ce qu'il n'est pas permis de dire, d'énumérer et de penser sur les séances du Corps législatif, des discours de ses membres, de ceux des délégués du pouvoir... « En un mot, M. le procureur général, on ne peut faire indirectement ce que l'article 42 de la Constitution empêche de faire directement, on ne peut se mettre en contradiction avec le procès verbal officiel. Dans l'intérêt d'une prompte répression, vous préférerez généralement la citation directe à la voie de l'instruction... vous serez vigilant... vous vous rappellerez que la mission de la presse est de fonder, non de détruire, d'éclairer, non de corrompre, de discuter non de conspirer... »

(1) Consultation de MM. les bâtonniers du barreau de Paris, en réponse aux questions posées par M. le comte d'Haussonville et adhésions des barreaux des départements.

Le Ministre de la police interprète ce décret dans un sens moins sévère que le texte : « Liberté légitime à l'expression des opinions et aux manifestations de l'intelligence... L'opinion publique lui a su gré de n'avoir point reculé devant les difficultés de cette tâche et de s'être mis au-dessus des traditions et des préjugés du faux libéralisme.... L'administration trahirait les intérêts placés sous sa sauvegarde si elle usait d'une indulgence ou d'un laisser aller qui ne sont ni dans la pensée, ni dans le but de la loi..... La suppression d'une revue ou d'un journal par voie de décret est une mesure extrême qui ne devra être provoquée que bien rarement et lorsque les autres moyens d'action seront devenus impuissants. C'est surtout dans les circonstances où il y aurait péril imminent pour la sûreté publique et danger à différer une décision, que le chef de l'Etat, protecteur des intérêts sociaux, se verra dans l'obligation.d'user du droit considérable, mais nécessaire, que le décret organique lui réserve (mars 1852). »

Quelques journaux ont ainsi apprécié le décret : « Ce n'est pas calomnier le Gouvernement que de lui dire que sa loi n'a pas pour but de favoriser la prospérité et le développement du journalisme. — Le Gouvernement voit dans la presse un instrument de désordre et de subversion, il agit en conséquence et nous croyons lui être agréable en proclamant bien haut que jamais aucune législation ne s'est armée contre cette ennemie invétérée de précautions aussi redoutables, aussi nombreuses; la pensée est comme l'air et la vapeur, puissants et dangereux seulement quand ils sont comprimés, nous regrettons de nous voir enlevés à la conscience du jury et d'être soumis à la juridiction des tribunaux. Nous nous rappelons que sous la Restauration les tribunaux ont donné de glorieux témoignages d'indépendance et de justice... » La menace de la suppression est continuellement suspendue sur nous et un seul décret peut nous fermer la bouche et anéantir notre organe; des mesures aussi graves ne peuvent être prises par le Gouvernement que s'il a pour lui l'assentiment de l'opinion... » « C'est sur l'appui de l'opinion, la seule force indestructible, que nous compterons dans la carrière difficile où nous allons entrer... Dès que la publicité n'est pas entière, dès que le droit d'appréciation n'est pas entier, point de publicité plaquée au centième, point de droit d'appréciation qui serait un contre-sens et qui ne serait pas une garantie (La *Presse*)... » « Les dispositions les plus graves, les plus redoutables pour la presse, ce sont celles en vertu desquelles un journal peut être suspendu par arrêté ministériel ou supprimé par *mesure de sûreté générale*... Ces dispositions laissent à peine subsister les garanties nécessaires à toute entreprise fondée au moyen d'un capital quelconque ; nous aurions mieux aimé le maintien de la censure préventive à laquelle nous avons été soumis depuis le 2 décembre que la *liberté* qui nous est rendue et dont l'usage même le plus réservé et le plus consciencieux pourrait avoir des conséquences si fatales..... La liberté de la presse a pénétré dans nos mœurs et nos habitudes, il faut que tout gouvernement lui fasse une place. S'il la supprime, non d'une manière explicite, mais bien réellement en fait, le public cherchera ailleurs que dans les journaux l'aliment dont il a l'habitude de se repaitre quotidiennement (*Assemblée nationale*). »

M. Véron, dans le Constitutionnel, dit : « Tout gouvernement nouveau décrète sa loi sur la presse, c'est l'usage. La nouvelle loi sur la presse est énergiquement répressive (*il en fait l'éloge*). Le *Pays*, dans des phrases nuageuses, insaississables, écrit : « Descendons au fond de notre âme et là, dans le silence et la loyauté de notre conscience, demandons-nous si les sévérités dont la France est l'objet ont une raison d'être et trouvent leur explication dans quelque grand inté rêt social... » Si le journal le *Pays* est descendu dans sa conscience, il ne publie pas ce qu'il y a trouvé.

Les premières applications du décret de février, démontrèrent combien, en se référant dans beaucoup de circonstances à des dispositions de lois antérieures, il avait laissé à l'arbitraire, à l'interprétation et au zèle exagéré des agents inférieurs de l'administration ; il devint très-complexe, très-difficile et presque impossible de distinguer les dispositions abrogées de celles restées en vigueur ; quelques procès apprirent à quels embarras étaient exposés les journaux par l'obscurité de la législation nouvelle sur la presse et par l'ignorance où l'on était des appréciations du ministère public et des restrictions déjà si gênantes de l'administration.

Un étranger admis a établir son domicile en France et y jouissant des droits civils ne pourrait publier un journal, il n'est pas considéré comme Français ; sous l'empire des anciennes lois, un journal *suspendu* pouvait fonder un nouveau journal sous un titre à peu près identique (*événement* puis *avénement*), ou sous un titre nouveau, aujourd'hui il est obligé de solliciter une nouvelle autorisation. Cette situation ne permettant de parler que par ordre ou par permission, le silence doit remplacer le mouvement, le ressort qui font l'esprit public ; un ennemi qui parle vaut mieux qu'un ennemi qui est obligé de se taire ; « la liberté de la pensée et de la parole, la liberté de la presse sont un droit absolu c'est l'intérêt social qui est engagé en ce point (Mill.) ; » empêcher la discussion, c'est condamner à ne jamais sortir de la confusion ; partout où la presse est muette, la corruption arrive et la décadence à la suite.

La Constitution faite et promulguée, le suffrage universel entre en plein exercice dans les élections pour la formation du Corps législatif ; le Corps législatif réuni, le président de la République a dit : « La dictature que le peuple m'avait confiée cesse aujourd'hui... Pourquoi en 1814, a-t-on vu avec satisfaction, en dépit de nos revers, inaugurer le régime parlementaire? C'est que l'Empereur, ne craignons pas de l'avouer, avait été, à cause de la guerre, entrainé à un exercice trop absolu du pouvoir. Pourquoi au contraire en 1851, la France applaudissait-elle à la chute parlementaire? C'est que les Chambres avaient abusé de l'influence qui leur avait été donnée et que, voulant tout dominer, elles compromettaient l'équilibre général. Enfin, pourquoi la France ne s'est-elle pas émue des restrictions apportées à la liberté de la presse et à la liberté individuelle? C'est que l'une avait dégénéré en licence et que l'autre au lieu d'être l'exercice réglé du droit de chacun avait, par d'odieux excès, menacé le droit de tous... Le lendemain des révolutions, la première des garanties pour un peuple ne consiste pas dans l'usage immodéré de la tribune et de la presse, elle est dans le droit de choisir le gouvernement qui lui convient... En 1848, lorsque six millions de suffrages me nommèrent en dépit de la *Constituante*, je n'ignorais pas que le simple refus d'acquiescer à la Constitution pouvait me donner un trône. Mais une élévation qui devait nécessairement entrainer de graves désordres ne me séduisit pas. — Au 13 juin 1849, il m'était également facile de changer la forme du Gouvernement; je ne le voulus pas. — Enfin au 2 décembre, si des considérations personnelles l'eussent emporté sur les graves intérêts du pays, j'eusse d'abord demandé au peuple, qui ne l'eût pas refusé, un titre pompeux, je me suis contenté de celui que j'avais... Résolu aujourd'hui, comme avant, de faire tout pour la France, rien pour moi, je n'accepterais de modification à l'état présent des choses, que si j'y étais contraint par une nécessité évidente, d'où peut-elle naitre? Uniquement de la conduite des partis. S'ils se résignent, rien ne sera changé. Mais si, par leurs sourdes menées, ils cherchaient à saper les bases de mon gouvernement ; si enfin ils venaient sans cesse, par leurs attaques, mettre en question l'avenir du pays, alors, mais seulement alors, il pourrait être raisonnable de demander au peuple, au nom du repos de la France, un nouveau titre qui fixât irrévocablement sur ma tête le pouvoir dont il m'a revêtu ; mais ne nous préoccupons pas de difficultés qui n'ont sans doute rien de probable... Conservons la République, elle ne menace personne, elle peut rassurer tout le monde (29 mars 1852). »

Les événements sont comme les morts de la Légende, ils vont vite.

Le sénat vote un sénatus-consulte dont la teneur suit : « La dignité impériale est rétablie. — Louis-Napoléon Bonaparte est Empereur des Français sous le nom de Napoléon III. — La proposition suivante sera présentée à l'acceptation du peuple français : « Le peuple veut le rétablissement de la dignité impériale dans la personne de Louis-Napoléon Bonaparte, avec hérédité dans sa descendance directe, légitime ou adoptive et lui donne le droit de régler l'ordre de la succession au trône dans la famille Bonaparte (sénatus-consulte du 7 novembre 1852). »

Un décret du 2 décembre 1852 porte : « Le sénatus-consulte du 7 novembre 1852, ratifié par le plébiscite des 21 et 22 novembre est promulgué et devient loi de l'Etat. — Louis-Napoléon Bonaparte est Empereur des Français sous le nom de Napoléon III. »

2 décembre 1805, bataille d'Austerlitz, 2 décembre 1851, présidence de la République pour dix ans, 2 décembre 1852 rétablissement de l'Empire.....

Un arrêté spécial du président du Corps législatif règle le mode de communication du compte rendu aux journaux (décret, 31 mars 1853).

Le régime inauguré par le décret du 17 février 1852 continue de régir la presse; les procès de presse seront rares, le système administratif des avertissements, des suspensions ou suppressions (1) prévaudra sur l'autorité judiciaire. La presse ne sait plus jusqu'où elle peut aller, et où elle doit s'arrêter; au delà de la frontière, on parle, on écrit, on imprime; les feuilles étrangères arrivent ostensiblement ou clandestinement en France, elles sont recherchées avec empressement, souvent elles sont saisies à la poste (2).

Les avertissements sont nombreux dans les premiers mois de l'année 1852, ils sont plus fréquents dans les années suivantes. Un grand nombre de feuilles trouvant la lutte impossible abandonnent la partie. Un de ces accidents administratifs arrive à un journal très-dévoué au Gouvernement, la *Patrie*, il annonce d'une façon officielle l'adhésion du sultan aux propositions de Vienne, à la condition d'une évacuation immédiate des principautés danubiennes; cette nouvelle reçoit un démenti par un avertissement, le propriétaire du journal le met en vente. — L'interdiction du compte rendu des procès laisse beaucoup d'incertitude et de doute, où commence où s'arrête le compte rendu, la règle est obscure et indécise. Une circulaire du 28 avril 1853 du Ministre de l'intérieur, de Persigny, lève les doutes : il n'est permis que d'annoncer les poursuites et de relater le jugement; toute autre publication est interdite; il est défendu de nommer les avocats de la défense.

(1) A la fin du livre, un appendice offrira un tableau synoptique : 1° des condamnations prononcées contre les journaux; 2° des avertissements, etc., etc., depuis le décret de février.

(2) Le *Bulletin français* se publiait à Bruxelles, il fut poursuivi et acquitté. M. le comte d'Haussonville était au nombre des prévenus.

Dans un rapport à l'Empereur, le même Ministre ajoute :
« Cette loi, (la loi de février) sera considérée comme un des
plus grands services que Votre Majesté ait rendus au pays.
Sous l'empire de cette législation, toute opinion sérieuse ou
sincère peut se produire librement à la condition de revêtir
cette modération et cette mesure qui ne sont pour la vérité
elle-même qu'une force de plus. — Il ne sera plus donné à
la presse de reconstituer en face du pouvoir un gouvernement irresponsable et occulte, qui avait ses mots d'ordre
trop fidèlement obéis, qui rendait possibles et enfantait à
force de les prédire les périls qu'il voulait faire naître et qui,
en éveillant les inquiétudes, en irritant la curiosité par d'ar-
tificieuses alarmes, et, jusque par d'hypocrites conseils, savait faire de citoyens paisibles les dociles et involontaires
instruments d'une pensée qu'ils ne connaissaient pas... Aujourd'hui, la presse ne peut plus déserter son rôle véritable
pour se mettre au service des factions; elle ne peut plus
inoculer au pays l'esprit de désordre par la peur ou l'imposture; et ainsi se trouve conjuré un grand péril, sans pourtant qu'aucune atteinte soit portée à la liberté des intelligences... En aucun temps la presse n'avait eu un langage
aussi *sage*, aussi *modeste*, aussi conforme à la dignité des
écrivains. Jamais elle n'avait montré des sentiments plus patriotiques (1). »

Si la presse se taisait, la nouvelle imprimée, la nouvelle à
la main, les brochures, le pamphlet, la causerie de salon,
l'allusion suppléaient au silence du journal et échappaient
aux *avertissements*, il fallait bien un aliment à cette portion
de l'opinion publique qui éprouve le besoin des émotions
fortes et quotidiennes et court au-devant des franchises et

____

(1) Voir plus bas la circulaire de M. de Persigny sur la presse, lors
de sa rentrée au ministère de l'intérieur, le 24 septembre 1860.

des libertés de l'intelligence, on faisait entendre ces paroles à l'Académie : « Dans notre pays où il y a toujours eu de l'esprit, il y avait de plus alors de l'esprit public, tout ne s'y réduisait pas au bien-être ; gagner de l'argent et jouir n'y étaient pas l'unique affaire d'une société civilisée. On y avait des désirs plus élevés, on y recherchait de plus nobles satisfactions, on y honorait la pensée, on y aimait enfin la liberté, et on y tenait au droit (1). »

Dans la nuit du 7 février, plusieurs correspondants de feuilles politiques étrangères sont arrêtés, leurs papiers saisis, le journal le *Pays* et le *Moniteur* expliquent cette mesure . « Un certain nombre d'agences secrètes, de correspondances politiques s'étaient depuis longtemps formées à Paris sous l'inspiration des anciens partis et de ces centres de diffamation et d'anarchie partaient tous les jours par des voies détournées, ces odieux et infâmes libelles qui déshonorent une partie de la presse étrangère, et qui tendaient à appeler le mépris de l'Europe sur le Gouvernement que la France s'est librement donné ; le Gouvernement, qui était au courant de ces menées, ne pouvait pas tolérer plus longtemps ce système de dénigrement et d'injures (2). »

Quelques-unes des personnes arrêtées sont condamnées à la prison, à l'amende, elles s'étaient plaintes et avaient pris des conclusions contre la violation du secret des lettres ; le tribunal décida qu'il était licite par le préfet de police d'en

____

(1) M. Mignet, éloge de Jouffroy.
(2) Les personnes arrêtées étaient MM. Charles de Saint-Priest, René de Rovigo, de La Pierre, le comte de Miraland, de Coëtlogon, Tanski, Pelloquet et quarante autres Allemands ou Italiens La plupart sont relâchés, il ne reste sous la main de justice que MM. de Coëtlogon, de Rovigo, Tanski, Pagès-Duport, Viremaitre, de La Pierre, Gérard, Villemessant de Planhol, Flandin, Aubertin, Dechantelauze, Étienne, Hortmann, Chaveau, Chatard, Vergeniard, Lœwenfelot, Pelloquet.

agir ainsi, mais la cour de cassation pensa que le juge d'instruction seul avait ce droit de perquisition et qu'il n'appartenait pas au préfet de police (1).

De Bruxelles et de Londres, se répandaient en France et en Europe des pamphlets dans lesquels on représentait la France soumise au régime du sabre, le suffrage des électeurs comme violemment extorqué; les libertés publiques étaient audacieusement violées, la presse baillonnée, l'arbitraire avait remplacé la justice; et la nation, entrainée hors de ses voies avait perdu tout ressort et toute énergie. — Le *Moniteur* du 16 janvier 1853 alla droit aux injures : « Quelques feuilles anglaises, entre lesquelles se font remarquer le *Morning chronicle*, le *Times* et surtout le *Morning advertiser* semblent redoubler de haine et pousser au delà de toutes bornes l'impudence de la calomnie, la grossièreté des outrages. » Le *Moniteur* reproduit pour les flétrir les articles de ces journaux anglais : *Times* du 2 janvier : « Un sénat plus lâche que celui de Tibère a donné à l'Empereur

(1) Sur cette question il est bon de mettre en lumière un document d'une haute autorité morale, une circulaire du Ministre de l'intérieur Carnot, du 8 juin 1815 : « Je suis informé que dans plusieurs parties de l'Empire le secret des correspondances a été violé par des agents de l'administration. Qui peut avoir autorisé de pareilles mesures? Leurs auteurs diront-ils qu'ils ont voulu servir le Gouvernement et chercher sa pensée? Porter de pareils procédés dans l'administration, ce n'est point servir l'Empereur, c'est calomnier Sa Majesté, elle ne demande point, elle rejette les hommages d'un dévouement désavoué par les lois. Or, les lois ne se sont-elles pas accordées depuis 1789 à prononcer que le secret des lettres est inviolable? Tous nos malheurs aux diverses époques de la révolution sont venus de la violation des principes. Il est temps d'y rentrer. Vous voudrez bien faire poursuivre, d'après toute la rigueur des lois, cette infraction d'un des droits des plus sacrés de l'homme en société. La pensée d'un citoyen doit être libre comme sa personne elle-même. »

le plus exorbitant pouvoir et tué d'un seul coup toutes les
garanties qui restaient à la nation ; des favoris gorgés d'honneurs, des fonctionnaires sans conscience, des exactions
inouïes, des crimes, tel est le gouvernement... » *Morning
advertiser* du 7 janvier : « Sur la surface du globe il n'y a
rien qu'on puisse comparer au despotisme qui pèse sur la
France et à la dégradation où elle est plongée. Les libertés
de ce pays sont placées sous les talons de bottes de Napoléon dont le nom est synonyme d'oppression et de tyrannie... L'art d'écrire des ouvrages sera bientôt chez nos voisins complétement abandonné. C'est un crime d'exercer ses
talents littéraires, les intelligences sont mises aux fers. Personne n'ose ouvrir la bouche dans la rue, dans le monde,
dans la presse; encore quelque temps, et les Français seront
plongés dans une barbarie telle qu'on ne pourra leur trouver de parallèle dans l'histoire des nations... » « Mais pourquoi multiplier les citations, disait le journal officiel, celles-
là suffisent pour faire connaitre en quels termes certains
journaux parlent d'une nation amie et du souverain que ses
acclamations enthousiastes viennent de porter au trône... »

Il est souvent question du couronnement de l'édifice par
la liberté; les journaux, les brochures en manifestent l'espoir
et en revendiquent chaque jour la réalisation; il est probable que le public a oublié le texte officiel de cette pensée.
L'Empereur, en ouvrant la session législative de 1853, avait
dit : « A ceux qui regretteraient qu'une part plus large n'ait
pas été faite à la liberté, je répondrais : *La liberté n'a jamais
aidé à fonder d'édifice politique, elle le couronne quand le
temps l'a consolidé.* » Dans une autre circonstance, il disait
à un homme d'Etat d'Angleterre : « Pourquoi donnerais-je à
ce pays plus de liberté; il en a autant qu'il en souhaite et,
comme vous le voyez, beaucoup plus que ses mandataires
n'en veulent prendre. »

Les principes de la politique nouvelle se faisaient jour ou dans des actes officiels ou dans des écrits d'hommes dévoués au Gouvernement; une brochure de M. Troplong, publiée dans le *Moniteur, du Principe d'autorité depuis 1789,* fait l'éloge du gouvernement impérial du second Empire et la critique de la monarchie parlementaire. M. Troplong croit devoir répondre à la polémique qu'il a soulevée par de *Nouvelles considérations sur le principe d'autorité;* « Pourquoi, disait-il, n'y a-t-il eu au 10 décembre 1848 qu'un nom, qu'un droit qui soit sorti de l'urne? » « Vous oubliez, lui répondait-on, qu'alors comme aujourd'hui, les représentants de deux de ces causes étaient exilés de France par des lois formelles et que leur candidature n'aurait pu constitutionnellement ni être présentée, ni être soutenue, ni être acceptée. » On lui avait reproché de n'avoir pas dit un mot de la liberté; dans sa réponse, il énumère toutes les libertés dont jouit la France, il insiste sur les difficultés que présentait l'établissement d'une politique plus complète et, par une amère dérision, il ajoute : « N'est-ce pas un pays déjà libre que celui où l'on peut faire des livres sur tous les sujets de religion et de philosophie, de politique et de morale; sans compter avec une censure? N'est-ce pas un pays libre que celui *où les journaux ont le droit de parler quand ils devraient se taire et de se taire quand ils devraient parler.* »

Il est répondu : « Vous sauriez les cas où les journaux ont le droit de parler ou de se taire? Soyez donc assez bon pour nous les faire connaître, pour les marquer d'une manière nette et précise; car, disait un représentant de la *presse* (1), c'est justement l'ignorance où nous sommes à ce sujet, nous et nos confrères, qui nous jette les uns et les autres dans

____

(1) *Journal des Débats,* Armand Bertin.

une horrible perplexité. — Quelques jours avant, un journal
avait reçu un *avertissement* pour s'être permis quelques
timides réclamations sur les sévérités de la législation sur la
presse, il était donc dangereux de se tromper *sur le permis
et le défendu.* »

M. Armand Bertin tenait ce noble langage : « Quant à
nous, quelque rigoureuse que fut une législation, elle ne
nous épouvanterait pas ; ce qui nous épouvante, c'est d'écrire
dans les ténèbres, sans savoir à chaque mot, si, malgré notre
bonne volonté, nous ne dépassons pas ce qu'on a voulu
nous conserver de droits. Nous ne demandons pas la licence,
à Dieu ne plaise ! nous l'avons toujours combattue ; nous ne
demandons pas même une liberté qui ne serait peut-être pas
en harmonie avec les circonstances présentes et les besoins
actuels de la France. Que l'auteur (M. Troplong) nous dise
seulement, puisqu'il le sait, *quels sont les cas où nous avons
le droit de parler et ceux où nous devrions nous taire*, nous
nous estimerons trop heureux ! Avec les opinions qu'il professe, la cause qu'il a embrassée et l'appui du *Moniteur*, il
est naturel qu'il se croie parfaitement libre et qu'il ne se fasse
pas une idée des douloureux embarras ou se trouvent d'honnêtes gens, fidèles comme lui aux principes de l'ordre et qui
sans partager toutes ses idées ne sollicitent que le droit de
dire modérément ce qu'ils pensent. »

Le nouvel Empire, comme tous les pouvoirs naissants,
travaille à se faire des amis, il a la conscience des faiblesses
humaines et la connaissance des hommes ; il distribue largement des honneurs et donne des faveurs ; il trouve facilement dans le monde intellectuel des poètes, des historiens,
des Machiavel, moins le génie ; il annonce que la base du
gouvernement impérial est le développement de l'autorité.
Sa règle de conduite vis-a-vis de la presse est tracée dans le
décret de février 1852. cette loi, née pendant un interrègne

législatif et sortie du pouvoir dictatorial du deux décembre
1851 au 20 mars 1852, comme cela se lit dans la consultation des barreaux de France; cette loi, je lui obéis et, sans
être un fier Sicambre, je courbe la tête, mais je lui refuse
mon approbation. Depuis plus de soixante ans on a fait et
défait tant de lois, je ne dirai pas *pour, sur,* mais *contre la
presse,* qu'on peut croire que celle-ci n'est ni le dernier
mot, ni la dernière expression de son régime; espérons,
dites-vous, je dis : désirons vivement, ce que les journaux
et les écrivains appellent le *couronnement de l'édifice,* la
liberté.

Il nous reste à suivre et à retracer la marche du décret de février dans ses applications contre la presse. Une grande difficulté d'exposé se présente tout d'abord : reproduire sèchement les avertissements dans leur libellé, c'est ne rien apprendre au public et ne pas lui donner la possibilité d'appréciation, de blâme ou d'approbation ; ils se bornent généralement à citer l'intitulé de l'article averti ou sa date, ou bien ils disent : « Commençant par ces mots..... et finissant par ceux-ci..... » Les jugements des tribunaux eux-mêmes ont, dans leurs motifs, adopté cette formule aussi laconique qu'obscure, de sorte que l'opinion publique est hors d'état de prononcer sur le plus ou moins bien jugé. Si l'administration et la justice ont eu l'intention de rendre insaisissables les motifs de leurs décisions, elles ont, dans quelques circonstances, complétement atteint leur but ; j'essaierai d'être plus clair et plus intelligible en tâchant de saisir l'esprit et les principes de ce que j'appelle la jurisprudence des avertissements (1).

(1) Voir à l'appendice la table des avertissements.

Dès le 22 février 1852, le *Journal de la Meuse* est suspendu par un arrêté préfectoral. L'*Indépendant de l'Ouest* est averti que son premier article a pour but de porter l'esprit des lecteurs à regretter un gouvernement qui n'est plus et d'exciter à la désaffection de celui que la France s'est donné et que le dernier paragraphe de cet article, en disant que la liberté reprendra son empire à la condition de s'appuyer sur le droit et la justice, exprime la pensée que le droit et la justice n'existent pas aujourd'hui (28 mars). Le préfet du Nord écrit au *Réformiste* que le devoir de l'administration est de protéger la presse contre ses propres excès, il ne la laissera pas s'engager dans une voie de nature à égarer l'opinion publique, que plusieurs de ses numéros contiennent une critique acerbe et violente contre le décret du 29 mars 1852 sur les sucres, en attribuant au prince, président de la République, des idées hostiles aux intérêts de l'agriculture et de l'industrie sucrière (10 avril).

« Il n'est pas permis sans outrager à la fois la morale publique et le caractère de la nation de proclamer comme un fait inévitable un attentat sur la personne du chef de l'Etat, quels que soient d'ailleurs les prétextes ou les circonstances hypothétiques sur lesquels on appuie une argumentation aussi coupable, la modération et la prudence sont les premières lois de la presse périodique. » La *Presse* avait dit : « Il serait (l'Empire) la provocation directe à un attentat qui vraisemblablement ne se ferait pas attendre; car, si dans le parti républicain il ne se trouvait pas d'Alibaud, il se trouverait un Merino dans le parti royaliste. » M. Emile de Girardin reçoit un *avertissement* et un second (9 avril et 31 août), pour avoir dit : « On ne ferme pas non plus la Révolution par la force ou bien par l'Empire. » « Tenir ce langage c'est publier un libelle diffamatoire au lieu de s'é-

lever à la hauteur de la mission du publiciste et de l'historien (17 avril. — *Spectateur de Dijon*). »

L'*Ami de l'Ordre* (de la Somme), dans un article sur
l'histoire du suffrage universel, exprime : « C'est une grande
chose que le pouvoir, il faut une raison pour le prendre et
un titre pour le garder. Quel sera ce titre ? Nous l'avons
déjà dit : quand on n'a pas la *qualité*, la tradition, on a
recours à la *quantité*... » Ces distinctions entre la *qualité*
et la *quantité* sont, suivant le préfet de la Somme, une injure contre le pays qui a plus d'une fois donné par la *quantité*, c'est-à-dire par le suffrage universel, la *qualité* (20
avril). La *Gazette du Midi* a appris qu'en exprimant en
lettres italiques avec affectation les mots *peuple* et *légitime*
elle manifeste l'intention évidente de tourner en dérision
l'application de ces deux mots (Marseille, 11 mai). La reproduction incomplète du procès-verbal de la séance du
Corps législatif, l'appréciation de la loi de réhabilitation ont
valu au *Public* et au *Pays* un avertissement comme infraction à l'article 42 de la constitution (6 et 11 mai). Le
Conciliateur de l'Indre « en qualifiant la législation actuelle sur la presse, d'atteinte formelle aux principes les
plus élémentaires du droit public et de la liberté, » s'est
écarté de la modération et de la prudence, qui sont les
premières conditions de la presse périodique (21 mai). » Ce
même journal, « sans tenir compte d'un premier avertissement, continuant contre le Gouvernement une polémique
d'injures et de violence, » reçoit un second avertissement
(5 juin).

Le *Progrès du Pas-de-Calais* avait reçu un premier avertissement, « au lieu de se borner à insérer l'avertissement
il l'accompagne de réflexions contraires au vœu de la loi et
persiste à soutenir que les articles avertis sont pleins de
convenance et de la plus scrupuleuse vérité quant aux

faits... Ces nouvelles réflexions témoignent son obstination dans le mépris de l'autorité et contiennent une menace d'appel devant une puissance désignée sous le titre vague d'*autorité supérieure*... Elles méritent un *second* avertissement (il avait publié comme le *Courrier du Pas-de-Calais*, une lettre du comte de Chambord aux légitimistes, saisie à son entrée en France, cette publication motiva un avertissement) (14 et 19 mai). L'*Aube* : « D'après la Constitution, il faut que le budget soit voté le 29 du mois prochain, sinon on se passera du consentement du Corps législatif... Quant à ce dernier projet (loi sur l'enseignement), M. de Montalembert est d'avis qu'il faut le renvoyer à l'année prochaine et, que d'ici au 29 juin, il est impossible de le discuter utilement. Quelqu'un de plus puissant est d'un avis contraire... En tout cas, il n'y point péril en la demeure comme disent les praticiens... » Le préfet de l'Aube trouve là des allusions et des insinuations perfides, qu'il n'est pas permis à l'autorité de tolérer (30 mai). D'après le préfet de l'Oise, « Le chef de l'Etat doit rester en dehors de tous débats et il n'est pas permis d'invoquer comme éléments de discussion ses opinions vraies ou supposées. » L'*Ami de l'Ordre* : « Il ne faudrait pas que le pouvoir en vînt à ce point de folie mentale de se persuader, qu'avec des avertissements, des suppressions et des condamnations, il aura raison de cette puissance (la presse), établie à côté de lui pour le contrôler... L'histoire est là pour dire que le nom de Bonaparte n'est pas un talisman qui préserve des chutes. » « Il y a dans ces paroles un défi au pouvoir et la proclamation de l'impuissance des lois (21 juin). » Le docteur Véron attire au *Constitutionnel* un double avertissement pour avoir dit : « Nous croyons fermement encore, même après l'article du *Moniteur*, que M. Granier de Cassagnac était complétement autorisé... » et pour avoir persisté dans l'affirmation du fait qui avait motivé le premier avertissement (7, 8 et 21 juin).

Le *Corsaire* ayant subi une condamnation pour délit d'excitation au mépris du Gouvernement, est suspendu pendant
deux mois par un arrêté du Ministre de la police (3 juillet).

A Alby, le *Conciliateur du Tarn* imprime : « Du reste, le
Gouvernement exprimera ses désirs à M. le Préfet, M. le
Préfet les transmettra au suffrage universel et le suffrage
universel se fera un devoir et un plaisir de les satisfaire. Les
électeurs ne sont pas plus difficiles que cela (16 juillet). »
L'*Union Bretonne* et l'*Espérance du Peuple* sont en déli-
catesse vis-à-vis l'un de l'autre, et ils entretiennent une polémique assez vive ; le préfet de la Loire-Inférieure dit au
premier journal qu'à l'égard d'une feuille publique il se
permet d'amers sarcasmes qui dépassent les bornes dans
lesquelles la polémique doit se renfermer, et qu'il est du devoir de l'autorité d'atteindre de son blâme un tel langage
(19 juillet). L'*Espérance du Peuple* qui, en fait de *sarcasmes*,
n'était pas restée au-dessous de son confrère avait répliqué :
« Nous ne croyons pas que jamais homme eût poussé plus
loin le grotesque et le ridicule... Il est des insectes que l'on
ne peut écraser parce qu'il s'aplatissent sous le pied... »
Cet article, dit encore le préfet, contient des injures et des
violences de langage qui dépassent toutes bornes de la polémique permise, etc., etc. (19 et 20 juillet). Il n'est pas
permis de qualifier dans le compte rendu de l'inauguration
des chemins de fer, de « vaines pompes théâtrales, d'enthousiasme banal au service de tous les pouvoirs, » les fêtes et
acclamations qui ont accueilli le Prince président (*Pilote
du Calvados*, 23 juillet). »

Les critiques malveillantes des actes de l'administration et
du droit qu'elle tient de la loi, les insertions de lettres en
tout ou en partie adressées à l'administration, la discussion
des candidats aux élections, leur recommandation aux élec-

teurs surtout quand ils ont refusé de prêter serment, ou l'examen de l'abstention, les rectifications des bulletins officiels relatifs aux voyages du Prince président, les critiques contre les délibérations des conseils municipaux, la critique contre la nomination des officiers de la garde nationale, l'annonce de mésintelligence entre les autorités, des nouvelles fausses ou erronées, sont de nature à motiver des avertissements (1). La *Gazette du Languedoc* après deux avertissements est suspendue pour deux mois (18 août). Un décret du 8 septembre 1852, sans énonciation de motifs, porte : Le journal le *Corsaire* est et demeure supprimé. »

Les outrages à la souveraineté nationale et sa méconnaissance, la négation des principes du droit national sur lequel repose le gouvernement impérial, la discussion des causes, *pourquoi la République a cessé d'exister*, des attaques contre la législation de la presse, la manifestation d'espérances coupables et anti-nationales, la propagation, même de bonne foi, de prétendues dépêches télégraphiques sans en avoir vérifié l'existence, une insulte à la mémoire de Napoléon Ier, l'exaltation systématique de certaines entreprises industrielles et la dépréciation d'autres, des allusions contre le chef de l'Etat et son gouvernement, la déconsidération des dépositaires de l'autorité publique par des attaques injustes et passionnées, les insinuations hostiles et perfides, la publication des mouvements des navires de guerre et des détails du service qui doivent rester secrets, les observa-

____

(1) *Journal de Rouen, Journal de Rennes, Courrier de Verdun, Echo de Vésone, Journal de la Meurthe et des Vosges, Petit Courrier de la Bretagne,* la *Foi Bretonne, Journal de Béziers, Moniteur du Loiret, Echo de l'Aude, Progrès de l'Oise, Ère nouvelle* (Corse), *Second avertissement* (14 août), la *République* (Tarbes), *Union de l'Ouest* (26, 27, 28, 29, 30 juillet, 2, 4, 6, 7, 9, 16, 18 août, 9 décembre 1852).

tions sur l'exercice loyal et mesuré que fait le Gouvernement de ses droits d'adopter un candidat dans les élections législatives, les attaques contre un gouvernement allié de la France, les critiques d'un arrêt de la Cour de cassation sur le colportage des bulletins électoraux, la persistance, malgré les avis officieux dans un système d'allusions et d'intentions malveillantes, la publication d'une lettre de **M.** de Montalembert et d'une protestation de la princesse Clémentine d'Orléans, appellent sur les journaux qui se les sont permis ou les ont reproduits, des avertissements (1).

Sur la proposition du directeur général de la sûreté publique, la *Revue de Paris*, pour un article intitulé : *Le roi Frédéric Guillaume IV* et signé Appenheim, est suspendue pour un mois (24 janvier 1857).

On lit dans le *Phare de la Loire :* « L'Empereur a prononcé ensuite le discours que nous avons publié et qui, d'après l'agence Havas, a provoqué à plusieurs reprises les cris de Vive l'empereur ! Vive l'impératrice ! Vive le prince impérial ! » « Cette forme dubitative est inconvenante en présence de l'enthousiasme si éclatant que les paroles de l'Empereur ont inspiré aux grands corps de l'Etat et à tous les bons citoyens..... (23 janvier 1857). »

Un arrêté du ministre de l'intérieur (6 février 1857), suspend pour deux mois l'*Echo de l'Aude*, il annonce à ses

(1) La *Mode*, l'*Assemblée nationale*, la *Presse*, l'*Echo du Nord*, l'*Indicateur du Nord*, la *Patrie*, la *Foi Bretonne*, le *Constitutionnel*, l'*Ami de la Patrie*, l'*Indépendant de l'Ouest*, l'*Echo de l'Aveyron*, le *Lorientais-Bretagne*, le *Spectateur de Dijon*, l'*Union du Var*, l'*Indépendant de la Moselle*, la *Gazette du Midi*, l'*Assemblée nationale*, *Revue de Paris*, les *Antilles*, (25 février, 1er mars, 6, 30 avril, 3 juin, 13, 22 août, 21, 28 septembre, 31 décembre 1853; 4 janvier, 11 mars, 31 décembre 1854; 8 février, 10 mars, 12, 20 mai 1855; 29 mars, 14 avril, 16 août 1856).

abonnés et à ses lecteurs qu'il cesse de paraître ; suspension, conséquence forcée, suppression.

Pour un article sur les candidats de l'opposition et les conséquences de la conduite des électeurs, le *Siècle* reçoit cette leçon : « Le gouvernement de l'Empereur basé sur la souveraineté du peuple et sur les principes de 1789, fondements désormais inébranlables de la société française, ne saurait laisser calomnier les idées d'ordre et de progrès qu'il représente et la masse électorale qui les approuve. » Cette remontrance est suivie de cette observation de générosité : « Le journal le *Siècle* atteint déjà par deux avertissements officiels, pouvait, aux termes de la loi, être dès aujourd'hui suspendu ; mais le gouvernement qui a laissé à la lutte électorale la plus grande latitude ne veut pas, quoiqu'il en ait le droit, frapper aux derniers jours de cette lutte même l'un des organes les plus vifs et les plus agissants d'une opposition dont l'opinion publique apprécie la portée (17 juin 1857). » Moins heureuse, l'*Assemblée Nationale*, après trois avertissements, est de nouveau suspendue pour deux mois (7 juillet 1857).

L'*Estafette*, en parlant de la signification du vote de Paris dans les dernières élections dit : « Oui, la capitale est l'expression politique de la France entière, parce que sa population se compose de citoyens recrutés dans les moindres centres de population. Oui, le vote du 22 juin, les nominations de MM. Goudchaux et Carnot, la majorité relative obtenue par le général Cavaignac, ont une portée qui a été appréciée par toute la presse Européenne. » Le ministre de l'intérieur, M. Billault, n'est pas de cet avis : « Sous le régime du suffrage universel le respect dû à l'autorité de la majorité, est un principe fondamental qu'il ne saurait être permis aux minorités de mettre en doute ; que prétendre trouver l'expression politique de la France dans le vote de

quelques colléges, quand elle a parlé tout entière et nette-
ment exprimé son opinion, c'est attaquer l'autorité constitutionnelle des cinq millions de suffrages qui forment l'immense majorité acquise aux candidats du gouvernement
(Avertissement). »

La *Foi bretonne*, pour avoir osé dire que les élections
auxquelles ont pris part six millions d'électeurs, « ont été
pour le gouvernement une victoire remportée là où les
adversaires n'étaient pas sur le champ de bataille, » et pour
avoir déclaré dans un second article que la suspension de
deux mois qui a frappé l'*Assemblée nationale*, attriste les
hommes monarchiques et lui vaudra les plus augustes regrets, est suspendue pour deux mois (15 juillet 1857). « Je
vous demande si de 1830 à 1848, il n'y avait pas eu profit
pour la morale publique et le bon sens, à ce que le serment
politique fût supprimé. » Il y a là une attaque contre le
serment politique. (Le *Lorientais-Bretagne*.) Un jugement
et un décret confirmatif ayant condamné pour délit de
presse la *Gazette du Languedoc*, le préfet de la Haute-Ga-
ronne, sur l'ordre du Ministre de l'intérieur lui notifie : « Le
journal la *Gazette du Languedoc* est supprimé. » Le ministre avait le droit de suspension ou de suppression, il a
préféré le dernier moyen. Le 25 décembre 1857, le gouverneur de la Martinique supprime le journal les *Antilles*,
pour un seul article.

Un écrivain de la *Presse* se demande si sur sept députés
au Corps législatif, nommés par le parti démocratique, deux
d'entre eux, MM. Goudchaux et Carnot ont eu raison de
refuser le serment, il ajoute : « Qu'il y a depuis quelques
mois, dans la conscience universelle un vague frémisse-
ment. Voici évidemment l'heure des résolutions décisives.
Les problèmes qui préoccupent le monde politique se sim-
plifient... Les partis se serrent et se comptent... Il semble

que nous ayons tous entendu d'un bout de l'empire à l'autre une voix qui nous crie : Levez-vous et marchez !... Le parti révolutionnaire doit-il imiter le parti légitimiste que l'abstention a conduit à la nullité ?... Nous nous sommes comptés, nous savons que nous sommes un grand parti dévoué à la révolution... » Le ministre M. Billault répond : « Si insensées que soient de telles paroles au milieu de la paix profonde dont jouit le pays on ne saurait cependant laisser quelques esprits turbulents prêcher en pleine liberté l'agitation et l'appel aux passions révolutionnaires. Dans l'intérêt général, dans l'intérêt surtout de ces masses laborieuses dont nul jamais en France ne s'est plus activement et plus efficacement préoccupé que l'Empereur, le gouvernement a le droit et le devoir de se montrer sévère contre les folies de ces prétendus démocrates, dont l'influence, s'ils en avaient jamais une, ne saurait qu'être funeste au bien-être et au progrès régulier de cette démocratie qu'heureusement ils sont désormais impuissants à agiter. » Le journal la *Presse* est suspendu pour deux mois (4 décembre 1857).

Après l'attentat du 14 janvier 1858, le Ministre de l'intérieur, dans un long rapport à l'Empereur, propose un décret de suppression contre deux journaux et recueils périodiques, la *Revue de Paris* déjà frappée de deux avertissements et d'une suspension et le *Spectateur* (ancienne *Assemblée nationale*), déjà averti cinq fois et suspendu deux fois. « La *Revue de Paris* et le journal le *Spectateur* sont et demeurent supprimés (Décret du 18 janvier 1858). »

« Toutes les autorisations précédemment accordées pour la distribution des journaux, dans la ville de Bordeaux, sont retirées, en ce qui concerne le journal la *Gironde* (Arrêté du préfet de la Gironde du 26 janvier 1858). » « Le journal du *Commerce* (Saint-Denis, île de la Réunion) est suspendu pour huit jours (31 août 1858). »

Dire : « La presse a, en guise de tampon dans les oreilles et de baillon dans la bouche, le décret organique de 1852 ; qu'elle ne peut rien écouter ni redire sans la licence de l'administration... » ce n'est pas seulement exercer le droit de discussion en agitant ce qui doit rester en dehors de la controverse, c'est, de parti pris, insulter à la loi, au gouvernement dont elle est l'œuvre et à l'administration chargée de l'appliquer (La *Gironde*, 30 septembre 1858). »

Le comte de Montalembert et le gérant du *Correspondant* sont cités en police correctionnelle pour l'article : « *Débat sur l'Inde au parlement d'Angleterre.* » Jugement : « L'article est écrit dans un esprit de dénigrement systématique ; l'auteur, par le contraste continuel qu'il se plait à faire ressortir entre les institutions que la France s'est données et celles d'une puissance alliée de la France, prend à tâche de déverser l'ironie et l'outrage sur les lois politiques, les hommes et les actes du Gouvernement... » (M. de Montalembert est condamné à six mois de prison et 3,000 francs d'amende, le gérant à un mois de prison et 1,000 francs d'amende (24 novembre 1858) (1).

(1) Dans le *Moniteur* du 2 décembre, on lit : « L'Empereur, à l'occasion de l'anniversaire du 2 décembre, a fait grâce a M. de Montalembert de la peine prononcée contre lui. » Une lettre de ce dernier porte : « Le *Moniteur* contient une nouvelle que j'ai apprise en la lisant... Condamné le 24 novembre, j'ai interjeté appel dans le délai légal de la sentence, dont j'ai été l'objet. Aucun pouvoir en France n'a eu jusqu'à présent le droit de faire remise d'une peine qui n'est pas définitive. Je suis de ceux qui croient encore au droit et qui n'acceptent pas de grâce... »

L'*Indépendance Belge*, avait annoncé que l'archevêque de Paris avait fait plusieurs démarches et qu'il se proposait d'intervenir près de l'Impératrice, à l'effet d'obtenir la remise de la peine prononcée contre M. de Montalembert. Celui-ci écrit une lettre à l'archevêque de Paris, publiée dans l'*Indépendance* : « ...Fier et honoré d'une condamnation qui constate une fidélité aux principes politi-

Dans l'arrêt de la cour de Paris on trouve quelques-uns des passages qui ont motivé la condammation du *Correspondant* et de M. de Montalembert : « comme ne laissant (la législation) la faculté de parler que par ordre et par permission, sans la salutaire terreur d'un avertissement d'en haut, pour peu qu'on ait la témérité de contrarier les idées de l'autorité ou celle du vulgaire... comme rendant impossible la discussion quotidienne entre les organes dont quelques-uns seulement auraient le droit de tout dire et seraient toujours conduits plus ou moins volontairement à attirer leurs adversaires sur un terrain où les attend le baillon officiel... que, quand le marasme le gagne (l'auteur) et quand il étouffe sous le poids d'une atmosphère chargée de miasmes serviles et corrupteurs, il court respirer un air plus pur et prendre un bain de vie dans la libre Angleterre... (Les Français sont comparés par insinuation) à un troupeau docilement indolent à tondre et à mener paître sous le silencieux ombrage d'une énervante sécurité... » Le délit d'attaque contre

ques de ma vie entière, et qui vient à propos pour justifier aux yeux de l'Europe et de la postérité! tout ce que j'ai dit ou pensé sur la condition actuelle de la France, je n'ai en ce moment d'autre ambition que de laisser à mes juges la responsabilité de leurs actes : Je ne pourrais donc regarder que comme une véritable injure la moindre faveur émanée du pouvoir impérial... »

Le *Moniteur* du 28 porte : « L'Empereur renouvelant sa première décision a fait remise à M. de Montalembert des peines définitivement prononcées contre lui par l'arrêt de la Cour de Paris. Sa Majesté a fait également remise au gérant de la peine d'emprisonnement prononcée contre lui. »

Les plaidoiries de MM. Berryer et Dufaure ont été publiées à l'étranger. — Ces deux célèbres avocats ayant refusé des honoraires, une réduction en argent de la statue du Démosthène du Vatican a été envoyée à M. Berryer, et celle d'Aristide donnée à M. Dufaure ; sur chacune d'elles se trouve une inscription composée avec le concours de M. Villemain.

le suffrage universel écarté, la cour modère la peine.

Après une suspension de deux mois, la *Presse* reçoit un avertissement pour un article sur la crise italienne, généreuse improvisation en faveur de la délivrance de l'Italie, chaleureux appel à la guerre et à l'intervention des nations libérales « une telle polémique est de nature à jeter dans les esprits des *inquiétudes mal fondées* (16 février). »

Cependant, quelques jours après, une brochure pseudonyme *Napoléon III et l'Italie*, attribuée à tort ou à raison par quelques feuilles françaises et étrangères au chef de l'Etat ou inspirée par lui, disposait les esprits à la guerre et invitait la diplomatie à faire volontairement, « la veille d'une lutte, ce qu'on serait obligé de faire le lendemain d'une victoire. » Quelques mois ensuite, une proclamation (13 mai) annonce la guerre et l'intervention armée de la France en ces termes : « L'Autriche a amené les choses à cette extrémité qu'il faut qu'elle domine jusqu'aux Alpes ou que l'Italie soit libre jusqu'à l'Adriatique... La France s'arme donc et dit résolûment à l'Europe : je ne veux pas de conquêtes, mais je veux maintenir sans faiblesse une politique nationale et traditionnelle : J'observe les traités à la condition qu'on ne les violera pas contre moi : je respecte le territoire et les droits des puissances neutres ;... quand la France tire l'épée ce n'est point pour dominer, mais pour affranchir. Le but de cette guerre est de rendre l'Italie à elle-même et non de la faire changer de maitre. »

L'*Écho de l'Aveyron* « constamment rédigé dans un esprit hostile au gouvernement de l'Empereur et sympathique à ses ennemis en approuvant la conduite et la politique de l'Autriche » reçoit du préfet, un troisième et dernier avertissement (17 mai), si cela veut dire qu'il encourra la suspension, cela est contraire à la doctrine d'une note du *Moniteur* : « même après deux avertissements, si les faits ne com-

mandent pas une décision plus sévère, un nouvel avertissement peut encore être donné et le Gouvernement qui use
avec une grande modération des droits qui lui sont conférés
en matière de presse dans l'intérêt de l'ordre et de la paix
publique, prend toujours en considération très-sérieuse l'Etat
aussi bien que la gravité des faits qui ont motivé les avertissements antérieurs. »

Un acte administratif fait dire à des journaux : « Une nouvelle phase va commencer pour tout ce qui touche aux rapports de l'Etat avec la liberté de la presse et de la pensée... »
On leur répond : « La liberté de la pensée est entière sous
tous les régimes et indépendante des circonstances extérieures. Pour la posséder, il suffit de penser. » La *Patrie* :
C'est une garantie pour la dignité des écrivains... » On lui
réplique : « L'indignité comme la dignité des écrivains ré-
side comme celle de tous les hommes uniquement en eux-
mêmes. » Cet acte était la nomination de M. le vicomte de
la Guéronnière conseiller d'état en mission au ministère de
l'intérieur chargé temporairement des services de la presse,
de l'imprimerie, de la librairie, du colportage et de la propriété littéraire. A partir de cette époque, les faits appartiennent à l'administration de cet administrateur gentil-
homme. (1)

(1) M. de la Guéronnière avait été rédacteur de l'*Avenir national
de Limoges*, du *Bien public* en 1848 avec M. de Lamartine, de la
Presse en 1849 et 1850, du *Constitutionnel* et du *Pays*; on lui attribue les brochures : *Napoléon III et l'Angleterre, Napoléon III et
l'Italie*, le *Pape et le congrès*; enfin M. de la Guéronnière, que l'on
considère à tort ou à raison, comme l'historiographe de la politique
du Gouvernement, a publié cette fois *visière relevée* et avec *approbation* de M. le Ministre de l'intérieur : La *France, Rome et l'Italie*;
on a vainement cherché une conclusion dans cet écrit, qui s'est attiré
une dure réponse de l'évêque d'Orléans, ce qui a fait dire qu'il a été
enterré avec les honneurs de l'Eglise. M. Hippolyte Castille a pu-

Dans la session des Conseils généraux de 1860, leurs présidents ont prononcé des discours politiques sur le terrain desquels les conseillers n'ont pas eu à les suivre même dans l'expression de leurs vœux; ces paroles officielles avaient pour but de calmer les défiances, les inquiétudes nées de la crainte de la guerre. Le *Times* avait écrit : « La France semble prendre à tâche de rappeler à l'esprit le temps de Domitien, tel que le décrit Juvénal... Les Conseils généraux, les maires et leurs épanchements dithyrambiques sont des modèles d'adulation extravagante qui se laissent dicter leurs adresses à l'Empereur, ces absurdes morceaux d'éloquence provinciale. » La plume de M. Grand-Guillot a réfuté dans le *Constitutionnel* ces accusations.

M. de la Guéronnière, président du Conseil général de la Haute-Vienne a prononcé un discours; sa position officielle et son action sur la presse donnent à ce document une grave signification : « L'autorité prépare à la liberté de justes extensions... Par degrés, le *pays* arrivera à ce qu'une voix auguste a appelé *le couronnement de l'édifice*... Les vrais amis de la liberté ne sont pas ceux qui la flattent, ce sont ceux qui la modèrent. Ses faux amis lui ont fait beaucoup de mal... Ce sont eux qui, en l'exagérant jusqu'à la licence l'avaient perdue, si elle avait pu l'être, ils n'en avaient pas la conscience ni même la passion, ils n'en avaient que l'ivresse... Ils ont réussi à en dégoûter le pays, à ce point que si on lui demandait aujourd'hui encore s'il veut, par exemple, que la presse soit libre comme autrefois, d'une voix presque unanime, le pays répondrait non. A qui la faute? Aussi est-ce à la presse elle-même qu'il appartient de rendre possible un régime plus large. Les lois ne sont que le résultat des

blié le *Panégyrique* de M. de la Guéronnière dans ses *Portraits historiques.*

mœurs. Quand la liberté de la presse aura pour elle l'opinion, elle passera bientôt dans la loi. Le Gouvernement aime et respecte la liberté de discussion il n'en proscrit que l'abus; il n'entend apporter au contrôle de ses actes que les limites imposées par l'intérêt social. Inflexible contre les mauvaises passions, il admet et il sait même honorer les contradictions sérieuses. En vous parlant ainsi, je suis sûr de n'être pas démenti par l'homme d'Etat éminent que j'ai l'honneur de seconder dans un des services de sa vaste administration et qui comprend mieux que personne combien l'autorité du pouvoir gagne par la modération. »

Des journaux ont fait remarquer : « Quant au *Couronnement de l'édifice...* Les perspectives qu'il ouvre sont assez vagues et lointaines... Nous nous persuadons difficilement que le public soit aussi détaché des journaux qu'on veut bien le dire, quand nous voyons la fidélité qu'il veut bien leur garder dans leur état actuel et dont on lui doit de la reconnaissance... Quant à la compétence du Conseiller d'Etat, il y aurait de l'embarras à la lui contester. — Personne ne connaît mieux que lui les journaux, c'est après l'avoir pratiquée qu'il juge la liberté. — Il a eu une carrière militante et distinguée. — L'hésitation que nous éprouvons à le contredire est fort naturelle et fort excusable... Nous ne confondons pas l'indépendance avec l'ingratitude, nous n'oublions pas la part qu'il a prise à notre rédaction (la *Presse*). » Une autre feuille dit qu'elle n'est pas de l'avis de l'orateur sur la liberté de la presse, la question n'est pas facile à trancher... « Comment l'opinion peut-elle se prononcer pour la liberté de la presse? Par quel moyen?.(La *Gazette de France*). »

Dans un communiqué officiel, le *Siècle* est réprimandé pour avoir attaqué la papauté dans son pouvoir politique et dans le dogme dont elle est l'auguste personnification et pour avoir fait peser la responsabilité des événements de Pérouse sur ceux qui ont obligé le Gouvernement pontifical a faire usage de la force pour sa légitime défense. Le *Siècle* proteste de son patriotisme et de son respect pour toutes les croyances et celles de la majorité des Français.

L'annonce de la guerre d'Italie avait reçu presque généralement un accueil sympathique ; la France grande et forte n'avait rien à redouter des conséquences de ce grand événement ; cette nouvelle cependant avait causé dans les classes éclairées et dans les masses un sentiment d'inquiétude et d'indifférence qui ne répondaient ni à l'élan ni à l'entraînement habituels à notre nature vive et intelligente. Le chef de l'Etat, dans son discours au Sénat et au Corps législatif, constate cet état des esprits : « Il surgit par intervalles... une inquiétude vague, une sourde agitation qui, sans cause bien définie, s'empare de certains esprits et altère la confiance publique. Je déplore ces découragements périodiques sans m'en étonner. Dans une société bouleversée comme la nôtre par tant de révolutions, le temps seul peut raffermir les convictions, retremper les caractères et créer la foi publique. L'émotion qui vient de se produire, sans dangers imminents, a droit de surprendre, car elle témoigne en même temps trop de défiance et trop d'effroi... Loin de nous ces fausses alarmes, ces défiances injustes, ces défaillances intéressées. La paix j'espère ne sera pas troublée... (7 février). » Mais ce que le chef de l'Etat ne précisait pas c'était la cause de ces rumeurs inquiètes, qui généralement se produisent dans les grandes circonstances, surtout lorsqu'il y a dans les corps constitués absence de discussions libres, lorsque la presse est condamnée à un silence forcé. La presse s'était cependant préoccupée de cette question de paix ou de guerre, le *Moniteur* lui reprochait ses exagérations, « que tout était imagination, mensonge et délire, n'est-il pas temps de se demander quand finiront ces vagues et sourdes rumeurs répandues par la presse d'un bout de l'Europe à l'autre... (5 mars). » La réponse au *Moniteur* est dans la proclamation du 3 mai qui annonce la guerre.

Ministère de l'intérieur : *Communiqué :* « A plusieurs reprises, l'administration a demandé aux journaux d'apporter la plus extrême réserve dans la publication des nouvelles et des correspondances relatives à l'armée d'Italie. Le Gouvernement se voit, en conséquence, dans la nécessité de rappeler encore une fois aux journaux les devoirs qui sont imposés à la publicité par l'état de guerre. Ils doivent donc s'abstenir de publier des détails dépourvus de tout caractère sérieux, qui n'ont le plus souvent pour effet que d'inquiéter les familles ou de tromper l'opinion sur la situation de notre armée ; à plus forte raison doivent-ils éviter de donner des renseignements qui pourraient être utiles à l'ennemi. Ils comprendront aussi l'inconvénient de distribuer arbitrairement le blâme et l'éloge, et de substituer des jugements injustes ou des réclames ridicules à l'autorité des bulletins officiels.

« Le Gouvernement espère que cet appel au patriotisme intelligent de la presse française, suffira pour prévenir de nouveaux écarts, qui contrastent d'ailleurs étrangement avec les manifestations unanimes du sentiment national, dont il est si noble pour elle d'être l'interprète (9 juillet). »

Le *Moniteur* du 16 août annonce : « Amnistie pleine et entière est accordée à tous les individus qui ont été condamnés pour crimes et délits politiques ou qui ont été l'objet de mesures de sûreté générale. »

Tous ceux que l'ostracisme avait jetés à l'étranger reviennent au sein de la patrie, elle revoit avec joie des généraux, des écrivains dont les noms lui sont chers ; d'autres annoncent qu'ils ne veulent rentrer qu'avec la liberté (7 février).

« Cette amnistie semble promettre... Elle est un indice de dispositions nouvelles, un pas de plus fait vers la liberté de la discussion. »

Un second décret du 16 août porte : « Les avertissements donnés jusqu'à ce jour aux feuilles périodiques de Paris et des départements, de l'Algérie et des colonies en vertu du décret du 17 février 1852, sont considérés comme non avenus. » Les imprimeurs condamnés profitent-ils de cette amnistie? Les journaux qui ont encouru une condamnation pour contravention sont-ils également amnistiés? C'est aux jurisconsultes du ministère de l'intérieur à répondre.

Il est adressé au *Constitutionnel*, qui considérait « les journaux comme délivrés des inquiétudes que leur causaient les pénalités du décret de 1852 et les exhortait à apporter dans la discussion des questions politiques et administratives le calme et la mesure que leur enlevait peut-être leur situation précaire, » cette observation, mais il n'est pas abrogé, les journaux sont replacés au lendemain du jour du décret, « qui ne lui a pas ouvert une ère des plus brillantes. »
« Ce n'est pas par une ardeur fiévreuse, par une polémique effrénée, c'est par des qualités ou des faits tout à fait opposés, que la presse française s'est distinguée dans ces dernières années. » Dans les départements et à l'étranger, l'amnistie de la presse est considérée comme l'indice de mesures prochaines favorables à la liberté. Le *Nord* (journal publié en Belgique) dit : « Le moment est venu de rendre à la presse française l'indépendance légale qui lui est nécessaire, l'autorité et l'influence qui lui appartient dans ce grand prétoire de l'opinion publique européenne. »
Le *Times* regarde l'amnistie comme un premier pas vers une ère nouvelle de la liberté et des discussions intelligentes, éclairées et fructueuses; ces deux décrets (amnistie)

dit un journal de Vienne (1), sont aussi honorables que deux victoires... »

Au conseil général du Puy-de-Dôme, son président M. de Morny, s'exprime en ces termes : « L'amnistie est le prélude du système dans lequel nous allons entrer... Les Anglais disent : Notre presse est libre, la presse française ne l'est pas, donc les injures n'ont pas la même portée chez l'un que chez l'autre : erreur. Il n'y a en France aucun moyen préventif d'empêcher un journal de publier ce que bon lui semble. Le Gouvernement n'a contre lui que l'arme des avertissements motivés et des suspensions qui sont des mesures répressives. » La réplique ne se fit pas attendre : « Les délits et les crimes sont définis... Mais les avertissements, comment les éviter ? ils ne sont pas définis... C'est un instinct, un sentiment, une impression capricieuse, fugitive, c'est le fait d'un commis... L'avertissement met les journaux dans une perplexité, une anxiété indéfinissables, de tous les instants, une appréhension permanente et continuelle, c'est l'épée de Damoclès suspendue sur leurs têtes ; c'est l'atonie, la paralysie qui, atteignant la plume de l'écrivain, tue la sève intellectuelle, la fibre chaleureuse, l'expression libre de son indignation ou de son admiration. » « La liberté de la presse ne peut reposer sur la tolérance de l'administration, elle n'existe qu'à la condition d'être clairement réglée par des lois répressives qui définissent et atteignent des délits et ne laissent aucune place à l'arbitraire. Toute autre condition pour la presse est précaire et la liberté dont elle peut jouir par intervalles, quand les garanties essen-

---

(1) A Vienne, s'il faut en croire la *Gazette d'Ausbourg*, il vient de se fonder, sous le titre de *Concordia*, une société mutuelle de secours pour les journalistes et écrivains pauvres. Elle comprend des hommes de toutes les opinions et de tous les partis.

tielles lui font défaut, ne mérite nullement le nom de liberté,
l'indifférence de l'opinion publique pour la presse n'existe
pas... Sans la liberté l'édifice social repose sur des colonnes
brisées. »

Les *Débats* impriment : « Le Gouvernement, frappé des
ravages faits dans l'esprit public par la maladie du silence,
veut essayer de guérir cette maladie par « la restitution de la
liberté de la presse... Les institutions du pays ne sont pas
faites pour défendre la liberté de la presse... L'administration,
habituée aux douceurs du silence général n'aimera guère les
contradictions qu'elle pourra retrouver, et pour défenseur
nous n'aurons que l'Empereur... C'est l'Empereur seul qui
est aujourd'hui responsable... Ce tout-puissant protecteur ne
pourra pas être toujours attentif, toujours averti. » Ce journal
s'attire cette apostrophe : « Il y aurait beaucoup à dire là-
dessus, beaucoup trop, mais n'importe ; admettons qu'étant
seul responsable, parce que seul il est maître, il lui con-
vienne de livrer tous ses actes à la critique des journaux,
la liberté de la presse sera-t-elle plus assurée ?... Non évidemment. Il est étrange que le chef de l'Etat soit le seul
esprit libéral de son gouvernement, et que ce soit à lui seul
que doive s'adresser la discussion. »

Des vœux, des désirs en faveur de la liberté de la pensée,
continuent à se manifester de tous côtés ; l'administration,
avertie par une unanimité de sentiments aussi graves qu'honorables, va parler : « Plusieurs journaux ont annoncé la
prochaine publication d'un décret modifiant la législation
de 1852 sur la presse, cette nouvelle est complétement inexacte. La presse en France est libre de discuter tous les actes
du gouvernement et d'éclairer ainsi l'opinion publique. Certains journaux se faisant, à leur insu, les organes de
partis hostiles réclament une plus grande liberté, qui n'aurait d'autre but que de leur faciliter des attaques contre la

Constitution et les lois fondamentales de l'ordre social. Le Gouvernement de l'Empereur ne se départira pas d'un système qui, laissant un champ assez vaste à l'esprit de discussion, de controverse et d'analyse, prévient les effets désastreux du mensonge, de la calomnie et de l'erreur (*Moniteur* du 17 septembre 1858). »

Une circulaire du duc de Padoue (ministre de l'intérieur) expose les vues du Gouvernement :

« Paris, 18 septembre 1859.

» Monsieur le préfet, un acte récent, inspiré par un sentiment de noble conciliation, a remis à tous les journaux de Paris et des départements les avertissements dont ils avaient été frappés...

» Le décret du 17 février 1852 n'est point, comme on l'a dit trop souvent, une loi de circonstance, née d'une crise de la société et qui ne saurait convenir à des temps réguliers. Sans doute, comme toutes les lois politiques, celle-ci est susceptible des améliorations dont l'expérience aurait démontré l'utilité ; mais les principes sur lesquels repose le décret de 1852 sont intimement liés à la restauration de l'autorité en France et à la constitution de l'unité du pouvoir sur la base du suffrage universel.

» Le Gouvernement de l'Empereur ne redoute pas la discussion loyale de ses actes ; il est assez fort pour ne craindre aucune attaque. Sa base est trop large, sa politique trop nationale, son administration trop pure pour que le mensonge et la calomnie lui enlèvent quelque chose de sa puissance morale.

» Le droit d'exposer et de publier ses opinions, qui appartient à tous les Français, est une conquête de 1789 qui ne saurait être ravie à un peuple aussi éclairé que la France ;

mais ce droit ne doit pas être confondu avec l'exercice de la liberté de la presse, par la voie des journaux périodiques.

» Les journaux sont des forces collectives organisées dans l'Etat, et, sous tous les régimes, ils ont été soumis à des règles particulières. L'Etat a donc des droits et des devoirs de précaution et de surveillance exceptionnelles sur les journaux ; et, quand il se réserve de réprimer directement leurs excès par la voie administrative, il n'entrave pas la liberté de la pensée, il exerce seulement un mode de protection de l'intérêt social. L'exercice de ce mode de protection, qui lui appartient incontestablement, implique un grand esprit de justice, de modération et de fermeté...

» Ainsi donc, le Gouvernement, loin d'imposer l'approbation ervile de ses actes, tolérera toujours les contradictions sérieuses ; il ne confondra pas le droit de contrôle avec l'opposition systématique et la malveillance calculée. Le Gouvernement ne demande pas mieux que de voir son autorité éclairée par la discussion, mais il ne permettra jamais que la société soit troublée par des excitations coupables ou par des passions hostiles.

» En résumé, je compte, Monsieur le préfet, sur tout votre zèle pour remplir cette partie de vos attributions. Dans le concours que vous aurez à me donner, vous vous tiendrez aussi loin de la faiblesse qui autoriserait la licence, que de l'exagération qui entraverait la liberté. De cette manière, vous entrerez dans les vues de l'Empereur et vous mériterez son approbation. » D'après cette instruction restrictive de la pensée du *Moniteur*, le Gouvernement tolère la discussion.

« Le public donne une singulière preuve d'attachement aux journaux en se contentant de ce qu'ils peuvent être et en acceptant la situation que leur ont faite la prudence et les lois ; nous lui en exprimons toute notre reconnaissance. »

M. de Chasseloup-Laubat, ministre de l'Algérie, autorise les préfets d'Algérie à donner *les avertissements* sans lui en référer et sans recourir à son approbation (21 septembre 1859).

Entre les journaux et le Gouvernement, la polémique sur la liberté de la presse continue, elle donne lieu aux deux *communiqués* suivants : « Vu l'art. 19 du décret du 17 février 1852, l'*Opinion nationale*, dans son numéro du 20 septembre, publie un article qui contient ce qui suit :

« Je suppose que demain, en mon âme et conscience, et
» dans l'intérêt du pays, je crusse devoir mettre en discus-
» sion, non la forme ou le principe du Gouvernement, ni les
» lois éternelles de la morale et de la société, mais simple-
» ment un acte de M. le Ministre de l'intérieur, moins que
» cela encore, un détail de l'organisation de la presse, par
» exemple, ou une simple mesure prise à tort par un sous-
» chef de bureau de cette toute puissante administration, qui
» tient dans ses mains la vie et la mort des journaux. Ou il
» faudra que je sois un héros de courage, ou il faudra que je
» sois bien sûr que le fonctionnaire que je vais critiquer est
» lui-même un héros de justice et d'abnégation, un Caton,
» un Brutus, un Aristide. S'il n'est qu'un simple mortel,
» accessible aux conseils de l'humaine faiblesse, il est clair
» que je ne suis qu'un fou, et que mon journal a perdu, par
» mon imprudence, 50 p. 100 de sa valeur. »

» L'*Opinion nationale* sait très-bien que les journaux ont le droit de discuter les actes du Gouvernement, et qu'ils en usent tous les jours sans aucun péril. Elle sait également que la haute responsabilité de M. le Ministre de l'intérieur est directement engagée dans toutes les décisions qui se rattachent à l'application du décret du 17 février 1852, et que, pour les moindres détails, aussi bien que pour l'ensemble, sa sollicitude est partout présente comme une garantie de tous les intérêts... »

« Le *Journal des Villes et des Campagnes,* dans son numéro du 20 septembre, s'exprime ainsi, à propos des derniers actes du Gouvernement sur la législation de la presse :

« Nous demandions une loi, quelle qu'elle fût, parce » qu'une loi, c'est la liberté. »

» Si étrange que soit cette réclamation, le Gouvernement croit devoir y répondre, en rappelant que le décret du 17 février 1852 est une *loi organique* qui a eu précisément pour objet de réglementer la liberté de la presse.

» La même feuille ajoute :

» Qu'il suffit souvent d'une distraction ou d'une erreur d'un » employé subalterne pour, sinon compromettre, du moins » inquiéter l'existence des journaux. »

» A cette allégation de mauvaise foi, il suffira d'opposer l'art. 32 du décret précité, qui porte qu'un journal ne pourra être averti que par décision ministérielle, et supprimé, dans certains cas déterminés par la loi, que par un décret impérial. »

Un journal de département voit dans ces deux documents des appendices à la circulaire du Ministre ; et, cette déclaration : « La sollicitude du Ministre est partout présente comme une garantie de tous les intérêts, » a pour les journaux un grand prix, c'est une nouvelle garantie donnée à la dignité de la presse. Les journaux de Paris n'ont pas la même confiance dans les *communiqués.* La circulaire du Ministre laisse de l'incertitude. « Pourra-t-on dire que la Constitution a des défauts, si elle en a, et proposer des réformes ; raisonner sur l'état social en général ? Pourra-t-on louer un système politique différent chez un autre peuple, traiter et rappeler l'histoire du passé ; faudra-t-il le laisser dans les

ténèbres de crainte qu'il ne rejaillisse sur le présent? —
Pour la morale publique et la religion, c'est bien autre chose;
là où existe la liberté des cultes, chaque religion dit que
sa voisine est fausse et mensongère; c'est cependant attaquer la religion... *La morale publique* est difficile à définir,
c'est une question de sentiment et d'impression métaphysique... C'est une erreur de croire que les journaux, ces forces
collectives, doivent être soumis à des lois particulières; les
lois d'exception n'ont jamais sauvé les gouvernements, s'ils
croient y trouver une force, ils se trompent, elles les ont fait
crouler... Plus d'une fois, depuis 1789, l'épée a maîtrisé la
plume, son éternelle rivale; mais la plume bravant les
orages, a toujours pu dire à l'épée comme le roseau au
chêne : « Je plie et ne romps pas (La *Presse*). •

Après la guerre d'Italie et les amnisties, un écrivain aussi
distingué par l'élévation que par la finesse de son esprit, et
l'honorabilité de son caractère (1) a publié dans le *Courrier
du Dimanche* (28 avril 1859), une lettre aux *Conseils généraux*. Il leur demande d'avoir à délibérer, parmi les vœux
qu'ils sont dans l'usage de formuler, si, en matières politiques, moyennant beaucoup de modération et de réserve,
il est interdit, sous le régime actuel, de faire entendre au
pays ce qu'on pense être la vérité ? Autrement dit, si l'on
se conforme à l'esprit et à la lettre des lois existantes, si
l'on garde envers l'Empereur et les hauts fonctionnaires de
l'Etat tous les égards que de droit, à parler des affaires publiques sans colère, sans passion, sans mauvais desseins,
mais aussi sans faux compliments et sans menteuses restrictions, devient-on passible de la prison? Si, poussant
même un peu plus avant, on osait soutenir qu'à l'heure où
nous écrivons, après huit années d'une autorité exercée

(1) M. le comte d'Haussonville.

sans contestation, après deux guerres considérables heureusement terminées, le chef de l'Etat est aujourd'hui mal venu à refuser plus longtemps à la France les libertés que, dans le préambule de la Constitution, il a bien voulu lui promettre, deviendrait-on, à ce seul titre, après jugement sommaire du tribunal correctionnel, transportable à volonté? L'auteur a examiné ces questions dans d'autres écrits (1), il avoue que les conseils généraux ne se sont pas souciés de répondre à son appel, et qu'un de ses amis, en sortant de son conseil général, lui disait : « Les idées émises dans votre lettre, loin de nous déplaire, nous agréent assez. Nous demanderions bien tout cela au Gouvernement, si nous étions sûrs qu'il voulût l'accorder. »

Une plume académique, aussi élégante qu'élevée, a dit son mot dans ce grand débat. « Quand une voix aussi haute, aussi respectée se fait entendre, on ne saurait passer à côté sans la recueillir, sans la saluer; c'est une gloire dont la presse peut être justement fière, d'avoir en tout temps compté de tels patronages et d'aussi illustres défenseurs. » J'éprouve le vif regret de ne pouvoir, à cause de son étendue, reproduire ce magnifique plaidoyer de M. Villemain, en faveur de la liberté de la presse, modèle de critique aussi fine que forte, de la circulaire du 18 septembre (2).

Cette publication avait causé une sensation assez profonde; l'administration fit paraître cette note au *Moniteur :*

« Sous prétexte de prouver que la presse n'est pas libre, plusieurs journaux dirigent contre le décret du 17 février 1852 des attaques qui dépassent les limites les plus extrêmes du droit de discussion.

(1) La *Lettre aux bâtonniers, Consultation des bâtonniers et barreaux de France.*

(2) Voir cette lettre dans le *Courrier du dimanche* du 24 septembre 1859, ou la *Presse* du même jour.

» Le respect de la loi est inséparable de l'exercice de la liberté légale.

» Contre les écrivains qui l'oublient, le Gouvernement aurait pu se servir des armes qu'il a dans les mains ; il ne l'a pas voulu au lendemain de la mesure toute spontanée qui a relevé la presse périodique des avertissements dont elle avait été frappée.

» Le Gouvernement, fidèle à ses principes de modération, ne saurait manquer non plus au devoir qui lui est imposé de faire respecter la loi.

» Il prévient donc loyalement les journaux qu'il est décidé à ne pas tolérer plus longtemps des excès de polémique qui ne peuvent être considérés que comme des manœuvres de partis (27 septembre). »

..... *Des manœuvres de partis*, les partis, les anciens partis, leur silence, léur parole causent de grandes préoccupations ; l'auteur des *Anciens partis*, M. Prévost-Paradol, vient de subir pour sa brochure un mois de prison. Le *Constitutionnel* a plus d'une fois attaqué violemment (juillet 1860) les *Anciens partis* (1).

La polémique de la presse européenne s'est portée sur les affaires de Rome, la question romaine ; la discussion a été vive du côté de l'épiscopat, dans les mandements et les journaux. Le *Journal des Débats* qui avait parlé de ces mandements, s'étonne de lire dans le *Constitutionnel* un article sur la papauté en Italie, quand une invitation a été adressée à tous les journaux d'avoir à s'abstenir de l'examen de ces questions. « A partir de ce jour, nous nous abstiendrons de de reproduire aucune lettre ou mandement du clergé... »
« Comme toutes les feuilles de Paris, nous avons été *invités* à cesser la publication par la voie du journal, des lettres des

_____

(1) Voir plus bas la circulaire de décembre de M. de Persigny.

évêques sur les affaires de Rome. Le Gouvernement a pensé que cette publication avait l'inconvénient de donner lieu à des discussions irritantes (*Gazette de France*, l'*Ami de la Religion*, l'*Univers*). » Ces journaux se contentent de mentionner, sans les reproduire, les mandements qui leur sont parvenus.

L'*invitation* officieuse fut suivie de cette note au *Moniteur* :

« Dans une intention blâmable, plusieurs journaux énumèrent chaque jour les mandements des évêques de France qui ordonnent des prières pour le Souverain-Pontife.

» Cette énumération a évidemment pour but de présenter l'épiscopat français comme solidaire des défiances que ces feuilles ont essayé de propager. Pour édifier l'opinion publique sur le caractère de cette manœuvre, il suffit de dire que, dans les mandements de nos vénérables prélats, les vœux pour le Saint-Père sont presque toujours associés au témoignage de la confiance la plus entière dans les intentions de l'Empereur.

» Ce n'est donc que par un sentiment de respect pour la religion que le Gouvernement a cru devoir demander aux journaux une extrême réserve en ce qui touche aux actes qu'il ne convenait point de livrer à leur polémique, et dont l'expression la plus générale constate d'ailleurs le patriotisme du clergé français (18 novembre). »

» Il eût mieux valu ne pas la rendre nécessaire (la note du *Moniteur*) en mettant obstacle à la publication de ces mandements..... » Une brochure de M. E. de Girardin, *Napoléon III et l'Europe*, est saisie. M. E. de Girardin, depuis qu'il a cessé d'être journaliste, fait des brochures; mais il parle assez dédaigneusement de ses anciens confrères. « Le scrutin du 20 novembre 1852 a démontré l'impuissance des journaux..... » « La saisie n'est pas seulement un obstacle à la circulation d'un écrit, c'est une peine très-grande qui prive à la fois l'écrivain, et du droit d'exprimer sa pensée, et du fruit matériel et moral qu'il espérait tirer de son travail..... Ne serait-ce point le renversement de tous les principes de notre jurisprudence? ne serait-ce point une atteinte grave portée au droit de propriété que de remettre à l'autorité le droit d'appliquer cette peine à sa discrétion, sans avoir besoin de faire juger celui qui l'endure et de faire constater par la justice les délits qui peuvent en justifier l'application ? Poser de pareilles questions, c'est les résoudre. » C'est une peine grave d'un nouveau genre, la saisie sans jugement. — Que le livre soit condamné, soit; — mais qu'au moins il soit jugé. — Mieux vaudrait la censure préalable. — Saisir un écrit sans le poursuivre, c'est emprisonner un citoyen sans le juger.

Un article de M. de Montalembert attire un avertissement au *Correspondant* et à l'*Ami de la Religion*; l'auteur publie cet article en brochure, elle est saisie et déférée à la justice; elle n'est pas poursuivie (1). L'*Ami de la Religion*, pour son

(1) La brochure de M. de Girardin et celle de M. de Montalembert sont rendues à la circulation. La *Question romaine* de M. E. About avait également été saisie et renvoyée devant la justice, elle n'a été ni poursuivie, ni jugée, mais la saisie et la prohibition de circulation ont été maintenues; le livre de la *Démocratie* de M. Vacherot a été saisi, poursuivi et condamné. Ce procès de presse a valu à son défenseur, Me Emile Olivier, une suspension pour une phrase de la défense; le conseil de l'ordre des avocats a compris que cet incident portait atteinte aux droits de la défense, qu'appel devait être interjeté de cette décision pénale, que tout le conseil assisterait Me E. Olivier; celui-ci se rend à ces avis, il se présente au greffe pour interjeter appel, le greffier refuse de recevoir cette déclaration; il est demandé au président du tribunal d'avoir à nommer un huissier d'office pour constater ce refus et signifier l'appel; pour couper court à toutes les difficultés, le procureur général appointe l'appelant devant la cour; le récit de tous ces incidents a valu au *Droit*

avertissement de reproduction quatre jours après la publication, dit : « Jusqu'à présent, on avait généralement considéré qu'après vingt-quatre heures, le silence du pouvoir équivalait à un laisser-passer ; combien serait aggravée la situation déjà si difficile de la presse si, après quatre jours écoulés, elle n'avait aucune garantie de sécurité. » Le *Mémorial de l'Allier* est frappé d'un avertissement pour avoir reproduit un article de la *Gazette de Lyon* qui n'avait encouru aucune rigueur à Lyon : l'*Union franc-com'oise* est avertie pour un article de l'*Union* publié à Paris sans avertissement. « De pareils errements, s'ils s'installaient dans les habitudes administratives, non-seulement justifieraient, mais dépasseraient singulièrement le mot célèbre de Pascal. »

Le Gouvernement répond par le *communiqué* suivant : « A l'occasion des poursuites judiciaires dirigées contre une brochure récemment publiée, le *Journal des Débats*, la *Presse*, l'*Opinion nationale* se demandent s'il est vrai que le Gouvernement songe à s'arroger le droit de saisie définitive sans jugement. La saisie préalable d'un livre ou d'une brochure incriminée est une mesure dont la raison se comprend facilement et qu'autorisent formellement nos lois criminelles. Provisoire durant l'instruction, elle ne peut devenir définitive que par une condamnation judiciaire et doit être levée s'il y a acquittement ou abandon de la poursuite : telle est la loi, ces dispositions sont et continuent d'être fidèlement exécutées (*Moniteur*, 20 novembre). »

et à la *Gazette des Tribunaux un communiqué*. Devant la cour, le pr. cureur général M. Chaix d'Est-Ange, ancien avocat, a porté la parole, et devant la cour de cassation, M. le procureur général Dupin, ancien avocat et auteur de la *Libre défense des accusés*. La suspension a été maintenue. Ces incidents ont donné lieu à la publication d'une brochure remarquable intitulée : Le *Ministère public et le Barreau*, avec une Introduction par M. Berryer.

La *Question romaine* a été saisie et attend encore ou un non-lieu ou un jugement; l'*Examen critique des doctrines de la religion chrétienne et la rénovation religieuse* de Larroque, ancien recteur de l'académie de Lyon a été relaxé de toute poursuite (ces ouvrages avaient été publiés à Bruxelles), leurs auteurs ont consenti à la destruction des exemplaires saisis; le *Siècle*, pour avoir rendu compte de ces ouvrages, reçoit un avertissement; son rédacteur en chef, le lendemain, en présente humblement son *meâ culpâ*, c'était au moment du procès Dupanloup (19 mars 1860).

Les difficultés d'exécution et d'interprétation du décret de février 1852 sont nombreuses; son article 1er soumet les journaux *traitant de matières politiques et d'économie sociale*, à une autorisation et à un cautionnement; la loi de 1819 disait : *consacrés aux matières politiques*, le décret dit : *traitant*, *traiter* est restrictif de *consacrer*; la loi pénale doit être claire et certaine, *moneat priusquam feriat* (Bacon) : *l'économie sociale*, on supposait généralement que ces mots s'appliquaient à l'exposition et à la prédication des doctrines socialistes qui, à une autre époque, avaient épouvanté le public et dont on voulait empêcher le retour. La jurisprudence apprend que la question du salaire des femmes, les faits relatifs à l'industrie et à l'agriculture se rattachant aux intérêts généraux des populations, les comparaisons d'une industrie à une autre, les ressources, l'examen des tarifs des droits de navigation ou des chemins de fer, la critique du mode de placement des capitaux, sont de matières politiques et *d'économie sociale*; la cour de cassation a complété l'interprétation : « *L'économie sociale* et *l'économie rurale* sont tout ce qui touche aux richesses sociales, à l'agriculture, à l'industrie, au commerce, à la production, à la consommation. »

Le gérant du *Nouvelliste agricole, journal du Comice de*

Montdidier est condamné à la prison et à l'amende pour avoir publié un discours prononcé devant l'académie d'agriculture comme traitant *d'économie sociale*, et la *suppression* du journal a été prononcée par le tribunal de Montdidier. Récemment, la cour de cassation a décidé qu'un journal qui se livre à des critiques contre des arrêtés de préfets désignant les journaux qui feront les annonces et fixant le prix de ces annonces, soit en comparant la législation ancienne avec la législation actuelle, soit en mettant en parallèle les divergences d'application des préfets et en faisant appel à l'Empereur pour qu'il fasse cesser ces anomalies, traite de matières politiques et contrevient au décret de février 1852, s'il n'a préalablement obtenu l'autorisation et versé le cautionnement prescrit par la loi (11 août 1860). Le journal publié à Die avait été acquitté par la cour de Grenoble, dont l'arrêt fut cassé. Cette doctrine a pour conséquence d'obliger les journaux de commerce, d'industrie, de finances, d'agriculture, à recourir à l'autorisation préalable et de les soumettre à un cautionnement; cette double obligation n'est pas imposée aux journaux de sciences juridiques, philosophiques ou religieuses.

Les journaux de la Loire-Inférieure informent leurs confrères de la pensée, du retour de M. Billaut au ministère de l'intérieur (1) (novembre 1859) ; le *Phare de la Loire :* « M. Billaut était à sa propriété des Gresillons, près de Nantes, lorsqu'il fut mandé lundi à Paris par le télégraphe. Le surlendemain (2 novembre) le *Moniteur* annonçait que le portefeuille de l'intérieur était pour la seconde fois, depuis le rétablissement de l'Empire, confié à M. Billaut... Si l'on en croyait la feuille qui jouit à Nantes du bénéfice des annonces judiciaires, M. Billaut ne reprendrait place dans le cabinet que pour réprimer les abus de la presse, telle est du moins l'interprétation que, sur la réception de la dépêche annonçant la rentrée de M. Billaut au ministère, cette feuille donne au nouvel avénement de l'ancien représentant de la Loire-Inférieure... Nous citons : « Depuis que notre éminent

(1) Il avait remplacé M. de Persigny, 22 juillet 1854 ; le 18 février 1858, il avait été remplacé par le général Espinasse ; MM. Delangle et le duc de Padouc étaient venus ensuite, il succède à ce dernier.

compatriote a quitté son portefeuille... de grands faits exté-
rieurs se sont accomplis, développant l'influence du pays et
donnant au nouvel Empire une auréole de puissance incontestée et de gloire sans seconde, mais en même temps, *les
partis* un instant comprimés à l'intérieur ont relevé la tête,
et la presse, écho de passions coupables ou de folles espérances, en est arrivée peu à peu à tenir un langage irritant
et à prendre une attitude fâcheuse... Le mal allait chaque
jour se développant... Aujourd'hui qu'un nouvel appel est
fait au dévouement de M. Billaut, à sa rare et ferme intelligence des affaires, on peut espérer que ces dangers et ces
abus prendront bientôt un terme et que tout ce qui s'est si
étrangement déplacé depuis quelque temps sera contraint à
rentrer dans l'ordre. Il ne suffit pas pour que l'état intérieur
soit normal, que la rue soit libre de troubles et d'émeutes ; il
faut, de plus et surtout, que les esprits ne se trouvent pas soumis à un travail malsain de propagande hostile ou seulement malveillante... »

Le *Times* attribue au nouveau Ministre de l'intérieur *cette
instruction* aux préfets : « Plusieurs journaux de Paris et des
départements ont apporté, depuis quelque temps, une exagération regrettable dans leurs appréciations sur l'Angleterre.

» Ces polémiques n'ont pas seulement l'inconvénient d'inquiéter les intérêts et d'exciter l'opinion, elles contribuent
de plus à aggraver les défiances et les hostilités dont certains organes de la publicité anglaise sont les interprètes
passionnés.

» Quand ces attaques se produisent dans *les journaux qui
défendent habituellement la politique impériale* (1), elles

(1) Dans son numéro du 20 décembre, le *Courrier de Limoges*
contient une circulaire du préfet de la Haute-Vienne, recomman-

ont un caractère plus sérieux, parce qu'alors, à l'étranger, on en rend le Gouvernement responsable.

» Il est donc essentiel que les journaux sur lesquels peut *s'exercer l'influence de l'administration* soient invités à plus de circonspection.

» Sans doute il est utile de réfuter les erreurs et de protester contre les calomnies et les injustices ; mais, tout en défendant avec énergie le droit et les intentions de la France, comme la presse en a le devoir, il est facile de ménager les susceptibilités d'une grande nation et de sauvegarder les bons rapports des deux peuples.

» C'est dans cette mesure, qui concilie la dignité de la politique impériale avec les intérêts de nos alliances et le maintien de la paix, que les préfets *doivent agir sur les journaux et sur l'opinion publique.*

» Quant à présent, MM. les préfets se *borneront à faire ces recommandations confidentiellement aux journaux sur le dévouement et la discrétion desquels ils peuvent compter.*

» Ils n'interviendraient auprès des *journaux d'opposition* que si, par leurs exagérations, ces feuilles se mettaient trop ouvertement en désaccord avec la pensée du Gouvernement. Dans ce cas, elles devraient être immédiatement signalées à M. le Ministre de l'intérieur (12 novembre). »

En décembre 1859, l'abbé Sisson est condamné à l'emprisonnement pour avoir publié une lettre attribuée au roi Victor-Emmanuel à l'Empereur des Français ; l'accusation considérait cette pièce comme fabriquée ou falsifiée, et mensongèrement attribuée à un tiers et de nature à troubler la paix publique. Dans un certain monde il était bruit qu'on allait soumettre au Corps législatif un projet répressif de la diffa-

---

dant *tout spécialement la Revue européenne,* fondée sous le patronage du Gouvernement.

mation dans les journaux étrangers ; ce bruit était sans fondement.

Le Ministre de l'intérieur, dont le journal de la Loire a indiscrètement caractérisé la *mission spéciale*, éclaire dans des notes officielles les écrivains sur leurs *devoirs* si ce n'est sur leurs *droits*, il leur indique les proportions du lit dans lequel ils doivent se coucher, on sait comment les anciens l'appelaient : on lit dans le *Moniteur* : « Dans des publications récentes, il s'est produit, sur les poursuites en matière de presse, quelques erreurs qu'il importe de rectifier : on a reproché aux magistrats de violer arbitrairement les règles de la procédure spéciale introduite par la loi du 26 mai 1819. A ce reproche, la réponse est simple : la procédure exceptionnelle de la loi de 1819 a cessé d'exister ; elle a été abrogée par le décret organique du 17 février 1852. Les poursuites en matière de presse sont rentrées dans le droit commun ; elles sont soumises exclusivement aux formes et délais du code d'instruction criminelle.

» On n'a pas craint aussi d'accuser les magistrats d'apporter une précipitation illégale à la saisie de certaines brochures ; cette seconde critique repose sur une confusion facile à démêler.

» Le régime de la presse s'applique à trois ordres de publications distinctes : les livres, les journaux et les brochures politiques ayant moins de dix feuilles d'impression.

» Pour les livres, c'est la loi de 1814 qui gouverne la matière ; aucune condition n'a été imposée à la publication, et l'on peut affirmer que la liberté *du livre* n'a jamais été plus complète ni plus incontestée que maintenant.

» La presse périodique a ses règles spéciales et son régime propre ; huit années d'exercice en ont prouvé *la sagesse et la nécessité.*

» La brochure politique tient du journal plus que du livre :

elle offre les mêmes périls, la même facilité de diffusion, sans être cependant soumise aux mêmes garanties. Avant la loi du 27 juillet 1849, l'appel à la guerre civile, l'outrage à la religion et aux bonnes mœurs, l'attaque la plus audacieuse au principe de la propriété, pouvaient être répandus à cent mille exemplaires et s'adresser impunément aux passions de la multitude; le mal était irréparable quand la justice intervenait.

» C'est pour éviter ce péril et pour combler une lacune signalée depuis longtemps, que l'Assemblée législative introduisit dans la loi du 27 juillet l'obligation pour l'imprimeur de déposer au parquet, vingt-quatre heures avant toute publication et distribution, tous écrits traitant de matières politiques ou d'économie sociale ayant moins de dix feuilles d'impression : « On a voulu, disait le rapporteur de la loi quand il expliquait les motifs de cette innovation, on a voulu mettre fin à l'impuissance de la justice, et empêcher que les brochures fussent distribuées et l'édition épuisée avant que le magistrat pût invoquer l'action de la loi.

» C'est donc une garantie exceptionnelle que la loi de 1849 a imposée à la publication des brochures politiques. La saisie n'est soumise à aucune condition de temps ; elle est régulière dès qu'elle a été ordonnée par le juge d'instruction ; mais elle n'est définitivement maintenue que s'il est établi que le délit dont l'inculpation a motivé la poursuite a été constitué, complété par un fait de publicité.

» S'il est, au contraire, justifié qu'aucun acte de distribution ou de mise en vente n'a précédé la saisie, il intervient une ordonnance de mainlevée. L'écrivain reprend alors sa liberté d'action, mais il est prévenu, et si l'œuvre un instant interdite est publiée, les poursuites sont reprises, le tribunal correctionnel est saisi, et la justice est mise à même d'assurer le respect de la loi.

» Telle a été depuis dix ans, telle est encore aujourd'hui l'exécution régulière et loyale de l'article 7 de la loi du 27 juillet 1849 (1859). »

Cette appréciation de législation concernant le journal, le livre et la brochure mérite quelques observations. Il n'échappera à personne, que la doctrine sur la saisie des livres et des brochures constate un caractère préventif, une véritable censure préalable, exercée il est vrai par un magistrat ; le dépôt obligé ne constitue pas la publication légale susceptible d'être poursuivie, peut-il y avoir un délit là où il n'y a ni publication, ni mise en vente ? Le décret de 1852 se réfère à la loi de 1819 dont le but « a été seulement de punir la publication dans laquelle elle fait résider le délit, » puis la prescription légale du délit (six mois) ne court qu'*à partir de la publication* et non du dépôt ; quand le délai de vingt-quatre heures après le dépôt au parquet est expiré, si la publication s'ensuit, sans qu'il y ait eu saisie préalable, la loi et la raison disent que l'écrit échappe à toute poursuite, malheureusement le contraire est arrivé.

Les dernières éphémerides de 1859 ont offert une guerre de plume entre plusieurs organes de la presse sur les théories de la répression ; le *Constitutionnel*, par M. Grand-Guillot, vante la répression des écrits de la presse par la voie administrative ; le *Pays*, par M. Granier de Cassagnac (1) (cet écrivain ne brille, ni par la courtoisie du lan-

---

(1) M. de Cassagnac, est l'ancien fondateur de l'*Epoque*, *Journal encyclopédique* qui a duré quelques mois. Des débats judiciaires et parlementaires ont appris que le privilége d'un troisieme Théâtre-Lyrique n'avait été accordé que sur le versement d'une somme de 100,000 fr. drans la caisse de l'*Epoque* ; moyennant 1,200,000 fr. M. de Cassagnac avait pris envers quelques maitres de postes l'engagement de faire déposer un projet de loi favorable à leurs intérêts (1845). M. de Cassagnac est aujourd'hui rédacteur en chef du *Pays* et membre du Corps législatif.

gage ni par la modération ou la mesure dans la discussion),
loue la restriction et le système préventif à outrance contre
la presse ; au premier il est répondu, lors de l'amnistie vous
aviez vous-même demandé et annoncé des modifications
au décret de 1852 que vous défendez, vous provoquez à sa
discussion; mais vous savez bien qu'elle est rigoureusement
interdite (1) : au second on lui rappelle que « la Convention
qui avait vaincu l'Europe et sauvé la France a proscrit les
écrivains, que le Directoire les a déportés, que l'Empire et
la Restauration ont voulu leur imposer silence ; que sont-ils
devenus, comment ont-ils fini?... Sans la liberté vingt gouvernements ont fait naufrage, que leur serait-il arrivé de pis
avec elle ? »

Un déluge de brochures sur la guerre d'Italie, sur les
complications qu'elle a entraînées, sur la question de Rome
et du Pape, sur l'autorité spirituelle et temporelle a inondé
les derniers jours de 1859. Une d'elle a un grand retentissement, *le Pape et le Congrès* (2). La recherche de l'auteur de
cette œuvre pseudonyme, a donné lieu à de curieuses controverses, on allait jusqu'à l'attribuer au chef de l'État. C'est,
écrivait-on en Europe, le manifeste du Gouvernement français; le *Times* l'attribuait à M. de la Guéronnière, et lui

(1) Le *Courrier du dimanche* (30 novembre 1859) avait reçu un
avertissement pour un article signé d'Haussonville, « cet article
contenant une attaque formelle contre le décret organique de février 1852 sur la presse et le droit de s'adresser au Sénat par voie de
pétition, ne saurait impliquer celui de faire par la voie des journaux
une guerre ouverte aux lois de l'État. « La *France centrale* pour avoir
inséré des articles de journaux étrangers, eut un avertissement
(8 décembre), un second suivit sur ce motif, « que l'article précité
(il serait difficile de l'apprécier, il n'est pas reproduit), est une protestation contre le premier avertissement. »

(2) A Vienne, une brochure en réponse aux vues émises dans cet
écrit, a été publiée et a eu une grande circulation.

promettait une approbation générale en Angleterre; cette
approbation ne fut pas très-goûtée du *Constitutionnel*. Le
Pays disait : « On aurait tort de rattacher cette publication
à une pensée gouvernementale ou à de hautes influences. »
La *Gazette de France* faisait observer : « On interdit à
l'épiscopat de publier ses mandements, et l'administration
laisse publier un écrit qui est une attaque violente contre la papauté, » et dont la conclusion est celle du livre
de M. About, livre saisi et qu'il est défendu de vendre. Le
Constitutionnel s'est jeté vivement dans la discussion par la
plume de M. Grand-Guillot, il croise le fer avec l'*Univers*,
l'*Union*, la *Gazette de France*, l'*Ami de la religion*, le
Journal des Villes et des Campagnes. Ces journaux se plai-
gnaient de ce que la discussion sur le pouvoir temporel du
Pape n'était pas libre, puisqu'on a défendu la publication
des mandements des évêques, ils demandaient qu'elle fût
permise; les évêques ne sont-ils pas parfaitement compé-
tents et les meilleurs juges pour traiter ce grand intérêt?
Mais, leur répond le *Constitutionnel*, la *discussion est libre*,
et si la prohibition de publier les mandements a été faite,
c'est dans l'intérêt de la religion. Le *Constitutionnel* attaque violemment une brochure de l'évêque d'Orléans contenant une chaleureuse réfutation de la brochure pseudonyme
plus ou moins officielle du *Pape et du Congrès*; cette polémique prend les proportions d'un événement et donne
lieu à un grand et solennel débat judiciaire.

Quelques journaux qui avaient discuté la fameuse brochure anonyme reçoivent des avertissements, il leur est reproché des allusions injurieuses contre les intentions solennellement exprimées par l'Empereur envers le Saint-Père,
des outrages envers un gouvernement étranger et l'Eglise
dont le Saint-Père est le chef, en disant que le pouvoir temporel est une plaie toujours saignante aux flancs de l'Eglise

catholique, et pour la proposition d'une adresse au Pape, ce qui, sous un prétexte religieux, organisait une agitation politique (L'*Univers*, le *Correspondant*, l'*Union de l'Ouest*, l'*Indépendance de l'Ouest*, l'*Opinion nationale*, le *Journal des Villes et des Campagnes*). Le préfet du Gard avait dé fendu de colporter et de faire signer l'adresse au Pape.

Le *Messager de l'Ouest* (journal catholique de Rennes) annonce qu'il cesse de paraître; « ses mouvements se trouvent paralysés par une force émanant d'un zèle très-louable en soi, mais exagéré, et qui peut aller à l'encontre du but qu'on se propose. » La *Guienne de Bordeaux* renonce à publier une seconde étude (*Examen de la question religieuse*) par des motifs qui n'échappent pas à l'intelligence de ses lecteurs. » La *Gazette de Lyon* : « La note du *Moniteur* a placé la grande question du jour sur un terrain où la presse indépendante ne saurait se hasarder... Nous nous bornerons à l'avenir au simple rôle de rapporteur... Nous nous interdirons toute polémique directe et personnelle. » Les avertissements donnés aux journaux ont presque tous ce motif, que leurs articles sur cette question présentent un caractère de violence qui dépasse toutes les bornes d'une discussion loyale et que leur but évident est d'exciter l'agitation dans les esprits (l'*Echo de l'Aveyron*, l'*Union de l'Ouest*, l'*Indépendant de l'Ouest*, l'*Echo de la frontière*). La *Gazette de France*, pour avoir écrit : « C'est seulement de 1793 que date avec la Terreur l'avénement du principe électif comme base de la souveraineté publique, » est avertie que ce langage contient un outrage et une attaque contre le principe de la souveraineté nationale et du suffrage universel sur lequel reposent les institutions de l'Empire. La *Gironde*, pour un article sur les *affaires municipales* de la ville de Bordeaux, reçoit un avertissement avec l'aggravation d'interdiction de vente du journal dans la rue ; les journaux obligés d'accepter ces sévérités se contentent de dire : « Nous ne confondons pas les excès de zèle avec la politique du Gouvernement. » Le *Correspondant*, pour avoir publié sous la signature d'Auguste Cochin, *La question italienne et l'opinion catholique en France*, et sous celle d'Albert de Broglie, *La lettre impériale et la situation*, est frappé d'avertissement. Ces articles ont été réunis en brochures.

Une mesure grave atteint l'*Univers*, sa suppression. Le Ministre de l'intérieur, dans un rapport a l'Empereu., expose que : « La presse religieuse a méconnu la mission de modération et de paix qu'elle devait remplir. Le journal *l'Univers* surtout, insensible aux avertissements qui lui ont été donnés, atteint chaque jour les dernières limites de la violence ; c'est à lui que sont dues ces polémiques ardentes où des attaques regrettables ne manquent jamais de répondre à ses provocations, et dont les scandales sont un sujet de profonde tristesse pour tous les bons citoyens (décret du 29 janvier 1860) (1). »

Deux jours après le *Moniteur* insère cette note : « Le Gouvernement a souvent déploré le caractère irritant des polémiques engagées sur les questions religieuses. Après la mesure qui a frappé le journal *l'Univers*, les violences qui répondaient à ses provocations seraient désormais sans motif comme sans excuse. La presse tout entière comprendra que ces graves questions ne doivent être discutées qu'avec le calme et la modération commandés à la fois par l'intérêt de la paix publique et par le respect dû à la religion (31 janvier). » A l'étranger, le système des avertissements est également en faveur, il règne en Russie, à Vienne, à Constantinople. A Vienne, le *Wanderer* est averti pour sa tendance à

(1) Au mois de février paraît un nouveau journal, le *Monde*, en remplacement de la *Voix de la Vérité* et de l'*Univers.*

encourager et favoriser des pensées d'opposition contre le Gouvernement, et le *Lloid de Pesth* l'est également pour recueillir avec zèle et d'une manière suivie, et reproduire des articles qui ont pour but de mettre en suspicion les intentions du Gouvernement et d'affaiblir la confiance qui lui est due; ce journal ajoute que cet avertissement le frappe d'autant plus lourdement que, d'après la loi de la presse, son premier avertissement eût été prescrit dans trois jours. La prescription des avertissements n'existe pas en France, ne serait-il pas juste, tant que le régime des avertissements durera, d'ajouter au décret de 1852, cette sage et généreuse disposition?

Un rapport du Ministre de l'intérieur à l'Empereur porte : « Le journal *la Bretagne*, publié à Saint-Brieuc, expose dans son numéro du samedi 11 février que « au moment où, suivant ce journal, le revirement inexplicable qui vient de s'opérer dans les hautes régions du pouvoir, jetait l'alarme et la consternation dans tous les cœurs catholiques, plusieurs députés, des plus sincèrement dévoués jusqu'ici à la dynastie et à la politique impériales, se seraient rassemblés spontanément à Paris des points les plus éloignés de la France, et se seraient concertés entre eux sur les moyens de faire parvenir la vérité jusqu'au pied du trône. »

» Comme résultat de ce concert, le journal donne sous forme d'adresse signée par trois membres du Corps législatif, une sorte de protestation contre la politique suivie par votre Gouvernement dans la question romaine. Ce document se termine par ces mots : « C'est pour pour vous, Sire, c'est pour votre dynastie que nous déplorons l'incertitude qui règne en ce moment, et qui, en se prolongeant, séparerait de vous tous les catholiques sincères. »

» Le journal ajoute : « La seule réponse qu'aient reçue les signataires de cette adresse a été la suppression de l'*Univers*; leur incertitude a cessé... » Il est impossible de tolérer qu'au sein de ces populations bretonnes, à la fois si pieuses et si dévouées à l'Empereur, on sème ouvertement et comme officiellement des divisions intestines, on essaie d'abuser de leur foi, et de leur présenter comme ennemi du temporel du Saint-Père, et presque du Saint-Père lui-même, le prince qui lui a rendu Rome et ne cesse de l'y protéger... Le journal la *Bretagne* est supprimé (1). » La presse départementale fit connaitre que les trois députés signataires de l'adresse dont parle le rapport de M. Billaut, sont MM. de Cuverville (des Côtes-du-Nord), Keller (du Haut-Rhin), Vte Anatole Lemercier (de la Charente-Inférieure). Un journal avait annoncé que ces trois députés avaient donné leur démission. Dans une *Lettre à leurs commettants*, ces députés racontent qu'ils voulaient exposer au chef de l'Etat leurs inquiétudes sur la politique suivie par son gouvernement dans ses relations avec le Saint-Siége, que, n'ayant pas été reçus, ils lui ont fait remettre une lettre par son grand-chambellan; ils se plaignent d'être accusés d'avoir manqué à leur serment et d'être frappés d'un blâme public, et ne reconnaissent pas au Ministre de l'intérieur le droit de le leur adresser : « Nous apprécions comme nous le devons l'insinuation du rapport qui tendrait à nous faire donner notre démission, il serait trop commode de se débarrasser des députés opposés à telle ou telle mesure, en les sommant de s'adresser de nouveau à leurs électeurs... Nous ne relevons que de notre conscience, et notre conscience est tranquille. Nous resterons au poste que vous (les électeurs) nous avez confié; ce n'est pas le moment de le déserter. »

Le Ministre de l'instruction publique adressa aux archevêques et évêques une circulaire dans le but de faire cesser

____

(1) Un nouveau journal, l'*Armorique*, vient de paraître à Saint-Brieuc, il se propose de remplacer la *Bretagne* (avril 1860).

l'agitation franco-romaine ; le Ministre de l'intérieur en adressa également une aux préfets ; en voici quelques passages : « Monsieur le préfet, la question romaine donne, depuis quelques temps, prétéxte à des tentatives d'agitation auxquelles il faut mettre un terme.

» Rédigées avec plus ou moins d'habileté, de petites brochures, à format populaire, sont par centaines de mille gratuitement publiées dans les temples, dans les écoles, dans les maisons privées, la chaire même se fait, en certaines localités l'écho de ces calomnies et de ces excitations. L'article 6 de la loi du 27 juillet 1849 prohibe la distribution gratuite ou non gratuite de tout écrit ou brochure, lorsque l'autorisation n'en a pas été donnée par le préfet, et punit d'un emprisonnement d'un mois à six mois et d'une amende de 25 fr. à 500 fr. ceux qui contreviennent à cette défense. — Je vous charge, M. le préfet, de veiller à ce que, dans votre département, cette prohibition soit désormais respectée... Il est un autre ordre de faits plus délicats, mais non moins regrettables, que je signale à votre à attention : sur plusieurs points du territoire, un zèle aussi injuste que peu éclairé a fait entendre dans la chaire, soit contre le Gouvernement, soit contre l'Empereur lui-même, des paroles que n'ont arrêtées ni la vigilance des évêques ni les conseils et les observations bienveillantes de l'autorité civile. Pleinement libre pour tout ce qui est de la foi, la chaire, dans l'intérêt le plus évident de la religion comme de la paix publique, doit rester soigneusement étrangère à ces excitations extérieures, et il existe dans nos codes une disposition qui inflige à ces écarts une peine correctionnelle... Dans ces circonstances, où l'administration ne devra se départir de sa *mansuétude habituelle* que suivant ce qui sera strictement nécessaire pour arrêter l'agitation des esprits, je vous demande à la fois *modération et fermeté* (17 février 1860). » Un journal de département est soumis à une étrange censure. Le journal *l'Aigle*, publié à Rodez, reçoit du préfet ce règlement : L'administration *patronne* l'*Aigle* aux conditions suivantes : il sera établi un conseil de surveillance, les articles *non communiqués* devront être *surveillés* par ce comité dont la composition devra être agréée par le préfet; un membre du clergé en fera partie et aucun article religieux ne sera publié sans son approbation, les nouvelles, les articles d'administration, les dissertations politiques économiques ou littéraires, les romans, nouvelles, feuilletons seront soumis au comité et ne seront publiés qu'avec son autorisation (février 1860, M. Baragnon, préfet de l'Aveyron).

En Algérie, la presse périodique a aussi ses épreuves, l'*Algérie nouvelle* après plusieurs avertissements, est suspendue indéfiniment (5 mars) ; sur un rapport du Ministre de l'Algérie, elle est définitivement supprimée par un décret impérial. Le rapport de M. de Chasseloup-Laubat précise ainsi l'esprit de ce journal : « Méconnaitre tous les services rendus; répandre contre l'armée des attaques aussi injustes que violentes ; chercher à jeter entre elle et les fonctionnaires de l'ordre civil les excitations d'une rivalité qu'heureusement le bon sens et le dévouement surent toujours repousser ; faire naitre dans l'esprit des colons la méfiance qui produit le découragement; représenter l'état de la colonie sous un aspect qui devait en éloigner ceux qui pourraient y vouloir porter leur industrie, leurs capitaux; exposer le pays à d'incessantes agitations par une polémique menaçante pour bien des intérêts, et peut-être paralyser ainsi les efforts du Gouvernement, telle semble être la tâche que l'*Algérie nouvelle* s'est imposée (1). »

(1) Tout récemment un antagonisme sérieux s'est produit en Algérie, entre l'autorité militaire et l'autorité civile ; le Conseil

Le vent est aux suppressions ; la *Revue du Pas-de-Calais*, en outre d'une condamnation à l'amende et à la prison, s'est vue supprimée par le tribunal d'Arras (mars 1860). On lit dans le *Moniteur :* « Le Gouvernement croit devoir, dans les circonstances actuelles, rappeler la disposition suivante du Concordat : « Aucune bulle, bref, rescrit, mandat, provision, » signature servant de provision, ni autres expéditions de la » Cour de Rome, même concernant seulement les particu- » liers, ne pourront être reçus, publiés, imprimés, ni autre- » ment mis à exécution sans l'autorisation du Gouverne- » ment (1er avril 1860). » Le lendemain, un second avertisse- ment reproche à l'*Ami de la religion* une attaque formelle contre la loi organique qui, en promulguant le concordat et en rétablissant l'exercice du culte catholique en France a ré- glé les rapports de l'Eglise et de l'Etat (2 avril). Cette polémi- que entre le Gouvernement et les journaux sur le terrain religieux s'est dénouée dans le procès fait à l'évêque d'Or- léans, il a eu un grand retentissement, et il a tranché une question littéraire qui touche à la liberté de la pensée et aux droits sacrés et imprescriptibles de l'histoire.

La brochure *le Pape et le Congrès* venait de se produire

général de la province d'Alger avait donné sa démission, il a été mis fin à ce conflit par le décret du 24 novembre 1860, qui a supprimé le ministère de l'Algérie, et nommé le duc de Malakof (maréchal Pélissier) gouverneur général de l'Algérie. Les institutions nouvelles qui vont régir cette pauvre Algérie, qui depuis trente ans a subi l'expérimentation malheureuse de tant de régimes, ne laissent plus de doute sur le caractère militaire de l'administration qui va la régir et la gouverner ; cette mobilité éloigne les deux éléments sans les- quels il n'y a pour cette nouvelle France ni progrès, ni prospérité à espérer, les capitaux, la population. C'est un retour encore au delà du régime du maréchal Bugeaud ; il était cependant à espérer qu'il avait bien et dûment fait son temps (Voir dans le *Courrier du Dimanche* des 10 février, 7 et 17 mars 1861, les articles que j'ai publiés sur la nouvelle organisation de l'Algérie).

avec toute la solennité et tout l'éclat d'un mystère qu'on
cherche à rendre transparent en lui attribuant une impor-
tante origine, elle inspire à l'évêque d'Orléans une *Lettre à
un catholique* (25 décembre 1859). Cet écrit éloquent sorti
d'une plume fortement trempée, d'un esprit de grand cœur
et de courage, d'un noble caractère, on est forcé de le reconnaître, quelque libre penseur ou voltairien que l'on soit,
produisit une vive sensation. Le *Constitutionnel* se livre par
son rédacteur en chef, M. Grand-Guillot, sous le pseudonyme
d'un *catholique* à la réfutation de la brochure du prélat d'Orléans, il s'était attaqué à qui savait répondre, la réponse ne
se fit pas attendre. Le *Constitutionnel* avait opposé à l'évêque d'Orléans une lettre (1810) d'un de ses prédécesseurs au
siège d'Orléans, M. Rousseau ; M. Dupanloup fouille dans les
archives de l'évêché, il expose les actes et les écrits de l'évêque Rousseau, y a-t-il mis la mesure et la discrétion conve-
nables, c'est ce que chacun est loisible de décider (1). Cette
réponse est déférée à la cour impériale de Paris ; on cherche
la famille Rousseau, on découvre et on arrache au repos et
au calme de sa vie la nièce octogénaire de l'évêque, elle demande aux tribunaux la réparation de la diffamation dont la
mémoire de son oncle a été atteinte. Un écrivain libéral distingué a porté sur la conduite de l'évêque d'Orléans ce jugement : « En venant à la barre de la presse plaider devant
l'opinion, c'est-à-dire la démocratie, il a rendu le plus bel
hommage qu'un homme dans sa situation pouvait rendre à la
fois à la presse et à la démocratie... La chaire, a-t-il répondu,
elle suffit sans doute à la prédication de l'Evangile, mais
après tout ce n'est qu'un auditoire, tandis que la presse, c'est

(1) M. l'évêque d'Orléans a publié une seconde *Lettre à un catholique*, et une réponse à M. le baron de Molroguier, petit-neveu de
l'ancien évêque d'Orléans, Raillon.

la France et mieux encore, c'est l'Europe... Il a fait comme il a dit; il a payé de sa personne; il a lutté la tête au vent pour sa conviction, il a déployé dans la lutte une incomparable vigueur. Si le talent seul donnait la victoire, il l'aurait déjà gagnée... Le dieu de la polémique l'a merveilleusement secondé en inspirant à son adversaire autant de naïvetés qu'il faisait d'articles, quand lui prélat, élu de l'Académie... venait fièrement sous son nom, à visage découvert, relever le gant jeté pour ce qu'il croyait le droit de l'Eglise et demandait seulement sa part de champ et de soleil... Il trouvait en face de lui un adversaire masqué, un inconnu, une anonyme, un catholique... Quoi qu'il en soit au point de vue de l'art, et sans vouloir toucher au fond de la question, l'évêque d'Orléans a mis à sa couronne académique une palme de plus, la palme de polémiste. Dialectique, ironie, esprit incisif, trait mordant, le lecteur semblait retrouver dans sa parole, comme un écho perdu du style de Pascal. Pascal maintenant change de côté. A qui la faute en conscience, si ce n'est à qui manque de franchise (Eugène Pelletan) (1)?

Chose inouïe! le journal *le Siècle* vient faire cortége à cette plainte, il se prétend *calomnié, offensé dans son honneur.* Quel honneur? Est-ce celui du journal, est-ce celui de ses rédacteurs? Un grand avocat lui refuse l'appui éloquent de sa parole; cette démarche inspire à E. Pelletan cette vive et chaleureuse apostrophe : « Est-il d'un bon exemple qu'un journal rangé dans l'opinion libérale vienne invoquer une loi précisément faite contre la presse, et, au milieu d'une polémique, demander un mois de prison contre un adversaire comme supplément d'argumentation... Il vous a diffamé? Soit, je veux bien vous croire sur parole. Il vous a

(1) Voir dans la *Presse* des 10 et 11 février 1860, la réponse de M. Dupanloup au *Constitutionnel.*

calomnié ? Tant mieux, c'est lui que je plains et non pas vous... Quand Beaumarchais décrété de prise de corps, écrivait sa défense, il adressait au ciel cette prière : Mon Dieu, envoie toujours à mon ennemi l'esprit de violence et d'invective... Mais calomnie, injure, n'est-ce pas là notre ambition d'honneur, à nous soldats d'une idée, et notre glorieuse cicatrice ?... Devons-nous cependant laisser porter atteinte à notre honneur ? Non, sans doute... Est-ce que notre vie ne nous défend pas toujours mieux en cas d'attaque, que n'importe quelle patente d'honneur tirée du greffe de la police correctionnelle ?... Lorsqu'on possède un journal et autour de ce journal un public réuni d'avance, a-t-on bonne grâce à douter à ce point de son talent de réplique qu'on aille emprunter la parole d'un avocat, et à déserter le public, le seul juge en matière de réputation, pour aller dans l'ombre du huis-clos redorer son auréole ? On ne voit donc pas qu'on fournit ainsi à l'esprit de haine contre la liberté son premier argument ? Il faut que la loi restrictive de la presse soit bien nécessaire, dira-t-il, pour que la presse elle-même en invoque le bénéfice... Un journal aimera mieux répondre que plaider... Ce qui est grave, ce qui est triste, c'est la thèse mise à l'ordre du jour, d'une nouvelle loi de presse pour donner à la mort la satisfaction d'envoyer la vie en prison. Et c'est une feuille libérale qui veut aujourd'hui ajouter cet ornement de luxe à un code déjà suffisamment riche de répression (Eugène Pelletan) ! »

Après des plaidoiries et une allocution de l'évêque d'Orléans proclamées éloquentes par ceux qui les ont entendues, leur publication étant prohibée, la cour de Paris renvoie de la plainte en commandite des héritiers Rousseau et du *Siècle* l'évêque d'Orléans.

Cet arrêt répond au *Siècle* : Votre grief est que l'auteur en disant au *Constitutionnel* qu'il a de l'honneur, semble indiquer qu'il n'en accorde pas aux rédacteurs du *Siècle*; il serait *difficile de trouver une injure dans une telle induction... qui serait plutôt l'œuvre du lecteur que celle de l'écrivain.* Quant à l'imputation de calomnie, l'arrêt dispose que c'est le *Siècle* qui a calomnié *en attaquant personnellement* l'auteur et *en lui adressant, dans une série d'articles, entre autres imputations, celle de faire appel à la révolte, de se livrer à une propagande impie, le qualifiant de factieux, de fougueux jigueur, de prêtre infidèle, qui ne recule pas devant l'idée du carnage... A toutes ces accusations, on ne conçoit guère qu'un évêque puisse répondre autre chose, sinon qu'il est calomnié* (1).

Quant à la question de la diffamation contre la mémoire des morts, cet arrêt décide qu'il est incontesté que les imputations à la mémoire d'une personne décédée ne sont l'objet d'aucune disposition répressive, que ni le texte des lois, ni la loi de 1819, ni son exposé de motifs n'autorisent ces sortes de poursuites et ne prononcent aucune condamnation.

Des égards aux vivants et la vérité aux morts, disait Voltaire; sans doute, mais il est des vivants qui ne veulent pas

(1) Au mois d'octobre 1860, le *Siècle* publie une lettre de réfutation de M. de Cadoudal, au sujet de son oncle; la lettre finissait ainsi : « J'aurais pu mettre le nom et la mémoire de mon oncle sous la sauvegarde d'une célèbre jurisprudence, *que vous connaissez bien*, je ne le ferai pas. » Le *Siècle* voit dans ces mots *un trait malin*, qui appelle une explication... Le *Siècle*, partisan des droits de la liberté de l'histoire, trouve que l'arrêt de la Cour de cassation ne les sauvegarde pas suffisamment. Il a appuyé la plainte de la famille Rousseau, parce que M. Dupanloup avait exhumé d'un dépôt des lettres qui n'étaient point destinées à la publicité. (En quoi cela vous regardait-il?) La plainte portait sur un fait de diffamation, peu nous importait que M. l'évêque d'Orléans fut condamné à 16 fr. d'amende... Le désaveu de toute intention offensante nous suffisait...

qu'on leur dise la vérité après leur mort. M. le garde des sceaux, Delangle, écrit à M. le procureur général Dupin : « Je ne puis reconnaître qu'une personne décédée puisse être impunément diffamée. » Et il l'invite à se pourvoir dans *l'intérêt de la loi* contre l'arrêt de la cour de Paris ; un homme d'esprit disait : *dans l'intérêt des vivants après leur mort...*

Devant la cour de cassation le rapporteur s'exprime ainsi : « La loi de 1819 étend-elle expressément à la mémoire des morts le délit de diffamation? Non, mais elle ne l'exclut pas; donc on peut l'y comprendre. » Dans son réquisitoire, M. Dupin dit : « Ce pourvoi, nous le soutenons avec prédilection et avec une conviction longtemps fixée dans notre esprit. » Puis, après bon nombre de citations empruntées au droit romain, à la loi civile, à la loi criminelle, il conclut à la cassation de l'arrêt. La cour de cassation annule l'arrêt de la cour de Paris : « Que le mot *personne* employé dans la loi de 1819 comprend les vivants et les morts, la loi ne distinguant pas; que les raisons de moralité publique, de paix entre les citoyens qui ont fait garantir par la loi le respect de la réputation d'autrui ne s'arrêtent pas aux limites de l'existence humaine... La limite imposée à la diffamation ne peut, dans aucun cas, devenir une gêne pour l'histoire; que le juge saura toujours reconnaître la bonne ou la mauvaise foi de l'écrivain, apprécier le but de ses jugements ou de ses attaques, ne pas confondre les nécessités et les franchises de l'histoire avec la malignité du pamphlet et enfin ne trouver le délit que là où il trouvera l'intention de nuire. (24 mai 1860). »

La Cour régulatrice, expression de palais, a prononcé; sa doctrine a renversé ce qui avait été décidé antérieurement. Comme la jurisprudence est suivant les temps et avec les hommes essentiellement ambulatoire, comme après tout c'est une doctrine, elle peut être discutée. En 1821 le *Drapea blanc* insulte à la mémoire du maréchal Brune, sa veuve poursuit le journal, le ministère public et le tribunal lui répondent : Le maréchal est mort, sa vie et sa réputation appartiennent à l'histoire. En 1823, un écrit diffame le duc de Berry après sa mort, son auteur est condamné non pas pour avoir diffamé le mort, mais pour avoir diffamé la famille royale. En 1826, les héritiers la Chalotais poursuivent l'*Etoile* pour avoir calomnié la mémoire de leur auteur ; la Bretagne, vivement émue, envoie un de ses enfants pour soutenir sa plainte ; l'*Etoile* est renvoyée de la poursuite, quoiqu'elle eût parlé irrévérencieusement, sans mesure et avec injustice de la mémoire de cet ancien procureur général. En 1857, l'éditeur des *Mémoires du duc de Raguse* est poursuivi par les héritiers Beauharnais *au civil* et non au correctionnel pour *avoir publié des faits faux*; il est décidé que dans l'ouvrage seraient intercalés les notes et documents infirmant les assertions de Marmont. Enfin, en 1858, le *Moniteur* ayant dans plusieurs articles établi la trahison du duc de Raguse et ayant associé le général Pelleport à la défection d'Essone, la veuve et le fils du général ont demandé une rectification au *Moniteur*, refus, ils le conduisent *au civil*, et ils obtiennent l'insertion du jugement pour tenir lieu de rectification.

Tout le monde est d'accord que les droits de l'histoire, son indépendance, sa vérité doivent être réservés et respectés, la jurisprudence nouvelle ne porte-t-elle pas atteinte à cette opinion unanime? Les mémoires contemporains, qui sont les matériaux sans lesquels il n'y a pas d'historiens futurs possibles, seraient-ils justiciables du correctionnel? Les nombreux mémoires sur la Révolution française, expression de tous les partis et que les historiens de cette grande époque ont tour à tour invoqués, seraient-ils traduits en justice dans la personne de leurs éditeurs? La loi de 1819 quant aux fonctionnaires publics pose cette thèse : Leur vie privée n'ap-

partient qu'à eux-mêmes, leur vie publique appartient à
tous, c'est le droit, c'est le devoir de chacun de leurs concitoyens de leur reprocher publiquement leurs torts et leurs
fautes publiques, l'admission des preuves est alors indispensable (1). Un jurisconsulte complète la pensée : La protection
accordée ou non à la mémoire des morts ne peut jamais
aller, lorsqu'il s'agit d'un homme qui a joué un rôle public,
jusqu'à soustraire sa vie à l'examen de ses contemporains
et à porter atteinte à l'indépendance de la critique historique.

Pourra-t-on dire, s'écrie M. Dupin, d'un soldat qu'il fut
un lâche, d'un général qu'il fut un chef de brigands, d'un
négociant que c'est un homme sans honneur et sans foi ; il
aurait pu ajouter, d'un magistrat ami d'un prince, dont il
s'est détaché pour se mettre au service d'un autre, qu'il a
commis un acte d'apostasie ? sans doute, si cela est, si c'est
de l'histoire vraie. Un dernier mot sans réplique d'un écrivain notre ami : « Sait-on bien ce qu'on demande en demandant au législateur d'étendre sur la poussière d'une génération éteinte le manteau de la loi sur la diffamation ? On
demande purement et simplement la suppression de l'historien. Si un écrivain flétrit la trahison de Pichegru ou seulement la raconte, un arrière-neveu du général sortira de
quelque faubourg d'Arbois et enverra le récit au pilon ; et
en attendant, on arrêtera toute nouvelle édition du *Mémorial
de Sainte-Hélène*, car Fouché aurait bien pu par hasard laisser un cousin au douzième degré. Il faudra mettre désormais l'histoire en compliments et en madrigal. Il y aura
dans le passé unanimité de vertu. La Dubarry donnera le

______

(1) Le décret de février 1852, porte qu'en *aucun cas* la preuve par
témoins, ne sera admise pour établir la réalité des faits injurieux
et diffamatoires.

bras à Turgot... Oui, sans doute, la diffamation est odieuse, oui, la calomnie est abominable et contre l'honneur et contre le talent. Mais réputation, talent, tout cela relève de l'esprit public; c'est l'esprit public qui l'accorde ou le relève à sa convenance. Le trouvez-vous si stupide et si pervers, vous qui ne vivez que par lui et pour lui, que vous éprouvez le besoin de porter la popularité de votre nom à un autre tribunal? Mais, quand bien même le tribunal vous donnerait raison, il faudra encore, pour que le jugement vous rétablisse dans l'opinion, que l'opinion elle-même ratifie le jugement. Il vous faudra tonjours finir par où vous auriez dû commencer. Eh! mon Dieu, vivons le mieux que nous pouvons et nous n'aurons rien à craindre de la calomnie... On peut entasser l'injure sur l'injure aussi haut que l'on voudra, on ne l'élèvera jamais au-dessus de mon mépris (1). Voilà le langage du respect de soi-même et de la fierté. Quand un homme a toujours vécu en bon accord avec sa conscience, aura-t-il jamais à son lit de mort cette singulière préoccupation de laisser après lui un descendant en ligne directe ou collatérale, spécialement chargé par la loi de planter de temps à autre un petit procès en police, comme un rosier sur son tombeau (Eugène Pelletan). »

Pour clore le débat sur l'agitation religieuse, le Gouvernement a publié la discussion du Sénat sur les pétitions réclamant son intervention en faveur de la puissance temporelle du Pape, elle a été couronnée d'un ordre du jour. A cette occasion, un journal émet ce vœu : « Puisque devant les assemblées on est privé du droit d'interpellation, on devrait bien établir la publicité des séances du Sénat, puisque le droit de pétition seul existe; ce serait dans l'intérêt public, celui des citoyens, du pays, et pas seulement dans l'in-

(1) M. Guizot.

térét des journaux (*Débats*) (1). » Un pétitionnaire avait
émis la même pensée : « Ce sera le développement du territoire et de la liberté. » Il lui fut répondu : « Notre liberté
ne s'en trouverait pas accrue dans la même proportion que
notre territoire. » Le même journal cite l'opinion de la presse
hongroise sur la liberté de la presse en France : « Que di-
rait-on d'un médecin qui, entrant dans la chambre d'un
malade, commencerait par lui fermer la bouche d'une
main, en écrivant son ordonnance de l'autre? Or, c'est
l'idée que nous nous faisons de l'état actuel de la presse de
France. »

Une cour (Poitiers) a décidé que les mandements et lettres
pastorales des évêques doivent être déposés, conformément
à la loi du 27 juillet 1849, lorsque ces mandements ou lettres
pastorales sont des œuvres politiques mises en circulation et
en vente (16 avril).

Ces deux *communiqués* ont été rendus publics :

« A l'occasion des tentatives d'insurrection qui ont eu lieu
en Espagne et en Sicile, deux journaux, le *Pays* et la *Patrie*,
contiennent contre une puissance voisine des imputations
regrettables. Ces journaux auraient d'autant moins dû les
accueillir que, comme ils le reconnaissent eux-mêmes, elles
sont dénuées de toute authenticité (10 avril 1860). »

« L'*Union* et la *Gazette de France* affectent, en parlant
de M. le comte de Montemolin, de lui attribuer le titre royal
de Charles VI.

« Ces journaux méconnaissent ainsi les droits constitu-
tionnels de la reine d'Espagne, que toute l'Europe a reconnus, et avec le gouvernement de laquelle la France entretient les meilleures relations.

» Il est donc utile de rappeler ces deux feuilles au respect

(1) Voir plus bas le décret du 24 novembre 1860.]

des convenances internationales qui sont des garanties pour les peuples et les gouvernements (16 avril). »

Dans la *Gazette de Lyon* (26 avril), on lit cette étrange insertion : « Par arrêté de S. Exc. le Ministre de l'intérieur, en date du 21 avril, M. Albert Dardenne, rédacteur en chef de la *Sentinelle du Jura*, est nommé rédacteur en chef du *Mémorial de la Loire*, en remplacement de M. Ch. Robin, démissionnaire. » Un journal de département donne cette explication : Il y a là évidemment un vice de rédaction ; le Ministre ne nomme pas les rédacteurs de journaux, il *ratifie* seulement le choix du rédacteur en chef proposé par les propriétaires d'un journal : cette ratification est l'objet d'un arrêté ministériel. Ce journal a-t-il bien la certitude de cette interprétation ? La même feuille annonce que les feuilletonistes financiers ont été invités à observer une certaine réserve dans l'appréciation de l'influence que les bruits ou les événements politiques exercent sur les cours de la bourse.

Une nouvelle brochure anonyme, la *Coalition*, était attribuée à un fonctionnaire public qu'on suppose recevoir des confidences de haut lieu ; le *Moniteur* publie cette note :

« Une brochure anonyme intitulée : *La Coalition*, est depuis deux jours le prétexte de manœuvres de bourse et d'efforts pour entretenir l'inquiétude dans les esprits ; les lois actuelles ne donnent pas au Gouvernement le droit d'arrêter ces sortes de publications, à moins qu'elles ne renferment un délit caractérisé ; mais les manœuvres de bourse qui cherchent à les exploiter en inquiétant l'opinion, sont prévues et punies par le Code pénal. Le Ministre de l'intérieur a déféré au Ministre de la justice celles qui ont eu lieu à l'occasion de la brochure la *Coalition*, et une instruction judiciaire va s'ouvrir à ce sujet (19 avril). »

Le journal *la Gironde* vient de recevoir un deuxième avertissement pour un article intitulé : *Affaires munici-pales*, attendu, « que l'article saisi renferme des inexacti-tudes graves, et dépasse les limites d'une discussion loyale en cherchant à tromper l'opinion publique sur les vrais motifs de la retraite de la municipalité (janvier 1860). » L'*Echo de l'Aveyron* a reçu un premier avertissement pour un article « d'une violence dépassant toutes les bornes d'une discussion loyale, et que son but évident est d'exciter l'agi-tation dans les esprits (janvier 1860) (1). »

(1) Bilan des avertissements au commencement de l'année 1860 : Cinq journaux sont maintenant frappés de deux avertissements; ce sont : l'*Univers*, à Paris; la *France centrale*, à Blois; l'*Echo de la Frontière*, à Valenciennes; l'*Union de l'Ouest*, à Angers, et la *Gi-ronde*, à Bordeaux. Douze autres journaux ont reçu un premier avertissement; ce sont : le *Mémorial de l'Allier*, de Moulins; le *Correspondant*, à Paris ; l'*Ami de la Religion*, à Paris; l'*Indépen-dant de l'Ouest*, à Laval; le *Courrier du Dimanche*, à Paris; le

On lit dans l'*Indépendance belge* : « Le *Moniteur industriel* a publié une adresse à l'Empereur passablement agressive, signée de cent quatre-vingts industriels, pour repousser toute idée d'un traité de commerce avec l'Angleterre. Cette publication, violemment attaquée par le *Pays* et par la *Patrie*, comme intempestive, faite uniquement dans le but d'exciter les esprits et de peser par la menace sur les résolutions du Gouvernement, a entraîné pour le *Moniteur industriel* la peine d'une saisie, motivée sur ce que ce journal n'est pas autorisé à traiter de matières politiques. »

Le propriétaire-gérant du *Monde* a mis en tête de son premier numéro l'avis suivant : « Nous avons l'honneur d'informer les anciens abonnés de l'*Univers* que nous venons de faire l'acquisition de la *Voix de la Vérité*. Nous sommes autorisés à publier ce journal sous le titre : LE MONDE. L'autorisation que nous avons obtenue aura pour conséquence de sauvegarder les intérêts des anciens abonnés de l'*Univers*, en même temps que ceux des nombreux employés et ouvriers qui faisaient partie de son administration, que nous nous faisons un devoir de conserver. (février 1860). »

Le fait de l'annexion de Nice et de la Savoie à la France avait un grand retentissement en Europe, les feuilles étrangères avaient, avec une grande vivacité, manifesté des appréhensions sur des vues ultérieures d'agrandissement dans le but de reconquérir les frontières naturelles de la France. Un écrit attribué à un rédacteur du *Siècle*, les *Frontières du Rhin*, était annoncé ; l'auteur, suivant l'*Indépendance belge*,

Mémorial des Deux-Sèvres, à Niort; l'*Opinion nationale*, à Paris ; le *Journal des Villes et des Campagnes*, à Paris; l'*Espérance de Nancy* ; l'*Espérance du Peuple*, de Nantes; la *Gazette de France*, à Paris, et l'*Echo de l'Aveyron*, à Rodez.

exposait que la France ne serait satisfaite que lorsqu'elle aurait recouvré les *frontières du Rhin*, que l'Europe ne serait point tranquille tant que les traités de 1815 ne seraient point annulés et que la France n'aurait pas repris pacifiquement ses frontières naturelles. La brochure est déposée (12 mai), elle allait être en mise en vente (14 mai) quand l'éditeur reçoit l'ordre de suspendre la publication, et le *Siècle* reçut ce communiqué :

« A propos d'une brochure qui devait paraître sous le titre : *Les frontières du Rhin*, plusieurs journaux ont annoncé que cette publication avait été suspendue par ordre du Gouvernement ; cette assertion est complétement inexacte. — La loi du 21 octobre 1814, en assujettissant l'imprimeur aux formalités de la déclaration et du dépôt, le laisse entièrement libre de publier des brochures sans aucune autorisation administrative. — Dans le cas actuel, le Gouvernement n'a pas songé un seul instant à interdire la publication dont il s'agit ; seulement, comme dans ces derniers temps, la crédulité publique a été plus d'une fois dupe de rumeurs intéressées à tromper l'opinion en France et en Europe, sur le caractère et l'origine d'œuvres tout individuelles, l'administration ne pouvait rester inactive. Elle a fait savoir *officieusement* à l'auteur et à l'éditeur que cette brochure lui semblait susceptible de créer des préoccupations et des inquiétudes. — Ce n'est point un ordre qu'elle a donné, mais un simple conseil qui, sans restreindre les droits de personne, était pour elle l'accomplissement loyal d'un devoir (15 mai 1860). »

« M. Jourdan (l'auteur de la brochure) n'a pas cru devoir passer outre ; d'autres brochures n'ont été l'objet d'aucun conseil de ce genre ; M. Jourdan doit s'en trouver flatté. La brochure d'un rédacteur du *Siècle* a paru offrir des inconvénients plus graves et la crédulité publique, bien à tort, aurait cru y voir *une inspiration du Gouvernement*. Il est difficile d'expliquer autrement le silence à l'égard des uns, et le conseil officieux à l'égard de l'autre (Prevost-Paradol). » Le *Siècle* répond qu'il ne reçoit pas *les inspirations du Gouvernement*.

Deux journaux, le *Siècle* et l'*Opinion Nationale*, ouvrent dans leurs bureaux une souscription en faveur de l'expédition des Deux-Siciles, la *Patrie* annonce « que ces souscriptions sont formellement interdites. » Le Ministre de l'intérieur adresse à ces journaux *l'invitation* de s'abstenir de toute publication relative à la souscription. Une circulaire du préfet de la Haute-Vienne engage les communes à s'abonner au journal *le Vingt-Décembre*, journal du Gouvernement et de l'Administration, et de faire des propositions de souscription aux Conseils municipaux, il autorisera la dépense d'un abonnement (2 mai).

Dans son livre, une *Réforme administrative en Afrique*, M. A. de Broglie loue et regrette le régime parlementaire, le *Constitutionnel* l'en réprimande, il condamne ce régime *parce qu'il a succombé;* « mais, réplique-t-on, le régime impérial a succombé également et doublement en 1814 et 1815, sans doute par ses fautes. C'est toujours par ses fautes qu'on succombe. Le *Constitutionnel* ira-t-il en conclure la condamnation absolue du régime impérialiste. » M. A. de Broglie avait ajouté : « Le régime impérialiste est admirable pour faire des administrateurs réguliers et des administrés paisibles, mais les hommes d'Etat, et pour parler plus brièvement, les hommes y deviendront chaque jour plus rares. » Puis la *Presse* (M. Solar) se jette dans la discussion en ces termes : « Cela n'est pas un jugement, c'est un fait qui ressort naturellement du principe même du régime impérialiste. Dans ce régime, c'est l'Empereur qui gouverne. Il n'y a que l'Empereur qui puisse être un homme d'Etat et un

13.

homme dans le sens politique d'une volonté maitresse d'elle-
même. Dans le régime parlementaire, il faut nécessairement
qu'il y ait des hommes d'Etat ou bien il n'y a plus d'Etat. Le
régime, précisément parce qu'il place le pouvoir dirigeant
dans les Assemblées délibérantes, a pour conséquence forcée
la formation d'hommes aptes à exercer le pouvoir au nom
et pour le compte de ces assemblées. Le régime parlementaire est forcément une école d'hommes d'Etat, d'écrivains,
de publicistes... Si la France est bien gouvernée, il n'y a
pas à marchander, tout l'honneur et tout le mérite en reviennent à l'Empereur, de même que la responsabilité tout
entière lui incombe si la France est mal gouvernée. Cette
responsabilité, nous ne croyons pas que le Gouvernement
actuel la repousse. Il faut lui rendre cette justice, il est réellement ce qu'il parait, et il parait ce qu'il est réellement. Les
hommes de taille et de force à gouverner sont rares. Si cela
est vrai pour le régime parlementaire, cela est vrai aussi
pour le régime impérialiste, plus vrai même, car enfin il
n'y a qu'un Empereur possible, puisque l'hérédité le désigne,
tandis qu'il peut y avoir bien des chefs de cabinet... Nous
admettons volontiers un grand homme, deux grands hommes sur le trône impérial, mais qu'est-ce qui nous répond
du troisième? Aussi sommes-nous bien convaincus qu'à un
moment donné le régime impérialiste lui-même, cherchera
un point d'appui dans le régime parlementaire. Ce sera le
couronnement de l'édifice que nous appelons de tous nos
vœux et que nous saluerons de notre loyale approbation le
jour où il arrivera. » Dieu vous entende!

Le *Pays*, « ce frère siamois du *Constitutionnel* séparé
récemment par la tête mais toujours étroitement lié par le
ventre (Peyrat), » dit à la *Presse* : « L'Empire a succombé
devant l'Europe en armes, tandis que le régime parlementaire, renversé deux fois par des crises intérieures, a prouvé

ainsi qu'il était incapable de prendre racine en France. »
La *Presse* veut bien reconnaître que « l'Empire est tombé
devant l'Europe en armes. Mais ce serait une grave erreur
démontrée par l'histoire, de prétendre qu'il n'est tombé que
devant l'Europe, il est tombé aussi devant la France, lasse
du régime absolu... »

M. le Ministre de l'intérieur ne partage pas cette opinion,
il envoie à la *Presse* et à M. Solar, dans un deuxième avertissement, cette réponse, que c'est « présenter la France
comme complice de la coalition étrangère qui a renversé le
premier Empire ; cet article a, dans un but facile à comprendre, calomnié le pays et blessé le sentiment national. »

L'*Opinion Nationale* a reçu ce communiqué : « L'*Opinion
Nationale* a publié dans son numéro du 12 mai, sous la
signature de M. Ed. About, un article qui contient des
outrages contre l'administration des Musées impériaux. Sans
entendre gêner les droits de la critique, qui ne perd rien de
sa liberté en se renfermant dans la limite des convenances,
il est nécessaire de rappeler que l'injure envers les dépositaires de l'autorité est un délit prévu par la loi, et que, si les
hommes honorables qui en sont l'objet, se sentent assez
protégés par l'estime publique pour ne pas demander réparation aux tribunaux, le devoir du Gouvernement n'en est
pas moins de protester contre de pareils écarts, qui, s'ils
se renouvelaient, pourraient avoir de plus graves conséquences. »

Cette note suggère à la *Presse* cette observation : « Ce
n'est pas sans plaisir que nous enregistrons cette note, l'on
voit que l'Administration sait quelquefois ne pas se servir
de toutes les armes dont elle est investie contre la presse...
Nous applaudissons à cette mansuétude comme si elle nous
touchait personnellement. »

Un ancien maire de Bordeaux poursuit en diffamation la

Gironde, une faible amende est prononcée; ce journal ayant
encouru une condamnation pour une contravention en matière de signature et deux condamnations en moins de deux
ans, il se trouvait légalement supprimé; la *presse indépendante* signale avec prudence ce péril. « Par un contraste
heureux, dit la *Gironde*, la chambre de commerce de Bordeaux a décidé que le buste d'Henri Fonfrède, publiciste et
journaliste, serait placé dans une des salles de la Bourse;
aujourd'hui Henri Fonfrède, qui n'a jamais voulu être que
journaliste, éprouverait un peu de peine à conquérir sa renommée, il a pu avoir des adversaires en politique mais
son caractère, son talent, sa loyale sincérité ne lui ont
donné que des amis. » Le plaignant eut le mérite d'une
bonne action en se désistant de sa plainte (1).

Nouveau communiqué à l'*Opinion Nationale* : « Dans son
numéro du 27 mai, le journal *l'Opinion Nationale* attribue à
M. le duc de Grammont, notre ambassadeur à Rome, sur le
pouvoir temporel du Pape, un langage qu'il n'a pas tenu;
les assertions de cet article sont inexactes. Un autre article
du même journal contient des injures contre le Gouvernement pontifical, et en même temps un blâme implicite contre nos soldats, pour avoir, au mois de juin 1848, résolûment
défendu dans Paris la société et les lois. — Le Gouvernement de l'Empereur, qui, à Rome, protége le Saint-Père et
a rétabli en France les principes fondamentaux de l'ordre

---

(1) M. Lavertujon, rédacteur en chef de la Gironde, adresse au
Constitutionnel une lettre que celui-ci n'a pas insérée; il rend
compte de la situation extraordinaire dans laquelle se trouve la
Gironde, d'après le décret de 1852; elle a été condamnée pour un
fait de diffamation; une seconde condamnation pour contravention
à la loi des signatures; il y a recours en cassation contre ces condamnations, mais le jour où elles seraient définitives; ce journal
aura un double compte à régler avec la justice d'abord; puis avec
le décret de 1852, qui lui dit : Tu vas mourir (Art. 32 du décret).

social, ne saurait laisser passer de pareilles attaques sans en
faire insérer le blâme dans le journal même qui les a publiées. »

M. L. Jourdan, à l'occasion du discours du prince régent
de Prusse, publie dans le *Siècle*, les *Frontières naturelles*, il
n'a pas voulu perdre entièrement son travail des *Frontières
du Rhin :* « Un peuple tend à ses *frontières naturelles* comme
l'eau tend constamment à reprendre son niveau... On n'arrête pas plus une idée qu'on n'arrête un boulet de canon
dans sa course rapide, il faut que le boulet arrive à son but
ou qu'il brise ce qui lui fait obstacle. L'idée qui agite l'Europe
atteindra son but quoi qu'on fasse... » Une suite est annoncée, elle n'a pas paru, un article du *Moniteur* en donne l'explication : « Le Gouvernement croit devoir protester contre
les suppositions de tout genre, les accusations malveillantes
ou les interprétations irréfléchies auxquelles a donné lieu, depuis quelques semaines, la question de l'annexion de la Savoie et de l'arrondissement de Nice à la France. — C'est à la
suite d'une guerre heureuse et d'événements qui ont consi-
dérablement accru son territoire que le roi de Sardaigne, sur
la juste demande de l'Empereur et consultant d'ailleurs l'intérêt des provinces séparées du reste de ses Etats par les plus
hautes montagnes de l'Europe, a consenti à signer le traité
qui va les réunir à la France après le vote solennel des populations. Quoi de plus franc, de plus régulier, de plus légitime ! — Cependant, sous l'influence de passions hostiles ou
d'amitiés imprudentes, les uns se livrent à des insinuations,
les autres à des appréciations qui tendent à attribuer au
Gouvernement français le dessein de provoquer ou de laisser
naitre des complications en Europe, pour y chercher l'occasion de nouveaux agrandissements. C'est une pensée toute
contraire qui l'anime. — Le Gouvernement, nous le procla-
mons hautement, déplore ces manœuvres destinées à propa-

pager journellement les impressions les moins exactes sur ses véritables intentions. L'Empereur fait tous ses efforts pour rétablir en Europe la confiance ébranlée. Son unique désir est de vivre en paix avec les souverains ses alliés et de mettre tous ses soins à développer activement les ressources de la France (1er juin). »

La *France d'outre-mer* (Martinique) après un avertissement a été suspendue pendant un mois, pour assertions inexactes, appréciations erronées, malveillantes de nature à égarer l'opinion publique, etc., etc., etc. (mai 1860). Un Imprimeur de St-Germain (1) avait publié une brochure, *3e et 4e lettre d'un Bénédictin*, sans nom d'auteur et sans que le dépôt en ait été fait au parquet; suivant le ministère public c'était un écrit politique soumis à cette formalité ; le tribunal de Versailles ne vit dans cet écrit qu'une appréciation du romantisme et de son influence sur les événements depuis 1830 étrangère aux matières politiques. .

Le tribunal de Strasbourg a décidé que les images photographiques ne pouvaient être mises en vente, publiées et exposées sans une autorisation du ministre de la police, à Paris, et des préfets, dans les départements. Cette décision n'est-elle pas une interprétation forcée du décret de février 1852?

Un compte rendu du voyage de l'Empereur à Bade inséré dans le *Pays* a fort égayé la France et l'Allemagne. Il offre une description tout à fait pindarique du temps, de l'horizon, des vagues et fluctuations murmurantes des forêts, des étoiles scintillant derrière les nuages diaphanes, de l'orage, du retour au beau temps, du réveil d'un soleil radieux... Un gendarme Badois s'écrie : « Voyez le prodige, la petite rivière qui n'avait pas d'eau s'est remise à couler la veille même du jour où l'Empereur est arrivé. » A l'issue du déjeûner du

(1) M. Beau.

vieux château, la foule s'est précipitée dans la salle des chevaliers, elle a mis en pièces les bouquets placés sur la table, chacun voulait emporter une fleur, un souvenir, « j'ai vu prendre jusqu'à des morceaux de pain laissés près de la place de l'Empereur (Léonce Dupont)... » Il est heureux qu'avant cette invasion on ait eu le soin d'enlever l'argenterie !...

Le *Pape devant un maire de village* a été renvoyé des poursuites par la cour de Poitiers; un curé, pour avoir distribué le *Pape par Mgr de Ségur*, le *Pape et ses droits*, la *Question romaine par un ouvrier*, a été condamné à une amende par le tribunal de Vesoul. Dans l'opinion de la cour de Rennes, le décret de février 1852 s'applique à la publication ou reproduction de fausses nouvelles *d'événements passés* et non de *pronostics*; le Ministère public s'est pourvu en cassation.

Les journaux ont reçu le communiqué suivant: « Une commission rogatoire ayant été déléguée par un juge d'instruction du tribunal civil de la Seine au juge d'instruction du tribunal civil de Versailles, pour saisir la brochure intitulée : *Les anciens Partis*, ce magistrat a chargé le commissaire de police de Saint-Germain-en-Laye de procéder à cette saisie chez le sieur Beau, imprimeur de cet écrit.

» Le commissaire de police, outrepassant son mandat ne s'est pas contenté de procéder à l'exécution de cette mesure, il a fait briser, en sa présence, les planches de l'impression.

» M. le Ministre de l'intérieur, informé de ce fait, a immédiatement décidé la révocation de ce fonctionnaire (juin) (1).

L'auteur des *Anciens Partis* (M. Prevost-Paradol) a été condamné à la prison, le jugement porte : « Le but de l'ou-

____

(1) Le commissaire de police a repris ses fonctions à Saint-Germain.

vrage est de former une ligue de tous les partisans des régimes déchus contre le Gouvernement actuel..... L'auteur
affecte, pour réunir les anciens partis monarchiques et le
parti républicain sous un même drapeau, malgré les profon-
des divisions qui les séparent, de ne considérer la forme du
Gouvernement que comme un accessoire de peu d'importance, sur laquelle on pourra débattre ultérieurement, et les
convie de se concerter quant à présent, dans un seul but, le
renversement du despotisme et la conquête de la liberté...
L'auteur en signalant : « comme le plus ancien de tous les partis de l'alliance vieille comme le monde de la démagogie et
du despotisme, le désir inique de la toute-puissance faisant un
pacte avec l'instinct aveugle de l'égalité... Ce parti est celui
qui a fondé la vaste dynastie des Césars, aux acclamations
de la populace romaine, et il a encore sur les mains le sang
de Caton... » « a évidemment voulu désigner le Gouvernement actuel comme renouvelant le despotisme des Césars...
Il indique, à ce que nul ne puisse s'y méprendre, qu'il y a
entre le parti qui soutenait la tyrannie des Césars, les tyrannies d'Orient et de la Grèce, et celui qui soutient aujourd'hui
l'Empire, une certaine ressemblance... »

Les *anciens partis*, ils sont journellement l'objet de vives
attaques dans les *régions* et la *presse officielles* ; l'Empereur,
dans sa proclamation de départ pour l'armée d'Italie, parle
« de ces hommes incorrigibles des anciens partis toujours
prêts à pactiser avec les ennemis. » Comment n'y aurait-il
pas d'anciens partis dans un pays qui a traversé tant de révolutions ! « S'ils sont condamnés à se taire, on ne les supprime
ni par des décrets ni par des sénatus-consultes. Si leurs cadres
existent encore, c'est que, par leur passé, ils ont représenté
souvent avec éclat la grande fortune de la France, ses pensées, ses besoins, son génie, sa puissance. Quelles que soient
les épreuves ou les persécutions qui les attendent dans l'ex-

pression de leurs souvenirs ou de leurs espérances, la violence leur profite plus qu'elle ne leur nuit, elle grandit, elle fortifie leur vitalité dans la mesure des coups qu'on leur porte. On le dit souvent, l'union fait la force, c'est aux anciens partis à s'en pénétrer; il leur faut abdiquer sans crainte devant l'opinion publique pour se placer dans le courant des nécessités actuelles et progressives; que les fautes du passé, ces grands enseignements, les éclairent, s'ils ne veulent qu'on leur impose une déchéance absolue ; dans les circonstances difficiles il faut développer l'énergie de la force morale et se ranger sans préjugés, sans préventions dans les rangs de cette grande fédération des intelligences qui combattent pour toutes les libertés contre les barrières artificielles qu'on leur oppose (*Courrier du Dimanche*). »

Les anciens partis! il faut le dire bien haut à l'honneur de l'honnêteté et de la pudeur publique, il y a encore des cœurs dévoués et fidèles à la religion des souvenirs, il y a encore des âmes fortes qui ne changent pas de drapeau comme de vêtements, qui ne vont pas de César vaincu à César vainqueur, qui ne pratiquent pas le culte de la servilité, de la génuflexion et du plat ventre devant les triomphes du succès, qui n'ont pas pour règle unique en politique de s'attacher au char des triomphateurs ; respectez-les dans le sanctuaire de leur conscience, de leur honneur, c'est leur gloire à eux. Croyez bien qu'au moment du danger les adeptes de cette grande prostitution morale de l'époque ne sont pas une force pour un Gouvernement. Ils étudient les caprices de la fortune ; et, si un Gouvernement est proche de sa ruine, ils portent sans scrupule et par avance leurs hommages à celui qui doit le remplacer. Tels sont les tristes enseignements de l'histoire de tous les temps (1).

(1) Voir plus bas la circulaire de M. de Persigny, de décembre 1860.

L'Administration a vu dans l'article *De la liberté des coalitions* du *Courrier de Paris*, une attaque violente contre la loi qui les punit (Avertissement du 10 juin). — Une brochure sur la Turquie était sur le point de paraître ; l'ambassadeur d'Autriche, dit-on, s'opposa à sa publication ; le Gouvernement informe l'auteur que sa brochure peut avoir des inconvénients ; l'auteur a résolûment passé outre et a publié.

Lors de la présentation du sénatus-consulte approbatif du traité d'annexion de Nice et de la Savoie, le président du Sénat (M. Troplong) prononce une allocution ; en voici quelques passages : « Leur dignité de citoyen verra si la liberté vraie et sensée est absente de cette terre de France, dont elle est, pour ainsi dire, un fruit naturel ; car la liberté civile y coule à pleins bords dans les canaux sans nombre que lui ont tracés notre admirable Code Napoléon, nos codes criminels, la liberté de conscience, la liberté d'enseignement, l'égalité des personnes et des biens, et tant de lois, en un mot, inspirées par les principes de 1789... Quant à la liberté politique sur laquelle on discute si souvent, moins pour le nécessaire raisonnable et légitime que pour le superflu, nos compatriotes des versants des Alpes savent à quoi s'en tenir ; hommes prudents, esprits réfléchis, ils ne se sont pas jetés dans l'inconnu ; ils ont fait leur choix et ils ne se croiront peut-être pas trop asservis quand ils jouiront du suffrage universel, du droit de voter les lois et l'impôt, du droit de pétition, du droit de plainte contre les actes inconstitutionnels, et du droit le plus large de publier leurs opinions et leurs doléances sur toutes sortes de sujets par la voie de la presse périodique. Les populations sages et éclairées par l'expérience ne sont pas comme ces Grecs oublieux et sophistiques auxquels le consul Flaminius conseillait vainement la tempérance dans la liberté. Elles savent se contenter de cette liberté sobre qui prévient ou corrige les abus, et qui ne fait de mal ni aux autres ni à elle-même. Nos nouveaux concitoyens seront donc contents de nous ; car l'autorité française leur semblera douce, et la liberté exempte de gênes non justifiées... »

C'était bien le moins qu'on fît connaître à nos nouveaux compatriotes, qui jusqu'ici vivaient sous un gouvernement constitutionnel et parlementaire, les institutions auxquelles ils allaient être soumis à leur entrée dans la grande famille française (1).

Un avertissement a été donné à l'*Opinion nationale* et au *Courrier de Paris* pour la publication du discours de Victor Hugo, prononcé dans le meeting de Jersey à l'occasion des événements de Sicile.

Le Ministre de l'intérieur a adressé cette lettre à l'évêque d'Arras : « Vous avez, à plusieurs reprises, insisté près de moi pour obtenir la révocation de la mesure qui interdit aux journaux quotidiens la reproduction des mandements des évêques. Le Gouvernement avait pensé que, limités aux choses purement religieuses, destinés seulement au clergé et aux fidèles du diocèse, les actes épiscopaux recevaient toute la publicité désirable par la lecture en chaire, l'affiche dans les églises, l'impression dans le format officiel consacré par l'usage. En présence d'une polémique chaque jour plus ardente, il n'avait d'ailleurs trouvé pour la religion aucun avantage, il avait plutôt vu pour elle de graves inconvénients à ce que la parole des évêques vînt se mêler au tu-

______

(1) Un décret du 2 juillet 1860, déclare applicables aux départements de la Savoie, de la Haute-Savoie et des Alpes-Maritimes, les lois, ordonnances et décrets relatifs à la presse, à l'imprimerie, à la librairie, à la propriété littéraire et au colportage... Les choses se sont passées de même à l'égard de Menton et de Roquebrune, achetés par la France.

multe de la presse, et, prenant place dans ses colonnes, ouvrit elle-même un libre champ aux imprudences ou aux entrainements de tout écrivain qui voudrait l'attaquer ou la défendre... J'userai certainement des pouvoirs qui me sont confiés pour empêcher, autant qu'il me sera possible, les abus de cette liberté ; mais vous le reconnaitrez certainement avec moi, Monseigneur, mon action sera d'autant plus efficace que, scrupuleusement renfermés dans le domaine des choses spirituelles, et sincèrement animés de l'esprit de paix, de modération, d'obéissance aux lois du pays, ces actes, par leur haute sagesse, sauront imposer davantage aux passions et aux entrainements de la polémique quotidienne (20 juin). » — Cependant, quelques jours après, la *Gazette de Lyon* reçoit un avertissement pour avoir contrevenu à l'article 1er du concordat, par la publication d'un *ordre souverain de S. S. le pape Pie IX.* ·

Parallèlement aux affaires religieuses, le Gouvernement s'occupe des affaires morales. Tout ce qui précède a montré comment il entendait la liberté de discussion en matière politique. Il dépose dans un document ses principes en matière de morale publique : « Monsieur le préfet, ce n'est pas seulement pour le maintien de l'ordre que l'administration a reçu de la loi sur la presse des pouvoirs spéciaux, c'est aussi pour la défense de la morale publique. Le roman-feuilleton qui, dans les colonnes inférieures d'un journal, blesse les sentiments honnêtes, fait autant et peut-être plus de mal que les excitations politiques, qui dans les colonnes supérieures tenteraient d'agiter les esprits.

» Cette littérature facile, ne cherchant le succès que dans le cynisme de ses tableaux, l'immoralité de ses intrigues, les étranges perversités de ses héros, a pris de nos jours un triste et dangereux développement. Envahissant presque toutes les publications périodiques, profitant de cette périodicité même pour tenir chaque jour en suspens, et pour aiguillonner sans relâche l'ardente curiosité du public, c'est à profusion qu'elle ne cesse de répandre les inépuisables fantaisies de l'imagination la plus déréglée. Les journaux sérieux se sont laissé aller à lui donner asile : elle pénètre avec eux jusque dans l'intérieur du foyer domestique; et, une fois admise ainsi dans la famille, ni la jeunesse, ni l'innocence, n'y sont à l'abri de sa contagion.

» Ce n'est pas tout : à côté des feuilles politiques lui prêtant leur publicité en échange des abonnements qu'elle peut attirer ou retenir, nous avons vu surgir une foule de petites publications, uniquement consacrées à l'exploitation de cette littérature malsaine et la livrant, chaque semaine, à vil prix, par centaines de mille exemplaires, à l'avidité des lecteurs.

» Pour qui conserve encore quelque respect de la décence et du bon goût, un tel débordement est déplorable ; il est plus que temps d'y mettre un terme. L'intelligence du peuple a droit à des aliments meilleurs, et il ne faut pas plus laisser corrompre les cœurs que pervertir les esprits.

» J'appelle donc sur ce point, M. le préfet, votre plus vigilante attention : contre les feuilles politiques, le décret de 1852; contre les autres, les lois sur la distribution et le colportage des imprimés, fournissent tous les moyens d'une répression efficace. D'ailleurs, pour les journaux qui ont le sentiment de leur dignité, de leurs obligations envers l'honnêteté publique, l'avis que vous leur donnerez suffira, j'en suis certain. Quant à ceux, s'il en est, qui, par l'amour d'un gain plus facile, ou par l'impuissance de s'élever plus haut, persisteraient dans de telles publications, usez envers eux de toutes les sévérités administratives ; et, s'il le faut, vous rappelant qu'il est des lois pénales protectrices de la morale publique, livrez-les, en vertu de ces lois, à la justice des tribunaux (1ᵉʳ juillet 1860). »

Un journal de département ajoute : « La circulaire du Ministre de l'intérieur, concernant les romans-feuilletons, commence à recevoir son application. Une commission spéciale a été formée au ministère de l'intérieur, afin de veiller à l'exécution des ordres du Ministre. Cette commission, composée d'hommes de lettres et de membres de l'ancienne *commission de censure*, doit lire avec soin tous les romans qui paraissent dans les grands journaux, et faire un rapport sur chacun d'eux. La plus scrupuleuse surveilllance doit régner sur la partie morale des romans-feuilletons, et l'on signale déjà un certain nombre de romans-feuilletons en voie de publication, au sujet desquels les journaux responsables auraient reçu *des avis officieux*. Ce qu'il y a de certain, c'est qu'un grand nombre de romans annoncés dans les journaux de la capitale ne paraitront pas, et que plusieurs manuscrits ont été rendus aux auteurs, en dépit des traités et sans que les auteurs aient à réclamer aucune indemnité. »

De cette note il résulterait que la censure est rétablie pour les romans-feuilletons. Ce serait pour la littérature légère, aujourd'hui si fort du goût du public, et la prodigieuse circulation des romans anciens publiés dans les recueils hebdomadaires à cinq centimes, en fait foi, une gêne et une aggravation administrative qui ne se trouve pas dans le décret de février 1852; personne ne blàmera la répression des écarts de certaines imaginations ardentes de nature à offenser les principes de la morale publique, mais tout le monde dira : Laissez-en le soin aux tribunaux (1).

----

(1) Il a été publié dans les journaux qu'un auteur dramatique, M. Latour Saint-Ibars, avait reçu du Ministre de l'intérieur la mission de surveiller les feuilletons des journaux de province.

Quelques journaux annoncent que l'auteur de *Fanny* (1) a reçu une mission du Ministre d'Etat.

« Depuis quelques jours, on recommence à parler un peu partout de la rentrée aux affaires du prince Napoléon, quelle est la valeur et la consistance de ces bruits? Le Gouvernement (celui de l'Empereur), est-il définitif? Est-ce seulement la dictature heureuse mais passagère d'un homme supérieur? une halte entre deux révolutions? Ou bien est-ce un Gouvernement durable qui se fonde par l'alliance désormais définitive de l'initiative gouvernementale et de l'acclamation populaire? Tous les esprits ne sont point encore rendus. Il reste des doutes... N'est-il pas temps qu'un souffle de liberté vienne assouplir et détendre ce qu'il y eu a jusqu'ici de personnel et de dictatorial dans les allures du pouvoir... Si cette liberté lui était rendue, quel usage en ferait-il?... Problème imposant, énigme redoutable qui pèse sur l'avenir... Ami passionné de la liberté (le prince Napoléon), non-seulement par conviction et par système... il semble que tout l'appelle à représenter auprès du trône cette face éclipsée de la liberté politique, dont nous regrettons l'absence et qui doit, suivant une promesse souvent rappelée, réjouir et couronner de sa lumière l'édifice impérial... Le prince Napoléon a devant lui une noble tàche... etc., etc. (8 juillet 1860). »

Ce manifeste cause dans les régions du pouvoir une certaine sensation, l'*Indépendance belge* publie ces détails : « Il m'est revenu quelques détails sur l'incident qui s'est produit au Palais-Royal, aussitôt après la publication de l'article très-remarqué, dans lequel M. Guéroult mettait tout à la fois en cause le prince Napoléon et l'Empereur.

» L'*Opinion nationale*, indépendamment de ses allures,

____

(1) Ce roman en est à sa vingtième édition !...

d'ordinaire un peu vives, passe, à tort ou à raison, pour être quelque peu l'organe, sinon du prince, au moins de ses amis. D'ailleurs, au lendemain de la mort du prince Jérôme-Napoléon, M. Guéroult n'a pas hésité *à reconnaître publiquement que le bienveillant patronage de l'illustre défunt n'avait pas été étranger à la création du journal.*

» Il est résulté de cette déclaration et du caractère attaché généralement aux tendances de l'*Opinion nationale* que l'article intitulé : *Le prince Napoléon* a été considéré, tout d'abord, comme une espèce de manifeste, non-seulement inspiré, mais encore autorisé par Son Altesse impériale.

» Cependant, aussitôt que le prince a eu sous les yeux l'article de M. Guéroult, on m'assure qu'il se serait immédiatement transporté à Saint-Cloud ; et que là, il aurait déclaré à l'Empereur qu'il désavouait, de la manière la plus formelle, toute espèce de solidarité, directe ou indirecte, avec une manifestation tout à fait personnelle à l'auteur.

» Son Altesse impériale aurait ajouté avec une émotion contenue, mais très-profonde, qu'elle ne voulait à aucun prix être soupçonnée « d'avoir fait ainsi du cercueil de son » vénérable père une sorte de piédestal, et interrompu sa » douleur pour descendre à des préoccupations d'ambition » personnelle. »

» C'est à la suite de cet entretien, accueilli par l'Empereur avec la plus entière confiance dans les généreux sentiments exprimés par son auguste cousin, qu'une note a été rédigée et portée au *Moniteur*. En la lisant, tout le monde l'a comprise. — Simple et nette, elle s'est bornée à dégager la responsabilité du prince, et sans incriminer les intentions, excellentes peut-être de M. Guéroult, elle lui a donné très-délicatement une leçon de haute convenance (1). »

(1) M. Guéroult a débuté par être saint-simonien, il a suivi un

Lors de la discussion du budget, à la dernière session du Corps législatif, le député M. Emile Olivier a pris hardiment la défense de la liberté de la presse et attaqué le décret de février 1852, avec le talent de parole qu'il possède. Le président, M. de Morny, lui fit observer que « quelque favorable qu'il soit à la liberté de discussion, parce qu'il l'aime et parce qu'il croit que le Gouvernement y gagne... le décret sur la presse est un décret organique et qui, à ce titre, se relie à la Constitution... le discuter à l'occasion du budget serait tout à fait hors de propos... » Echanges assez vifs d'expressions entre le président et l'orateur : « S'il veut s'expliquer rapidement sur la législation de la presse, il aura le droit de le faire ; mais s'il veut donner à sa discussion les développements qu'il a annoncés, la parole lui sera retirée... Si la Chambre trouve que dans ses développements l'orateur se met tout à fait en dehors de la discussion et n'apporte aucune lumière à la discussion du budget, le président lui interdira la parole. » Le président du conseil d'État, M. Baroche, qui, suivant l'expression de M. Olivier, *représente ici tout le monde*, prenant la défense du décret sur la presse, ajoute que l'Administration, dans l'exercice du droit d'autoriser ou de refuser la création des journaux, s'est montrée très-facile, elle n'entrave en rien le jeu régulier et légal de la liberté de la presse.

Un autre orateur à la parole brillante et courtoise, M. Jules Favre, soutient avec le président de l'Assemblée une lutte dialoguée qui mérite d'être rappelée : « C'est donc le suffrage universel qui est le principe du Gouvernement ; si M. le président le permet... M. le président répond qu'il a permis

de ses coreligionnaires, M. Michel Chevalier, au *Journal des Débats*, il est devenu consul sous M. Guizot, en 1848 et 1849, il a travaillé au journal *la République*, il a été un instant rédacteur en chef de *la Presse*, et aujourd'hui il est à l'*Opinion nationale*.

beaucoup... L'orateur continue, il demande où serait le Gouvernement actuel si 1848 n'eût pas existé. — Le président l'interrompt par ces mots : « Ah! vous avez bien raison (rire général d'approbation.) » « Oui, j'ai bien raison M. le président en convient et l'histoire l'a proclamé plus haut encore. Si 1848 était illégitime, il faudrait aller chercher les princes d'Orléans pour leur rendre tout ce qu'ils ont perdu. — Le président ne veut pas qu'on se méprenne sur ses paroles. Voici comment il entend que le Gouvernement actuel est né de 1848 : rien ne dispose plus un pays à se livrer à celui qui lui apporte l'ordre et l'autorité, que le spectacle des désordres révolutionnaires, et rien ne dispose mieux la France à conserver le Gouvernement qu'elle s'est donné. » L'orateur dit que l'ordre et l'autorité ne trouveront d'adversaires sur aucun banc de la Chambre. — Le président prend acte de la déclaration, il engage l'orateur à ne pas s'attaquer au principe même du Gouvernemeni, il a pris le parti de laisser toute liberté à la discussion, mais la Chambre s'impatienterait bientôt de voir la discussion dégénérer ainsi. — M. J. Favre, après ces escarmouches, continue : Il ne critique pas le principe du Gouvernement, il le constate; la Constitution, à son frontispice, a écrit le maintien des principes de 1789 ; ces principes sont la liberté civile, la liberté de la presse, la liberté de réunion, la responsabilité des fonctionnaires; or peut-on dire qu'aujourd'hui la France jouit des conquêtes de 1789 ? Il demande si, par exemple, on croit la presse libre ? — Un membre dit qu'elle l'est assez. — M. Belmontet affirme que la presse est libre pour le bien, qu'elle n'est pas libre pour le mal (1).

(1) M. Belmontet, auteur de poésies, est également auteur d'une portion de tragédie avec M. Soumet, *Une fête de Néron*, que l'on vient de reprendre à l'Odéon; sous le Gouvernement de Louis-Philippe, il était commissaire du roi près des Comp^{es} d'Assurances.

En Autriche aussi on dit que la presse est assez libre, répliqué M. Favre; les principes sur lesquels repose la Constitution sont mal interprétés; la liberté électorale n'est pas mieux garantie que la liberté de la presse... La liberté de la presse telle qu'elle est exercée, aboutit à une tyrannie absolue de la part de l'Administration... Quand un mécontentement se produit, quand un abus éclate, il est impossible que la moindre réclamation se produise. Les fonctionnaires considèrent les administrés comme des êtres inférieurs sur lesquels on peut faire peser un joug de plus en plus insupportable..... Il est impossible qu'une grande nation puisse, sans être profondément froissée, subir longtemps un pareil régime. »

Quelques membres du Corps législatif ont fait des représentations sur le sans gêne pâle et incolore du compte rendu des discussions dans les procès-verbaux que les journaux se montrent peu empressés de publier; insérer le procès-verbal dans toute sa sécheresse ce n'est pas d'un grand attrait pour le public. M. E. Olivier écrit aux journaux : « Un journal qui reproduit une discussion du Corps législatif, est-il légalement contraint de la reproduire d'après les procès verbaux de la Chambre, ou bien peut-il détacher certains passages de ce compte rendu officiel pour approuver les opinions qui y sont contenues? Les journaux interprètent l'art. 42 de la Constitution dans le sens le plus rigoureux en se croyant obligés à mettre complétement ou à reproduire en entier ces comptes rendus; suivant lui, les journaux se sont imposé à tort une obligation si gênante et ils ont interprété contre leur liberté d'action l'article concernant le mode de reproduction de ces séances (1). »

Il y aurait beaucoup à dire sur le rôle effacé du Corps légis-

____

(1) Voir plus bas le décret du 24 novembre 1860.

latif dans les affaires publiques, de son défaut d'initiative, de
son peu d'action dans le vote des dépenses publiques; de la
prohibition du droit d'amendement qui, quand il s'exerce, va
d'une commission se faire enterrer dans les catacombes du
Conseil d'Etat, c'est à prier l'ange qui délivra Saint-Pierre
ès-liens de venir briser les siens. Il y a là un élément à comprendre dans *le couronnement de l'édifice* dont on parle si
souvent et dont un spirituel écrivain a dit : « Ses architectes
affirment qu'il n'en est ni moins sûr, ni moins élégant, ni
moins commode peut-être (1). »

Nous ajoutons avec Turgot et Necker, que la liberté doit
être la base de l'édifice, son *couronnement* est trop exposé
à être emporté par les vents et les orages; à la condition
que cette base ne soit pas aux pieds d'argile.

Dans un résumé des travaux du Corps législatif, le *Moniteur* (12 août 1860), expose : « qu'à moins d'être *aveuglés par
l'esprit de parti* et être *un esprit à courte vue*, on ne peut nier
l'importance du rôle attribué au Corps législatif, de la place
considérable qu'il occupe dans l'organisation politique, de
l'action qu'il exerce sur les grands intérêts du pays; qu'on
chercherait vainement dans les annales du pays parlementaire l'exemple d'une session aussi laborieuse; que les opinions se sont produites avec autant de force que de liberté
et souvent avec éclat; que des discussions brillantes et animées ont démontré que la vie politique n'était pas éteinte
dans son sein... La Chambre élective à cessé d'être une arène
où les ambitieux se disputaient le pouvoir même aux dépens
du bien public... où les rivalités et les passions personnelles
n'entravent plus la bonne et rapide expédition des affaires. »

Que le pays pense du Corps législatif et de ses *discussions*

(9) Voir : *Une Etude sur le Corps législatif,* par *M. Léonce de
Guiraud,* dont les vues sont aussi justes que sages.

brillantes et animées reproduites par un glacial et sec procès-verbal, ce que bon lui semble, je n'ai pas à m'en préoccuper; mais ce langage calomnie le Gouvernement représentatif et parlementaire. La tribune française, l'une des grandes conquêtes de 1789, a été une des grandes gloires de la France, elle a inscrit dans les fastes de son histoire les noms de Mirabeau, Barnave, Vergniaux, etc., etc., de Manuel, Foy, Benjamin-Constant, Royer-Collard, de Serre, de Marti-gnac, etc., etc., de Berryer, Odilon-Barrot, de Lamartine, Guizot, Thiers, etc., etc. Tous ont brillé tour à tour dans le maniement de la parole éloquente, puissante et animée. Peut-on dire de ces grands orateurs qu'ils ont été d'obscurs et avi-des *ambitieux qui se disputaient le pouvoir aux dépens du bien public?* Dans les conditions du Gouvernement repré-sentatif, chaque homme, chaque orateur, cherche à faire triompher son opinion et s'efforce justement de la faire en-trer au pouvoir. Tous ces hommes éminents n'ont-ils donné que le triste spectacle des *rivalités ou des passions person-nelles*, pour arrêter et entraver l'expédition des affaires? A côté et au tour de nous, en Angleterre, en Belgique, en Prusse, en Espagne même, tous les grands intérêts politiques ne sont-ils pas largement, librement discutés à la tribune? Il est de la dignité de notre pays et pour l'honneur de son passé de protester contre cette phraséologie aussi blessante qu'in-juste du *journal officiel*, à laquelle l'histoire contempo-raine donne un éclatant démenti. Que d'hommes actuelle-ment au pouvoir seraient demeurés obscurs dans les voies modestes et ordinaires de la vie, sans le régime représen-tatif! Il est de bon goût d'en dire beaucoup de mal, je me permets d'en penser beaucoup de bien et d'avoir pour lui une niaise affection et des regrets sincères; l'historien du Consulat et l'Empire en a porté ce jugement : « Il savait contenir les Gouvernements au lieu de les stimuler : ne sont-ils pas le plus souvent disposés, en politique, en guerre, en dépenses, à trop entreprendre ; et, si de justes obstacles viennent du pays, ce n'est pas un malheur, il faut qu'il ait la liberté de contenir le pouvoir d'un seul ; et, si un pays s'égare ou se trompe, l'histoire répond qu'il s'égare moins souvent qu'un seul homme. »

L'*Union de la Haute-Marne* a été frappée d'une amende pour avoir inséré *une pétition des maîtres de forges de la Haute-Marne*, comme contenant une discussion politique sur des intérêts individuels et collectifs sans être signée de leurs auteurs (4 juillet). — La Cour de cassation a décidé en faveur de l'*Echo de la Gironde*, contre lequel deux amendes avaient été prononcées, que le principe du non-cumul des peines était applicable aux contraventions de la presse.

A ceux à qui viendrait la pensée de créer ou d'acquérir un journal, il faut leur indiquer la lecture de : *L'histoire d'une demande en autorisation de Journal, par M. Leymarie* (1). Il achète le *Courrier de Paris*, il sollicite l'autorisation de devenir son rédacteur en chef et son gérant, la réponse se fait attendre, il presse, il obtient une entrevue avec le Ministre, le dialogue suivant s'établit entre eux : « C'est un journal d'opposition que vous voulez faire, hé bien ! je vais m'expliquer carrément. — L'étude des questions sociales et publiques, faite au nom des principes sans esprit de parti, ne pourrait à aucun degré constituer un danger pour l'Etat. —Non pas un danger, reprit le Ministre, mais un embarras... Un journal d'opposition patroné par des hommes considérables, des talents consacrés par la faveur publique acquerrait une influence inquiétante ; plus il se montrerait constitutionnel, plus il serait attentif à ne pas sortir de la légalité,

(1) Il avait été rédacteur en chef du *Courrier du Dimanche*, il vient de mourir (mars 1861)

plus il serait modéré, plus il serait incommode; il soumettra la question à ses collègues réunis en conseil. » — Il est écrit à M. Leymarie : « J'ai l'honneur de vous informer que votre demande ne peut être accueillie. Billaut (21 décembre 1859). »

Des personnes notables font une nouvelle tentative auprès du Ministre ; M. le comte d'Haussonville accompagne M. Leymarie; il a une conférence avec M. de la Guéronnière : « Vous me demandez si je connais bien le décret de 1852. Hélas! je le connais comme un voleur connait son code. » M. de la Guéronnière : « Avant d'accorder à des personnes influentes le droit de s'adresser tous les jours au public et de critiquer devant lui ses actes, — l'administration a besoin d'être par avance assurée que ces critiques sont au moins inspirées par des sentiments de modération et *d'amitié* envers le Gouvernement. » M. d'Haussonville : « Pour la modération, vous pouvez y compter..... Quant à *l'amitié*, permettez-moi de vous dire qu'il y a des mots qui doivent être mutuellement rayés de notre vocabulaire... » Il rappelle l'arrestation de son beau-père, M. de Broglie, en 1852 : « C'est un souvenir qui a peine à sortir de ma mémoire. Il ne m'empêchera jamais, je l'espère, de juger de toutes choses et de toutes personnes avec calme et sang-froid; mais il vous interdit, je crois, d'exiger que j'aie pour le régime qui a débuté ainsi, les sentiments de *l'amitié*. » C'est le mot du misanthrope : *Moi, votre ami? rayez cela de vos papiers.*

M. Leymarie transmet sa propriété à un des grands propriétaires de l'*Aube*, ancien membre des Assemblées législatives, M. Blavoyer. M. Blavoyer est éconduit à son tour (1).

(1) Le *Courrier de Paris* a été donné à M. Hippolyte Castille, ancien rédacteur de la *Révolution démocratique et sociale*, et de la *Tribune des Peuples*; M. Leymarie lui a joué le mauvais tour de

M. Leymarie, dans une brochure, en appelle de M. Billaut
ministre à M. Billaut député de l'opposition ; une consultation de célèbres avocats émet l'avis qu'un point de législation
de cette importance ne doit pas rester dans l'équivoque, qu'il
faut que ce débat soit soulevé et vidé. On lit dans plusieurs
journaux de département cette phrase de même origine :
« On disait que cet écrit motiverait des poursuites du parquet, et que des personnes qui s'y trouvent nommées pourraient fort bien poursuivre également son auteur. » M. Leymarie a intenté un procès an *Moniteur*, aux *Débats*, à la *Presse*,
au *Courrier de Paris*, pour refus d'insertion d'une lettre en
réponse au discours prononcé par le président du Conseil
d'Etat au Corps législatif, et reproduit dans les journaux (1).

Un auteur qui distribue son écrit à ses amis, sans une autorisation, commet le délit de colportage ; mais le juge ne
peut pas prononcer la suppression de l'écrit, lorsqu'il a relaxé
l'auteur du délit de presse, même en déclarant que la circulation en est dangereuse (Cour de cassation, 17 avril 1860).

Il importe d'appeler l'attention sur une disposition grave
de loi ou de décret, elle touche essentiellement à l'existence
de la presse départementale ; la distribution des annonces
judiciaires, autrefois faites par les cours royales, est aujour-
d'hui remise à l'arbitraire discrétionnaire des préfets qui ne

publier quelques-uns de ces articles dans ces journaux ; puis il a été
cédé à M. Duvernois, dans les mains duquel avait été supprimée
l'*Algérie nouvelle*. Le *Courrier de Paris* a cessé de paraître.

(1) Ce procès a eu son dénouement : dans un jugement (7 décembre 1860), qui déclare M. Leymarie non recevable en sa demande ;
il est dit dans ce jugement : que le compte rendu des séances du
Corps législatif est l'œuvre d'une commission légalement instituée...
que la reproduction qui en est faite et qui ne peut être qu'intégrale,
n'implique pas l'assentiment du journaliste ; que ce dernier use d'un
droit, obéit aux exigences de la presse et n'encourt aucune responsabilité en livrant a la publicité le document.

permettent même pas qu'on critique la répartition qu'ils en font. La *France centrale* a reçu un avertissement pour s'être permis quelques observations sur ce terrain ; les tribunaux eux-mêmes ont protesté contre ce mode de publicité arbitraire, contraire à l'intérêt des parties (1). En 1842, M. Billaut disait à la Chambre : « Nous avons voté l'année dernière une loi qui n'était pas une loi politique, une loi sur les ventes judiciaires. Il y avait là une question d'annonces qui est d'un grand intérêt pour les journaux. Quand on a discuté cette loi, la gauche, par un instinct merveilleux du péril qu'il pouvait y avoir dans une trop grande latitude donnée au Gouvernement, résista à la disposition qui donne aux cours royales le droit de désigner les journaux dans lesquels auraient lieu les annonces... On s'est empressé dans les cours royales de prendre une délibération à cet égard. — Cet empressement m'a paru digne de remarque. Je me suis demandé au profit de qui cela pouvait avoir lieu ; car il y a toujours un intérêt, légitime ou non, qui dirige les hommes sérieux quand ils accusent et accomplissent une mesure. Le profit a été expliqué dans tous les départements, lorsque j'ai vu les journaux de l'opposition réclamer parce qu'on les avait privés des annonces. Je ne dis pas que vous ayez voulu faire de la politique, mais cela y ressemble beaucoup. Je vois dans ce fait une tendance fâcheuse contre la presse. »

« Ne te lasse jamais de proclamer ton droit, dit le sage ; la question n'est pas de savoir si on te donnera raison, mais bien d'établir que tu as raison. » Ainsi parlait la *Gironde* exclue à Bordeaux de la répartition des annonces judiciaires, et son tirage est supérieur à celui des quatre journaux réunis qui se publient à Bordeaux. Si on ne consultait que l'esprit

(1) Jugement du tribunal de Sens, dans un débat entre les journaux l'*Yonne* et le *Sénonais*.

de la loi et l'intérêt des familles, le chiffre du tirage devrait servir de règle dans la distribution des annonces, mais ce n'est pas la circulation, c'est *l'esprit* du journal qui détermine la préférence.

Dans les départements, la condition des journaux est plus difficile, plus intolérable que celle de la presse parisienne ; ils sont trop près d'un pouvoir étroit, chatouilleux, tracassier ; les considérants des avertissements montrent à quel régime sévère et outré dans son zèle ils sont soumis ; aussi combien d'entre eux sont morts à la peine ! Pour les journaux dévoués à l'Administration, à eux toutes les faveurs, les facilités, les encouragements, les douceurs ; à leurs imprimeurs, tous les travaux de l'Administration. A Bordeaux, Lyon, Toulouse, Marseille, Lille, Rouen, le Havre et d'autres grands centres, à côté du journal officiel et louangeur, il y a le journal indépendant ; de temps à autre, s'il ose timidement, avec réserve, se permettre des observations sur les intérêts généraux et locaux ou quelques velléités d'opposition, l'administration préfectorale le surveille étroitement et l'attend l'avertissement au poing. MM. les préfets se montraient si prodigues dans la distribution de ces pénalités administratives, que le Ministre de l'intérieur a dû les arrêter dans cette voie d'exagération, en les obligeant à lui soumettre préalablement leurs admonestations ; c'était pour eux, comme l'a écrit spirituellement M. Saint-Marc Girardin, une réclame d'avancement. Ces journaux indépendants traînent péniblement une existence tourmentée ; ils sont continuellement comme suspendus sur les bords de l'abîme de la suspension ou de la suppression. Quel courage il faut à leurs écrivains, hommes distingués et de convictions fortes, pour surmonter tant de lassitude et de contrainte morale ! Quelle situation pour des hommes de cœur qui, chaque matin, sont condamnés à interroger l'horizon pour savoir de quel côté est le vent, s'il est à l'orage ou au beau ! Cet héroïsme, heureusement, les élève dans l'esprit de leurs concitoyens qui ont le courage de venir au secours de leurs découragements et de leurs défaillances en les soutenant dans l'œuvre de leur dévouement. Les imprimeurs de ces journaux méritent bien qu'on cite aussi leur désintéressement, leur abnégation; que de sacrifices matériels ne sont-ils pas obligés de supporter? ils sont exclus des impressions qu'une administration équitable devrait partager entre tous. Si le nombre des abonnés aux journaux indépendants n'était pas de beaucoup supérieur à celui des journaux patronés par le pouvoir, leur existence matérielle serait impossible.

Une brochure dirigée contre l'Angleterre, *les Budgets de la Guerre et de la Marine en France et en Angleterre, par M. Cucheval-Clarigny,* a été publiée avec cette étrange recommandation au public : « L'auteur ne s'est décidé à livrer son travail à l'impression qu'après avoir obtenu l'autorisation de M. le Ministre d'Etat. »

En 1860, toutes les communes de France (36,000), moins Paris qui ne jouit pas du droit de nommer les tuteurs de ses intérêts municipaux, ont été appelées à nommer leurs conseils municipaux; une instruction du Ministre de l'intérieur a recommandé l'impartialité et la liberté dans toutes les opérations électorales, elles n'ont pas été respectées partout. Les journaux de Paris et des départements ont vivement pressé les électeurs à se rendre au scrutin : « Les élections municipales, loin d'avoir perdu de leur importance, en ont acquis une plus grande. — Ce sont ceux qui sont le plus attachés à la Constitution d'un pays qui doivent exercer tous les droits que le souverain a jugé bon de reconnaître. — Ils seraient insensés, ceux qui persévéreraient à dire que le peuple, en faisant l'Empire, a abdiqué tous ses droits; qu'il n'a plus aucun contrôle à exercer, et que si le suffrage uni-

versel a été conservé, ce n'est qu'à la condition de s'en servir comme d'un hommage aux candidats désignés par l'Empereur ou par ses représentants directs (Le *Progrès de
Lyon*). »

Dans la Gironde et dans les grands centres, la lutte a été
vive et la victoire a été chaudement disputée; les listes de
candidature ont rencontré de la part de l'administration des
gênes et des entraves ; à Bordeaux l'une d'elle a été saisie (1), elles ont donné lieu au communiqué suivant :

« Aux termes d'un règlement permanent, du 20 juin 1854,
les actes émanant de l'autorité peuvent seuls être affichés
sur les monuments publics. — En ce qui concerne la liste
dite des *Comités réunis*, le préfet n'a été saisi et n'a eu connaissance d'aucune demande d'exception à cette règle. —
Le cas échéant, il eût donné toute latitude à cet égard,
ainsi qu'il l'a toujours fait, et, notamment, à l'occasion des
dernières élections au Corps législatif.

» Suivant la loi et la jurisprudence, pour qu'une liste de
candidats puisse être distribuée et colportée, il faut qu'elle
ait été préalablement déposée au parquet, revêtue de la signature de chacun des membres qui la composent, ou que
le préfet en ait autorisé la distribution.

» Par suite de la demande qui lui en a été faite hier seulement à quatre heures, c'est-à-dire après la saisie qui avait
été légalement opérée, le préfet, voulant laisser la plus libre

(1) « Cette liste comprenait des noms inscrits sur celle de l'administration, elle a été saisie et la distribution interdite par ce motif.
Cependant ces noms avaient déclaré accepter *de grand cœur* une
place sur cette liste. — Ils ne protestent pas, on ne veut pas qu'ils
soient portés sur les deux listes — Ce sont des noms honorables qui
ne sont l'objet ni *d'un scandale* ni *d'un trouble public à Bordeaux.*
L'Administration n'a pas tenu compte de l'esprit et de la lettre de
l'instruction du Ministre (la *Gironde*). »

appréciation aux électeurs, donne l'autorisation de distribuer et de colporter la liste intégrale dite des *Comités réunis*, bien que cette liste n'ait pas été signée par quelques-uns de ses membres, qui persistent dans leur refus de signature (août 1860). »

Le journal la *Gironde*, demandait si les électeurs en remplissant telle formalité qu'on indiquerait, ont le droit de s'assembler pour discuter sur le choix des candidats. Cette question, suivant lui, doit être tranchée dans le sens de la plus large liberté, il prie l'Administration de faire connaître son avis sur ce point intéressant, elle garde le silence, mais son organe (le *Mémorial bordelais*), traite les listes opposées à celles de l'Administration, de listes *de coteries*, tandis que la *Gironde* publie dans son impartialité les deux listes et son rédacteur en chef, quoiqu'il ne fût porté sur aucune (M. Lavertujon), obtint un chiffre respectable de suffrages.

Tous les journaux indépendants de Paris et des départements ont fait remarquer la brièveté de la période électorale, le décret du 10 août convoque les électeurs pour le 18 et le 19 ; la diligence doit être extrême pour le choix des candidatures, pour les formalités à remplir, les autorisations à requérir ; les électeurs, les candidats, les imprimeurs, les préfets eux-mêmes doivent expédier promptement les choses, ils n'ont pas le loisir de longues réflexions. L'intervalle entre la convocation et l'élection doit être de vingt jours (art. 10 de la loi du 17 juillet), pour faciliter la distribution des circulaires et des bulletins. A Metz, au Cateau, dans l'Isère, des protestations ont été motivées sur ce défaut de délai de vingt jours, mais les conseils de préfecture de la Moselle, du Nord, de l'Isère, les ont rejetées.

Dans son instruction, le Ministre avait exprimé cette opinion : « Les maires étant de droit membres des conseils municipaux, vous les inviterez à ne pas se porter candidats. »

Les maires n'ont pas accepté cette situation, ils ont voulu recevoir le baptême électoral; le Ministre consulté par le préfet d'un département (Ile-et-Vilaine), où les maires tenaient absolument à se faire nommer, répondit : Si la demande est justifiée par la situation municipale de la commune, elle peut être favorablement accueillie. Cette nouveauté administrative a soulevé des objections dans les journaux, les uns préfèrent les maires élus aux maires nommés par le Gouvernement; le Gouvernement en nommant les maires avant l'élection et en déclarant qu'ils ne sont pas candidats n'a pas absolument violé la loi qui remet au Ministre la faculté de nommer les maires en dehors des conseils municipaux; d'autres blâment cette nomination anticipée, le ministre a fait de l'exception la règle, cette interprétation de la loi modifie essentiellement l'essence du système municipal.

De cette épreuve électorale il est ressorti un fait considérable de nature à donner beaucoup à penser, à savoir; une abstention générale dans des proportions incompréhensibles, qui la moitié, qui les deux tiers, qui les trois quarts; est-ce dégoût, est-ce découragement, est-ce indifférence, est-ce protestation d'opposition; c'est aux plus habiles et aux plus clairvoyants à donner le mot de cette tiédeur apportée à l'exercice d'un droit dont autrefois on se montrait si jaloux sous les Gouvernements qu'on accusait de l'avoir restreint, quand aujourd'hui il repose sur la base la plus large et la plus illimitée, le suffrage universel!...

— On lit dans la *Correspondance Havas* : « Deux journaux, le *Siècle* et l'*Opinion nationale*, ont annoncé l'ouverture d'une souscription pour élever un monument à M. de Flotte. Nous apprenons que M. le préfet de police vient de faire défendre cette souscription (septembre 1860). »

L'*Ami de la Religion* écrit : « Nous avons reçu le texte

de l'allocution prononcée par le Saint-Père, dans le consistoire du 28 septembre. Notre numéro de ce jour, qui contenait ce document allait être mis sous presse, quand une intervention du ministère de l'intérieur nous a mis dans la nécessité d'en arrêter la publication. » Cette prohibition a été levée le lendemain (4 octobre 1860). On croit que c'est à la suite d'une longue conversation au ministère des affaires étrangères, entre le nonce du pape et M. Thouvenel, que l'autorisation de publier a été accordée.

On lit dans l'*Ami de la Religion* et l'*Univers*, que les souscriptions pour offrir une épée d'honneur au général Lamoricière, sont interdites. L'*Union de l'Ouest*, journal publié à Angers, avait eu la pensée d'ouvrir une souscription dans ce but, elle l'annonçait dans son numéro d'hier (6 octobre 1860).

Un rapport de M. Rouher (intérimaire du ministre de l'intérieur), expose qu'il convient de laisser une large liberté d'appréciation aux organes de la publicité... La tolérance irait jusqu'à la faiblesse si ces discussions dégénéraient en hostilités injurieuses ou provocations coupables... Il s'est produit dans la presse, qui a la prétention de représenter la cause sacrée de l'Eglise, un redoublement de violences qu'il importe d'arrêter par *un acte de fermeté*... La *Gazette de Lyon* s'est signalée par ses appels incessants à l'agitation, par la perfidie de ses attaques contre le gouvernement et par le dédain systématique qu'elle a opposé aux avis les plus bienveillants de l'administration. La *Gazette de Lyon* est supprimée, (20 octobre. Ce journal fondé en 1845, a eu une durée de près de seize ans.)

Un long communiqué a été adressé à la *Patrie* à titre de réponse, en ce qu'elle avait reproché à l'Administration de laisser les voies navigables, et en particulier la ligne du Rhône dans un état complet d'abandon (2 novembre).

Une circulaire du Ministre de l'intérieur rappelle aux préfets que les imprimés sont soumis à la double formalité de la déclaration et du dépôt et à l'obligation du timbre, que les mandements et lettres pastorales en ont été exemptés. Depuis quelque temps, de nombreux écrits sous le nom de *mandements* ou *lettres pastorales*, sont de véritables brochures politiques, ces écrits ne doivent pas profiter d'une dispense qui n'a pas été établie pour eux. C'est aux imprimeurs que sont imposées les obligations du dépôt et du timbre, c'est *contre eux* que serait dirigée la poursuite s'ils ne les remplissaient pas (10 novembre).

Un arrêté du Ministre de l'intérieur suspend pour deux mois la *France Centrale*, de Blois, pour cause d'attaques violentes contre la constitution et les lois du pays et par la polémique habituelle de ce journal qui, sous prétexte de défendre les intérêts religieux, travaille constamment à exciter les passions politiques (20 novembre).

Suivant quelques journaux, le Gouvernement se préoccupait des fausses nouvelles qui compromettaient la paix publique et la sécurité des intérêts, le conseil des ministres en aurait délibéré et le Gouvernement était décidé à réprimer ces abus.

Le *Progrès de Lyon* a été condamné, avec circonstances atténuantes et sans qu'il y ait eu mauvaise foi de sa part, pour avoir déclaré que M. Turgot avait en poche sa nomination d'ambassadeur de France près le roi d'Italie (novembre 1860).

Un article de l'*Opinion nationale*, intitulé *Casus belli* a donné lieu à des poursuites et à une longue instruction dans laquelle auraient été entendus le secrétaire particulier du prince Napoléon et M. Ed. Texier, des explications auraient été demandées au prince de Metternich sur les déclarations que l'on disait émaner de son ambassade. Le rédacteur en chef et l'imprimeur ont été condamnés à l'amende, « cet article contenant une prétendue note émanée de l'ambassade d'Autriche et cette fausse nouvelle étant de nature à troubler la paix publique, quoiqu'elle n'ait pas été publiée de mauvaise foi (23 novembre). »

Le gérant d'un journal (la *Gironde*), est réputé principal auteur du délit de diffamation résultant de la publication dans sa feuille, d'un article rédigé par un autre... il y a présomption de mauvaise foi. Cependant un axiome de droit dit : *Fraus non præsumitur*; pour repousser l'exception de bonne foi, il suffit que les juges du fait se bornent à déclarer *qu'il a pu connaître l'article* incriminé et qu'il *est vraisemblable qu'il l'a su*, malgré l'impossibilité qu'il allègue pour se justifier (Cour de cassation 29 novembre 1860).

Un acte considérable de politique constitutionnelle s'est produit dans un décret du 24 novembre 1860 ; son préambule porte : « Voulant donner aux grands corps de l'Etat une participation plus directe à la politique générale de notre gouvernement et un témoignage éclatant de notre confiance ; » le Sénat et le Corps législatif voteront tous les ans à l'ouverture de la session une adresse en réponse au discours impérial ; des ministres sans portefeuilles concurremment avec le président et les membres du conseil d'Etat donneront aux chambres toutes les explications nécessaires sur la politique intérieure et extérieure de l'Empire ; une discussion sommaire en comité secret sera ouverte sur les projets de loi, les commissaires du Gouvernement y prendront part ; s'il intervient sur un article un vote de rejet, l'article est renvoyé à l'examen de la commission ; chaque député peut alors présenter tel amendement qu'il juge convenable (article 54 du décret du 22 mars 1852) ; les comptes rendus du sénat et du Corps législatif rédigés par des secrétaires rédacteurs seront adressés à tous les journaux; les débats de chaque séance seront reproduits par la sténographie et insérés *in extenso* dans le journal officiel du lendemain.

Dans les journaux et dans le public chacun de s'écrier, c'est un retour au gouvernement parlementaire, au gouvernement représentatif, les casuistes ont beaucoup disserté pour savoir si c'était l'un ou l'autre, ou l'un et l'autre, ils ne sont pas d'accord.

Deux jours après (26 novembre), une organisation ministérielle a créé des ministres sans portefeuille; il y aurait dès lors des ministres administrateurs et des ministres orateurs; aux uns l'écriture, et la délibération intérieure dans leur cabinet; aux autres l'action et la parole publique sur la brèche parlementaire; aux premiers les œuvres, aux seconds les discours. Cette création pèche par un défaut caractéristique d'homogénéité; à l'exécution, il se produira des dissentiments entre les administrateurs et les orateurs, ils ne feront pas longtemps bon ménage; le ministre d'affaires dira au ministre de parole : Si j'étais l'orateur, j'aurais mieux parlé; l'orateur dira à son collègue d'action : Si j'étais agissant, j'aurais mieux agi.

La réforme de novembre n'a rien fait pour la presse; elle lui continue les embarras des comptes rendus des séances des chambres, ils seront, comme par le passé, réduits à enregistrer ce qu'on leur enverra, sans pouvoir ou retrancher ou ajouter; il y aura pour les journaux des départements des impossibilités matérielles de reproduction. « Qu'on le sache bien, au surplus : l'épreuve du retour à la monarchie parlementaire ne sera décisive que lorsque la presse aura recouvré sa liberté légale, c'est-à-dire qu'elle ne dépendra plus que de la loi et des tribunaux. Jusque-là, la réforme de 1860 ne sera qu'une espérance à laquelle nous souhaitons tous les succès possibles, mais à laquelle aussi manquera le succès le plus significatif (Saint-Marc Girardin). »

Quelques journaux ont appris aux journalistes que M. Dronsard, chef de section au ministère de l'intérieur, bureau de la presse, est nommé chevalier de la Légion d'honneur, en récompense de l'habileté avec laquelle il remplit ses fonctions, d'une nature toujours délicate et difficile. (29 novembre).

M. le comte de Persigny qui déjà avait occupé le département de l'intérieur, est revenu reprendre son ancien poste ; il a signalé sa prise de possession par ce langage (5 décembre) : « Convaincu que les libertés d'un pays ne peuvent se développer qu'autant que l'Etat lui-même jouit de la plus complète sécurité, je demande que vous soyez toujours aussi ferme à maintenir l'ordre public et aussi vigilant à surveiller, au besoin, les ennemis de l'Etat; mais je vous recommande en même temps de ne rien négliger pour achever l'œuvre de réconciliation entre les partis. Beaucoup d'hommes honorables et distingués des anciens gouvernements, tout en rendant hommage à l'Empereur pour les grandes choses qu'il a accomplies, se tiennent encore à l'écart par un sentiment de dignité personnelle. Témoignez-leur les égards qu'ils méritent ; ne négligez aucune occasion de les engager à faire profiter le pays de leurs lumières et de leur expérience, et rappelez-leur que, s'il est noble de conserver le culte des souvenirs, il est encore plus noble d'être utile à son pays. »

Dans une seconde circulaire, le même Ministre expose la règle de conduite qu'il entend suivre vis-à-vis de la presse. Il a cru, comme ancien ambassadeur à Londres, devoir faire l'historique de la presse et de la législation anglaises, il tient à démontrer combien cette législation est sévère. Nous savons l'histoire d'Angleterre autrement ; nous savons les li-

bertés et les immunités considérables dont jouit la presse en
Angleterre, ce pays d'opinion libérale et d'esprit public que
les écarts et les exagérations du journalisme n'offensent ni
n'inquiètent ; les journaux ne connaissent ni des répressions
administratives ni des châtiments sortant des bureaux d'un
ministère ; il y a une législation de répression, mais son application est si rare, que c'est à peine si l'on sait qu'elle
existe ; là, il y a dans le pays le sentiment de la liberté par
tous et pour tous (1). Cette circulaire ajoute : « Si tous les
partis, tous les écrivains, se soumettant réellement aux lois
constitutives de notre société, au suffrage universel qui a
fondé le trône des Napoléon pour en faire la base de nos
institutions ; si ces partis, ces écrivains, respectant la volonté du peuple français, ne veulent la liberté de la presse
que pour le maintien et la prospérité de l'Etat, alors ils ont
de fait et de droit la liberté de la presse comme en Angleterre, *et la loi des avertissements devient une lettre morte.*
Que les abus dans la société ou dans le gouvernement soient
mis au jour, que les actes de l'administration soient discutés, que les injustices soient révélées, que le mouvement des
idées, des sentiments et des opinions contraires vienne
éveiller partout la vie sociale, politique, commerciale et in-
dustrielle, qui pourrait raisonnablement s'en plaindre ?

» Mais, s'il y a des partis qui se proposent, non plus de faire
pénétrer leurs idées, leurs doctrines, leurs sentiments dans
le gouvernement de l'Etat, mais de renverser l'Etat lui-
même, d'opposer au gouvernement tel autre gouvernement,
à la dynastie telle autre dynastie, alors, quelle que puisse

---

(1) Dans la *Presse* du 10 décembre, M. A. Peyrat, et dans le
Courrier du Dimanche du 23, M. E. Pelletan, ont démontré en
termes irréfutables que M. de Persigny a commis de nombreuses
erreurs de fait en invoquant l'exemple de l'Angleterre.

être la faiblesse de ces partis, le respect de la volonté nationale, l'intérêt public et la loi ne permettent pas de laisser entretenir des passions hostiles à l'ordre établi ; car, sans parler même d'aucun danger, tout ce qui retarde la fusion des partis dans la grande famille de l'Etat retarde en même temps la jouissance des libertés de notre pays.....

» Quant à l'instrument que la loi actuelle met dans mes mains par le système des avertissements, je n'ai pas à le discuter. Cependant, s'il m'est permis d'en dire mon sentiment franchement et sans détours, ce système, comme mesure exceptionnelle subordonnée aux exigences imposées par l'établissement d'un nouvel ordre de choses, est sans doute en principe aussi dictatorial que celui trouvé par les défenseurs de la maison de Hanovre ; mais en fait il est plus franc, plus sincère que s'il se déguisait sous des formes judiciaires à la manière des Hanovriens. Il est d'ailleurs infiniment plus conforme aux mœurs et à la situation de notre pays.....

» ..... Ce que je puis dire, c'est que, si je suis prêt à ne reculer devant aucune responsabilité pour interdire à la presse des attaques contre l'Etat, de quelque prétexte, de quelque autorité qu'elles se couvrent, en revanche je ne consulterai aucune convenance particulière, de quelque part qu'elles se produisent, pour les résolutions que j'aurai à prendre dans le but de favoriser sans cesse davantage dans notre pays l'acclimatation, si je puis ainsi dire, des habitudes de libre discussion.....

» ..... N'oubliez pas que plus le pouvoir discrétionnaire de l'administration sur la presse est exceptionnel, plus l'exercice en doit être dirigé par une scrupuleuse loyauté. Rappelez-vous surtout que c'est dans l'intérêt de l'Etat, et non pas de l'administration, que ce pouvoir a été délégué à mon ministère. Que vos actes ne s'abritent donc pas derrière cette protection, mais qu'ils soient au contraire exposés comme les miens à la discussion publique. »

Ce document officiel a été loué sans réserve par les journaux ; ils ont parlé d'émancipation de la presse..... Sans nier les bonnes intentions du ministre, la franchise et la loyauté d'un langage auquel on était peu habitué, la presse n'a pas cru à une régénération ni à un régime de liberté ; elle est restée timide et ne s'est en aucune façon départie de la réserve de contrainte sous laquelle elle a vécu jusqu'ici : quels *abus dans la Société ou dans le Gouvernement* a-t-elle signalés, quels *actes de l'Administration* a-t-elle *discutés*, quelles *injustices* a-t-elle révélées ? D'ailleurs, le Ministre n'a-t-il pas fait le panégyrique du système des avertissements, *comme étant plus franc, plus sincère que s'il se déguisait sous des formes judiciaires* (1) ?

« Ne souffrirez vous pas que nous vous entretenions d'une illustre infortunée qui, si l'on s'en tient aux lois écrites, n'a point encore participé aux récentes bonnes grâces du chef de l'Etat ; qui a eu des jours si brillants, qui a fait, il est vrai, bien des folies, mais qui expie aujourd'hui plus durement qu'il ne convient sa gloire et ses faiblesses ? C'est au sort de la presse française que nous voudrions intéresser votre justice. Elle vivait jadis dans l'intimité de Benjamin-Constant, de Châteaubriand, de Carrel et de quelques autres personnes

---

(1) Le *Courrier du Dimanche* a reçu le 29 janvier 1861 un avertissement, et son rédacteur en chef M. Gregory-Ganesco s'est vu frappé d'une sévère mesure d'*expulsion* comme étranger. M. de Persigny s'est cru obligé de justifier cette mesure dans une lettre écrite à un ami en Angleterre, lettre reproduite par les journaux anglais et français. Cette lettre se termine ainsi : « J'éprouve la croyance sincère qu'en agissant avec cette sévérité à l'égard du *Courrier du Dimanche*, j'ai servi aussi fidèlement les intérêts de la liberté que lorsque j'ai invité tous les journaux à discuter librement les actes de l'Administration. »

distinguées dont la fréquentation lui faisait grand honneur...
Une loi serait nécessaire pour l'affranchir de la suppression
de la suspension, de l'avertissement officiel et surtout de ces
avertissements officieux qui ne sont point écrits dans la loi,
et qui, dans la pratique, gouvernaient les journaux plus
étroitement que la loi. Que ce vœu soit accompli!... (1). »

M. de Persigny, dans son rapport sur l'amnistie pour les
avertissements dit : « Après avoir exposé dans ma circulaire
les principes généraux qui doivent régler les rapports de
l'Administration avec la presse... Je demande de prononcer
la remise des avertissements donnés aux journaux de Paris
et des départements. Un certain nombre de feuilles périodiques ont reçu deux avertissements et se trouvent ainsi sous
le coup de la suspension. En les dégageant de ce péril, le
Gouvernement les replacera dans les conditions d'indépendance qu'elles ont compromises, et cet oubli du passé sera
un nouveau gage donné à cette généreuse politique qui
tend à la réconciliation et à l'union de toutes les intelligences
du pays. J'ai invité la presse à user d'une large discussion...
(10 décembre 1860) (2). »

(1) Lettre au sénat, par le comte d'Haussonville.

(2) La dernière amnistie accordée à la presse remonte au 17 août
1859. Depuis ce moment, vingt et un journaux ont été avertis,
savoir : l'*Ami de la Religion*, 2 fois; — le *Correspondant*, 2 fois; —
la *Gazette de France*, 2; — la *Presse*, 2; — l'*Univers*, 2; — le *Siècle*,
1; — l'*Opinion nationale*, 2; — le *Courrier du Dimanche*, 1; — le
Journal des Villes et des Campagnes, 1; — la *France centrale*, 1;
— la *Gironde*, 2; — l'*Union de l'Ouest*, 2; — l'*Indépendant de
l'Ouest*, 2; — l'*Océan* de Brest, 2; — le *Mémorial de l'Allier*, 1; —
le *Mémorial* de Niort, 1; — l'*Espérance* de Nancy, 1; — l'*Espérance*
de Nantes, 1; — l'*Echo de la Frontière* de Valenciennes, 2; — l'*Echo
de l'Aveyron*, 1.

Depuis la même époque, trois journaux ont été supprimés; ce
sont l'*Univers*, la *Bretagne* et l'*Algérie nouvelle*. Deux ont été frappés de la suspension : la *France centrale* et la *Guadeloupe*.

Dans une lettre adressée au Ministre des cultes, l'archevêque de Lyon se plaint de ce que les lettres pastorales et les mandements ne peuvent parvenir aux fidèles *qu'après avoir subi la censure,* tandis que des brochures exposant un plan de schisme pour la France et demandant l'établissement d'une Église nationale, sont l'objet, de la part de l'Administration, de la tolérance la plus bienveillante. *Un communiqué* officiel répond que les formalités du dépôt et de la déclaration ont été instituées par la loi du 21 octobre 1814; que l'Administration n'intervient d'aucune façon, soit pour interdire, sont pour autoriser et encore moins pour encourager les publications quelles qu'elles soient, qui, aux termes de la loi, sont purement et simplement déposées à Paris au ministère de l'intérieur et dans les départements au secrétariat des préfectures (1).

Un décret du 19 décembre 1860, a fait remise de toutes condamnations prononcées jusqu'à ce jour pour délits ou contraventions en matière de presse périodique, et aucune suite ne sera donnée aux poursuites actuellement exercées pour infraction de cette nature. Le journal l'*Union* qui était traduit devant les tribunaux a eu le bénéfice de cette amnistie.

Le journal la *France centrale* de Blois, suspendu pour deux mois, a reçu l'autorisation de reprendre ses publications; elle a tenté sa résurrection, mais elle n'a pas trouvé d'imprimeur à Blois, elle a assigné celui qui lui avait intimé un refus devant la Cour d'Orléans, elle a refusé l'admission du référé; en présence de cette situation extraordinaire qui mérite une sérieuse attention, le Ministre de l'intérieur l'a autorisée à se faire imprimer provisoirement à Orléans (2).

(1) Communiqué à l'*Ami de la Religion*, la *Gazette de France*, l'*Union*, le *Monde*, le *Journal des Villes et des Campagnes* (15 décembre 1860).

(2) Elle vient de reparaître à Blois.

Il résulte de cet exposé que la liberté de la presse attend encore sa consécration, que, dans la situation donnée et malgré le langage du ministre Persigny, les esprits sont à état latent d'espérances. Je puis affirmer que dans plusieurs départements, ayant au chef-lieu trois et quatre imprimeurs, pas un ne se risquerait à imprimer un journal qui ne serait pas celui de l'Administration.

De Paris et des départements, la circulaire de M. de Persigny lui a fait adresser de nombreuses demandes d'autorisation de journaux quotidiens ou hebdomadaires ; jusqu'ici il n'est bruit que de décisions de refus ou de continuation d'instruction (1).

L'année 1861, à laquelle nous n'avons pas à toucher, a bien commencé, l'épreuve de la discussion publique concédée par le décret du 24 novembre a produit dans l'opinion publique, un réveil qui semble mettre un terme à cette léthargique atonie de ces derniers temps.

Ma tâche est accomplie, j'ai essayé une Odyssée de la presse et des douloureuses péripéties de son martyre, elle eût demandé un autre Homère ; si j'ai réussi à préparer le terrain pour de plus dignes, j'aurai atteint mon but, j'ai dit loyalement ma pensée, je n'ai point voilé mes sympathies ; j'ai dit haut et ferme que je désirais retrouver dans les institutions de mon pays les éléments principaux que je considère comme indispensables au développement de sa gran-

---

(1) On lit dans la *Presse* du 7 janvier 1861, que son ancien rédacteur en chef, M. Nefftzer, a obtenu *sans débats, sans enquête ni réserve d'aucune espèce* une autorisation pour un nouveau journal le *Temps*. Le *Courrier du Dimanche*, du 21 avril 1861, annonce ce fait considérable. M. le comte Anglés avait été autorisé à publier un journal, la *France libérale* ; l'autorisation vient d'être r évoquée par la mort de M. Anglés. Le *Courrier du Dimanche* présente sur ce fait des considérations d'une haute autorité.

deur, de sa prospérité, de sa gloire, de son bonheur, à
savoir, le gouvernement représentatif et la tribune, la liberté de la presse avec toutes les garanties légales pour ses
organes. « Une tribune, une presse, garanties admirables;
derrière leurs remparts, il faut qu'il y ait des soldats inté-
ressés à les défendre. Avec la presse et la tribune un pays
est libre; mais il faut attacher les citoyens à leurs priviléges
politiques, il faut les habituer de bonne heure à la vie publique, il faut les faire jouir de ces libertés particulières
qui, dans la société moderne, nous touchent plus qu'une
part dans la souveraineté. Nous sentons par instinct qu'avec
deux chambres, une tribune et la presse, un peuple sera
toujours libre, si l'esprit public est vivant, si l'opinion est
active; nous sentons aussi que des députés et des journaux
ne serviront de rien à un peuple qui s'abandonne et qui n'a
plus le goût de la liberté (1). »

« Tribune et presse, éternelles rivales, inséparables sœurs,
nées après un enfantement laborieux, des entrailles de la
Révolution : deux filles jumelles de la même mère, deux jets
de la même lumière, deux élancements du même tronc,
deux tuyaux du même orgue, deux cordes de la même lyre,
deux flèches du même carquois, deux foudres du même
tonnerre, deux branches de la souveraineté, deux accents
de la grande voix, deux soupirs de la grande âme du
peuple! (*Livre des orateurs*, par Timon [de Cormenin]). »

Un général dont le nom rappelle un grand dévouement
d'exil, le général Bertrand, terminait à la Chambre ses discours, quelque étrangers qu'ils fussent à la question de la
liberté d'écrire, par ces mots : « Je vote pour la liberté illimitée de la presse. » Bah! il est fou, disait-on ; je réponds :
il n'était pas si fou qu'on voulait bien le dire. « Les ennemis

(1) **Ed. Laboulaye** de l'Institut.

(je ne dis pas les adversaires) de la liberté de la presse, sont d'abord les hommes qui ont quelque chose à cacher de leur vie ; ensuite ceux qui désirent dérober au public leurs œuvres et leurs manœuvres ; les hypocrites, les administrateurs incapables, les auteurs sifflés, les provinciaux dont on rit, les niais dont on se moque, les intrigants et les valets de toute espèce (De Chateaubriand).

Dans les fictions constitutionnelles, la presse n'est pas absolument parlant un pouvoir, elle est une puissance avec laquelle il faut compter, elle s'entretient chaque jour avec le public ; libre et indépendante elle est le reflet de l'opinion, l'écho de ses désirs, l'organe de ses sentiments, le consolateur de ses peines ; elle agit sur l'esprit et la raison de ses lecteurs, elle est la goutte d'eau qui use, creuse et transperce le porphyre le plus dur. L'homme qui pense, qui écrit, s'élève au-dessus des autres hommes, l'orgueil de la pensée est au-dessus de l'orgueil de la puissance ; sa plume est un glaive, elle est un sceptre ; les écrivains sont les rois de l'intelligence et l'intelligence gouverne le monde ; la voix intellectuelle de l'écrivain se fait entendre en tous lieux, elle parle *urbi et orbi*, comme dit le pouvoir romain ; écrire, persuader n'est plus cet art frivole de la rhétorique de nos pères, c'est un art sublime qui s'élève à la hauteur d'une mission sociale. En échange du labeur persistant de leurs efforts, les écrivains ne recueillent le plus souvent que le dédain, le mépris, la haine furieuse des puissants, sur la route ils se déchirent et s'ensanglantent les mains aux ronces du chemin, ils rencontrent les résistances et les pénalités administratives, les tribunaux, la prison, l'exil et souvent la mort à l'hôpital. La liberté de la pensée se meut avec éclat, avec indépendance, en Angleterre, en Allemagne, en Belgique, en Suisse, en Espagne, en Sardaigne et dans cette Autriche d'absolu pouvoir où l'on commence à dire :

« C'est se faire une dangereuse illusion que de croire qu'en bâillonnant la presse, on empêche les idées de se faire jour et de se propager. On ne peut que déplorer dans l'intérêt même du Gouvernement autrichien des mesures comme celles dont l'*Ost-Deutsh-Post* vient d'être l'objet (1). »

Espérons après les orages et les tempêtes le calme, les jours sereins, un ciel de soleil et de vive clarté pour chasser ces lugubres nuages de nuit et d'obscurité, pour dissiper cette lourde et pesante atmosphère de plomb et de fer qui pèse si cruellement sur la libre émanation de la pensée.

(1) L'*Ost-Deutsh-Post* venait d'être saisi pour avoir réclamé la libre discussion des questions concernant la Hongrie.

APPENDICE.

Tableau des condamnations des journaux de 1814 à 1849 (1).

(Les peines sont très-variables : L'emprisonnement est de quinze jours, un, deux, trois, six, neuf mois, un an, dix-huit et quinze mois, deux, trois et même cinq ans : les amendes sont de 50 fr., de 2 à 500 fr., de 1,000, 2,000, 3,000, 5,000 et même 10,000 fr., les frais de poursuite et de jugement en sus).

Le Nain tricolore, juin 1816. — Censeur européen, octobre 1817, juillet 1820. — Bibliothèque historique, décem-

(1) Ce tableau est incomplet, les recherches les plus soigneuses n'ont pu le rendre plus exact ; la loi exigeait l'insertion au *Moniteur* des jugements de condamnation, cela n'a pas été rigoureusement observé.

bre 1818, janvier 1819. — L'Oracle, ci-devant l'Ultrà, juillet 1819. — L'Aristarque, juin 1820. — Lettres normandes, mars 1820. — L'Album, mars 1823 — août 1829 — mars 1830. — Le Drapeau Blanc, décembre 1823. — La Renommée, avril 1826; — Le Pilote, octobre 1822 — août 1823 — mars 1824. — Tablettes universelles, décembre 1823 — mai 1824. — L'Aviso de la Méditerranée, décembre 1829 — juin 1830. — L'Apostolique, août 1829. — Le Corsaire, juillet, 1829. — Le Grondeur, juillet 1829. — Le Figaro, août 1829. — L'Echo de Paris, avril 1829. — Le Journal du Commerce, avril 1830. — Le Courrier français, février — avril (2 fois) 1830. — Le Pauvre Jacques, février 1830. — L'Annotateur boulonais, mai 1830. — L'Ami des lois (Limoges) août 1831. — La Révolution de 1830, janvier — avril, août 1831. — La Quotidienne, novembre 1830 — mars 1831 — avril 1831 — décembre 1832 — octobre — novembre 1834 — mars — juin — octobre 1835 — janvier — mars 1837 — janvier 1845. — Brid'Oison, août 1832 — octobre 1831 — janvier 1835. — L'Ami de la vérité (Caen), août 1832 — février 1834 — août 1835. — La Caricature, janvier 1833. — Le Rénovateur breton et vendéen, juin 1833. — L'Orléanais, décembre 1832 — octobre 1833. — Le Précurseur, mars 1833 — mars 1835. Le Revenant, juin 1833 — septembre 1833. — La Gazette de Bretagne, février 1835 — La Gazette du Berry, mai 1833 — janvier 1837. — La Gazette du Périgord, janvier 1833. — La Gazette de Franche-Comté, janvier 1833. — La Gazette du Languedoc, mars — juillet 1833. — La Gazette du bas Languedoc, février 1835. — La Gazette du Maine, mars 1834. — La Gazette d'Auvergne, mars 1841 — mai 1842. — La Gazette du Midi, janvier — juin — octobre 1833 — septembre — novembre 1835. — La Gazette du Lyonnais, décembre 1835 — mars 1837. — La Gazette de France, mars — décembre 1833 — janvier — décembre 1834 — février

1835 — février 1836 — juillet 1836 — février 1837 — février 1842 — août 1842 — avril 1844 — septembre 1847. — Le National, août 1833 — mai 1834 — juillet 1834 — août — septembre 1834 — juillet 1836 — octobre 1841 — mars 1842. — La Tribune, février — octobre — septembre — novembre 1833 — avril — août — octobre — 1834 — janvier — mars — juin — juillet — août 1835. — Le Charivari, juin — juillet 1834 — avril 1835 — décembre 1837 — janvier 1832. — La Mode, août 1834 — octobre 1835 — août 1836 — juillet 1837 — février — mars 1838 — janvier 1842 — mai — décembre 1843. — Le Réformateur, août — juillet — septembre — octobre — novembre 1835. — Journal de la Guyenne, décembre 1832 — janvier 1833 — juin 1833. — Mélanges occitaniques, février 1833. L'Occitanique, mars 1834. — L'Echo de la fabrique (Lyon), mai 1833. — Le Populaire, février 1834 — Le Progressif de l'Aube, juin 1834. — Le Vendéen (Niort), juillet 1834. — L'Indépendant (Angers), mai 1834. — Le Messager, juin 1834. — Le Patriote de Lisieux, novembre 1834. — Le Courrier de la Sarthe, août 1835. — L'Espérance (Nancy), mai 1835. — Feuille du Commerce (Marseille), septembre 1835. — Le Peuple souverain (Marseille), novembre 1835 — novembre 1836 — juin 1836. — L'Echo du Nord, novembre 1836. — Le Bon sens, août 1836. — Journal de Rouen, novembre 1836. — Qui vive ! (Rouen), août 1836. — Le Patriote de la Meurthe, août 1836. — L'observateur des Tribunaux, septembre 1836. — Le Populaire royaliste, février 1837. — Le Progrès (Arras), février 1838. — Revue démocratique, novembre 1840. — L'Emancipation (Cambrai), juin 1841. — Le Haro (Caen), février 1842. — L'Univers religieux, mai 1844. — L'Union des provinces, août 1844. — Les Droits du peuple, novembre 1845. — La Nation, mars — avril 1844. — Journal de Dunkerque, juillet 1844 — juillet 1849. — L'Hermine (Nantes), mars —

juin — septembre 1836. — La France, juillet — novembre 1836 — janvier — mars 1837 octobre 1838 — février 1844. — Le Peuple constituant, octobre 1848. — Le Représentant du peuple, décembre 1848. — L'Assemblée nationale, mai 1849. — Le Citoyen (Dijon), mai 1849. — La Démocratie pacifique, juin 1849. — L'Indépendant de l'Ouest, avril 1849. — La Société démocratique de Loir-et-Cher, mai 1849. — La Révolution démocratique et sociale, août — août 1849. — Le Peuple souverain (Bordeaux), mai — octobre 1849. — Le Peuple (Limoges), mai 1849. — Le Peuple, décembre 1848 — Mars — avril — avril — mai — juin — juillet — juillet — août 1849.

Tableau des avertissements, suspensions et suppressions de 1848 à 1860.

1848-1849

27 juin 1848, suspension des journaux : la Liberté, — la Vraie République, — la Révolution, — l'Organisation du travail, — l'Assemblée nationale, — le Napoléon républicain, — le Journal de la canaille, — le Lampion, — le Père Duchesne, — le Pilori, — la Presse. — (Cette suspension est levée le 6 août 1848.)

21 août 1848, suspension des journaux : le Représentant du peuple, — le Père Duchesne, — le Lampion, — la Vraie République.

24 août 1848, suspension de la Gazette de France.

13 juin 1849, décret de suspension de plusieurs journaux (on ne trouve nulle part leur désignation).

AVERTISSEMENTS.

——

1852

23 février, le journal de la Meuse. — 28 mars, l'Indépendant de l'Ouest. — 9 avril, la Presse (1er et 2e). — 10 avril, le Réformiste (Douai). — 20 avril, l'Ami de l'ordre (Amiens). — 22 avril, le Guetteur (Saint-Quentin) (1er et 2e). — 30 avril et 2 août, Petit Courier de la Bretagne (1er et 2e). — 6 mai, le Public. — 11 mai, la Gazette du Midi. — 11 mai, le Pays. — 7 mai, Gazette du bas Languedoc. — 21 mai le Conciliateur de l'Indre (1er et 2e). — 13 et 16 mai, Gazette du Languedoc (1er et 2e). — 14 et 19 mai, le Progrès du Pas-de-Calais (1er et 2e). — 19 mai, le Courrier du Pas-de-Calais. — 27 mai, Vœu national, journal des Alpes. — 29 mai, Journal de la Nièvre. — 30 mai, l'Aube. — 29 mai et 19 novembre, l'Emancipation (Cambrai) (1er et 2e). — 6 juin, le Courrier de la Moselle. — 7 et 8 juin, le Constitutionnel (1er et 2e). 8 juin, l'Ami des salons (Béziers). — 16 juin, le Châtillonnais. — 21 juin, l'Ami de l'ordre (Noyon). — 26 juin, l'Espérance du Peuple (Nantes) (1er et 2e).

3 juillet, suspension du Corsaire, pendant deux mois.

16 juillet, le Conciliateur du Tarn. — 17 juillet, journal de Castel-Sarrasin. — 19 juillet l'Union Bretonne. — 23 juillet, le Pilote du Calvados. — 25 et 30 juillet, Journal de la Meurthe et des Vosges (1er et 2e). — 26 juillet, Journal de Rouen. 27 juillet et 16 août, Journal de Rennes, l'Echo de la Bretagne (1er et 2e). — 28 juillet, l'Echo de Vésone. — 29 juillet, Courrier de Verdun. — 29 juillet l'Océan (Brest). — 29 juillet et 14 août, l'Echo de l'Aveyron (1er et 2e). — 4 août, la Foi bretonue. — 6 août, Moniteur du Loiret. — 7 août, Journal de Béziers. — 8 août, l'Echo de l'Aude. — 8 le Progrès de l'Oise. — 11 août, l'Ami de la Patrie. (Clermont-Ferrand) — 12 août, l'Ordre de Dijon. — 14 août, Gazette de France. — 9 et 14 août, l'Ere nouvelle (Corse) (1er et 2e). — 18 août, la République (Tarbes). — 29 août et 12 septembre, la Liberté (Arras) (1er et 2e).

18 août, suspension de la Gazette du Languedoc, pendant deux mois (elle avait subi deux avertissements).

8 septembre (décret) suppression du Corsaire (sa suspension avait fini le 3 septembre.)

20 septembre, Courrier de Lyon. — 13 octobre, l'Indicateur du Nord. — 13 octobre et 15 décembre, le Maine (1er et 2e). — 18 octobre, Gazette de Lyon. — 10 décembre, l'Union de l'Ouest.

1853

29 janvier, 12 février, Gazette du Midi, Gazette de France, Moniteur du Loiret, l'Impartial de la Meurthe (Nancy), l'Espérance du peuple (Nantes), journal de Rennes. — 19 février,

le pilote du Calvados. — 1er mars et 6 avril, la Mode (1er et 2e). — 1er mars et 6 avril, l'Assemblée nationale (1er et 2e). — 1er mars, la Presse. — 10 mars, l'Intérêt public (Tarbes). — 30 avril, l'Echo du Nord. — 20 mai, journal de la Nièvre. — 4 juin, l'Indicateur du Nord. — 15 juillet, la Gazette du Languedoc (2e, voir 1852, ce serait le 3e). — 11 août, l'Estafette. — (A partir de cette époque, le ministère de la police ayant été supprimé, c'est le ministère de l'intérieur qui décerna les avertissements). — 13 août, la Patrie. — 16 août, la Foi bretonne (2e). — 18 septembre, Courrier de Marseille. 21 septembre, le Constitutionnel (voir 1852, 7 et 8 juin, 3e). — 23 septembre, le Moniteur du Loiret (2e). — 28 septembre, l'Ami de la patrie (Clermond-Ferrand). — 8 octobre, Progrès du Pas-de-Calais. — 10 et 13 octobre, le Conciliateur du Tarn (1er et 2e). — 20 octobre, le Lorientais-Bretagne. — 12 décembre, le Siècle. — 20 décembre, le Courrier du Bas-Rhin, la France centrale (Blois). — 31 décembre, l'Indépendant de l'Ouest (2e).

1854

5 janvier, l'Echo de l'Aveyron (voir 1852, 29 juillet 3e). — 11 janvier, l'Union franc-comtoise. — 23 janvier, le spectateur (Dijon). — 15 février, la Patrie (2e).

4 mars, suspension de l'Assemblée nationale pendant deux mois.

10 mars, Gazette de Lyon. — 11 mars, le Lorientais-Bretagne (2e). — 14 mars, Gazette de Flandres et d'Artois. — 22 mars, la Presse (4e voir 1852, 1853). — 24 mars, le Papillon (Agen) (2e). — 20 mars, l'Union. — 1er avril, l'Euro.

péen (anciennement la Presse religieuse). — 5 avril, Journal des Economistes. — 29 mai, Journal de Loudéac. — 12 juillet, l'Emancipation de Cambrai. — 21 août, le Pays. — 17 octobre, le Mémorial Bordelais. — 31 décembre, Courrier de Bourges. — 27 octobre, la Tribune de Beaune, en vertu d'un ordre du préfet, est *invitée* à cesser sa publication et au besoin *prescription* lui en est faite.

1855

30 janvier, l'Aigle des Cevennes. — 8 février, le Spectateur de Dijon (2e). — 22 février, Messager de Bayonne. — 11 février et 17 juin, l'Echo de l'Aude (1er, 2e et 3e). — 12 mai l'Indépendant de la Moselle. — 2 mai, le Progrès du Pas-de-Calais (2e). — 20 mai, Gazette du Midi (2e). — 14 juin, la Colonisation (Alger). — 13 juillet, l'Ami de la Patrie (Clermont-Ferrand) (2e). — 29 août, l'Opinion du Midi (Gard). — 18 septembre, l'Echo agricole.

1856

8 janvier et 20 septembre, la Gazette du Languedoc (2e). — 26 janvier, l'Observateur de la Corse. — 6 et 28 février, l'Assemblée nationale, (1er et 2e). — 9 février, Gazette d'Angoumois. — 14 avril, Revue de Paris. — 17 août, les Antilles.

1857

24 janvier, la Revue de Paris est suspendue pour un mois.

6 février, l'Echo de l'Aude est suspendu pour deux mois, il annonce a ses abonnés qu'il cesse de paraître.

23 janvier, le Phare de la Loire. — 10 février, Gazette de France (2e). — 24 février, le Siècle (2e). — 25 mars, la Presse (5e, voir 1852, 1853, 1854). — 26 mars, l'Univers. — 5 mai, la Foi bretonne. — 4 mai, l'Union franc-comtoise (2e). — 9 avril, l'Union du Var. — 24 avril, le Courrier de la Gironde. — 29 avril, le Correspondant. — 17 juin, le Siècle (3e). — 1er juillet, la Vérité (Lille). — 7 juillet 1857, l'Estafette (2e).

7 juillet, l'Assemblée nationale est suspendue pour deux mois.

15 juillet, la Foi bretonne est suspendue pour deux mois.

8 août, le Lorientais-Bretagne (2e). — 10 novembre, la Patrie (3e). — 15 novembre, le Spectateur (ancienne Assemblée nationale).

15 novembre, la Presse est suspendue pour deux mois.

5 décembre, la Gazette du Languedoc est supprimée (il y avait eu jugement et arrêt de condamnation).

25 décembre, le journal les Antilles est supprimé.

1858

20 janvier (décret), la Revue de Paris (elle avait subi cinq avertissements et deux suspensions), le Spectateur sont supprimés.

26 janvier, la Gironde, retrait d'autorisation de distribution dans la ville de Bordeaux. — 8 avril, l'Ami de l'Ordre (Amiens) (2e).

31 août, Journal du Commerce (Saint-Denis, Réunion) est suspendu pour huit jours.

16 juillet, 30 septembre, la Gironde (2e). — 4 septembre, l'Echo d'Oran. — 27 décembre, la Charente Napoléonienne.

1859

15 février, la Presse (6e).

28 avril, le Colon (Saint-Denis, Réunion) est suspendu pour quinze jours.

4 mai, 27 décembre, Journal des Villes et des Campagnes (1er et 2e). — 17 mai, l'Echo de l'Aveyron (3e et dernier). — 11 juillet, l'Univers (2e).

5 juin, l'Espérance du Peuple (Nantes) est suspendue pour deux mois (1).

(1) Un décret du 16 août a prononcé une amnistie et relevé les journaux des avertissements antérieurs.

30 octobre, le Correspondant (2e). — 13 juin, 20 novembre, le Courrier du Dimanche (1er et 2e). — 16 juillet, 23 septembre, la Gironde (2e et 1er depuis l'amnistie). — 5 octobre, le Mémorial de l'Allier. — 11 octobre, 26 décembre, l'Univers. — 19, 30 octobre, l'Ami de la Religion — 19 octobre, la Guadeloupe est suspendue pour deux mois.

3 novembre, l'Union de l'Ouest. — 26 novembre, Mémorial des Deux-Sèvres. — 12 novembre, l'Indépendant de l'Ouest. — 30 novembre, l'Opinion Nationale. — 8 et 12 décembre, la France Centrale.

1860

7 janvier, l'Espérance du Peuple. — 11 janvier, l'Echo de l'Aveyron. — 9 janvier, l'Union de l'Ouest. — 11 janvier, 13 février, la Gazette de France (1er et 2e). — 8, 9 janvier, l'Echo de la Frontière (1er et 2e). — 16 janvier, la Gironde (2e). — 18 janvier, l'Algérie Nouvelle. — 29 janvier, le Correspondant (2e). — 30 janvier, l'Indépendant de l'Ouest. — 29 janvier (décret), l'Univers est supprimé.

14, 19 février, l'Océan (1er et 2e). — 11 février, 15 mai, la Presse (1er et 2e).

15 février (décret), la Bretagne est supprimée.

10 mars, le Siècle. — 2 avril, l'Ami de la Religion (2e). — 3 mars, la France d'Outre-Mer (Martinique).

Mars, la Guadeloupe est suspendue.

Mars (décret), l'Algérie Nouvelle est supprimée.

Mai, la France d'Outre-Mer, suppression.

Juin, Courrier de Paris. — L'Opinion Nationale. — Courrier de Paris.

Octobre, suppression de la Gazette de Lyon.

Novembre, suspension de la France Centrale (de Blois).—

Décembre, suppression du journal les Antilles (Guadeloupe).

1861

29 janvier, avertissement au Courrier du Dimanche. Expulsion de son rédacteur en chef.

FIN.

TABLE DES MATIÈRES.

——

1820-1824

1824-1828

1828-1830

1830-1848

National, la Gazette de France, la Mode, la Gazette d'Auvergne, poursuites. — Détails. — Les imprimeurs. — Résumé des poursuites et condamnations sous le Gouvernement de 1830. Page : 121

1848-1851

1852

1852-1859

17.

1859-1860

1860

FIN DE LA TABLE DES MATIÈRES.

Imprimerie de BEAU, à Saint-Germain-en-Laye.

9 782013 555944